期货股票操盘实战攻略

一亿一春秋　崔政通　吴洪君◎著

天津出版传媒集团
天津科学技术出版社

图书在版编目(CIP)数据

期货股票操盘实战攻略 / 一亿一春秋，崔政通，吴洪君著. —天津:天津科学技术出版社，2023.11

ISBN 978-7-5742-1009-7

Ⅰ.①期… Ⅱ.①一… ②崔… ③吴… Ⅲ.①股票交易—基本知识 Ⅳ.①F830.91

中国国家版本馆 CIP 数据核字(2023)第 056383 号

期货股票操盘实战攻略

QIHUO GUPIAO CAOPAN SHIZHAN GONGLÜE

责任编辑：吴文博
责任印制：兰 毅
出 版：天津出版传媒集团 / 天津科学技术出版社
地 址：天津市西康路 35 号
邮 编：300051
电 话：(022)23332377
网 址：www.tjkjcbs.com.cn
经 销：全国各地新华书店
印 刷：定州启航印刷有限公司

开本：710×1000 1/16 印张：15.25 字数：300 千字
2023 年 11 月第 1 版第 1 次印刷
定价：99.00 元

前言 PREFACE

本书也就是《一亿操盘法》，乃《太公赢》股票期货系列丛书的开首篇，它系统深入、形象生动地总结了一亿一春秋先生三十年来的实战经验教训，对其操盘的国内外股票期货、黄金白银、原油、外汇、沪深300股指期货、A50指数、美元指数、美股纳斯达克100指数、道琼斯和标普指数等金融衍生品的实战战略战术进行了具体细致的描绘、归纳和总结。一亿操盘法(简称一亿操法)是在吸纳扬弃了西方近二百年来的金融杠杆交易操盘技术基础上，移植嫁接东方哲学及兵法博弈思想，经过一亿团队三十年来的实战锤炼和总结提高，形成的一种顺应和驾驭金融市场，战胜西方资本大鳄的东方操盘宝典。一亿操法的理论基础是本书第一章的太公规律十三篇，它的根本原则是尊重规律、顺势交易；它的精髓是对进场必赢点和出场最佳点的精准把握；它的铁律和秘籍是仓位控制；它的特点是长枪击敌、短枪护身、围城打援、攻济打援、潇洒自如、行云流水、庖丁解牛、游刃有余的锁仓对冲术之灵活运用；它特别强调做单的态度和意志力；它对某些传统的操盘理念和方法具有颠覆性和革命性。一亿操法可复制可升级，一般人均可掌握，是客户和操盘手在股票期货等金融领域的制胜法宝。

本书的东方哲学基础和战争博弈思想主要来自于《易经》《太公兵法》《史记》《资治通鉴》《孙子兵法》《鬼谷子》《战争论》等一系列哲学、政治和中外古今兵书；也来自于毛泽东的军事战略战术思想等近现代军事科学理论。

本书共分三部分：

一是太公规律十三篇：这是本书的基石，其中揭示了诸多古今中外同类图书没有涉猎的金融杠杆交易的基本规律和特殊规律。这些“诺奖级”经济学原理，这些新发现、新规律对指导实操盈利具有重大意义；同时，也有一些老规律的汇总；以及相关实盘解说。

二是一亿操法十三篇：这是本书的主干，它形象生动、图文并茂地展示了一亿操法的全貌。

三是一亿一夜暴富操盘术十三篇：这里透露了一些一亿激进操法、一亿暴富操法秘籍，它会告诉你，在规避风险的前提下，如何运用高低杠杆功能获取高收益，实现一夜暴富秒杀暴富的美丽梦想。

改革开放后，我国的一些企业贸然参与金融衍生品交易，成为国际投行转嫁风险的对象，给国家造成数十亿、甚至上百上千亿元的巨大损失。对此，作者三十年磨一剑，致力于战胜西方资本大鳄，为国人在复杂的金融衍生品市场博弈中获利获胜而奋斗，这也是作者创作本书的初衷。

本书三章三十六篇，共三十万字，写了三十年。作者卅年磨一剑，目的只有一个，就是企图打开国人的“天眼”，提高胜算，提高您股票期货致胜的“精准程度”。

肉眼花，天眼开，梅花香自苦寒来。你须是一棵顶风傲雪充满激情的腊梅：要有坚强的决心，坚定的意志；要具备百折不挠的毅力和精气神；要有屡战屡败屡败屡战之韧性和实力；要培育不断正确总结经验教训的聪明智慧；要立志坚持终身勤奋专注于金融杠杆交易事业。如此，方能怒放香气冲天的胜利之花，方能获得硕果累累的大丰收！

一亿操盘法的开天眼指的是：

遵循规律，顺势而为，知天知地，知己知彼，参透行情本质，识破主力障眼法伎俩，拨开迷雾见明月；动善时，捕捉最佳战机，在极限位上布兵马，天意必赢点上出奇兵，长枪击敌，短枪护身，不战而屈人之兵，一往无前，百战而必百胜。

实践出真知，要想真正打开天眼，尚须你在实战中不断积累经验，领会把握规律，大胆演训，自我开悟。盼你读此书后，肉眼明，天眼开，在云谲波诡、尔虞我诈的资本市场上，踏波涌浪，风生水起，百战不殆，为家国不断摄取财富，取得辉煌成就！

本书作者：一亿一春秋，崔政通，吴洪君。崔政通参与了本书的实战、撰写及修改；吴洪君撰写了“股票篇”部分内容。

本书适合有一定经验的证券期货投资者、证券期货从业人员、相关管理者、基金从业人员和金融交易爱好者阅读，并可做金融类专业教学参考书。

目录 CONTENTS

第一章　太公规律十三篇

第二章　一亿操法十三篇

第三章　一亿一夜暴富操盘术

第一章　太公规律十三篇

一般情况下，客观行情的运行具有不可抗拒性，因为制约行情运行的规律具有不可抗拒性。因此，了解和发现股票期货的运行规律并遵循规律做单的意义十分重大。何谓"太公规律"？太公是"姜太公钓鱼"的简称，是一亿理财团队在我国最大的股吧——东方财富网黄金吧中的昵称之一。太公在黄金吧确立了德高望重的地位和知识渊博的形象，三十年来一亿理财团队利用太公规律已经获取了巨大财富。近年来，太公规律在网上广为流传，特别是那些太公新发现、新规律，已经指导众多金朋银友顺应客观行情，叱咤风云，获得了巨大收益。"太公"就是"一亿一春秋"

本篇是金融交易的理论基础，网上传播流行经年，现反复自阅，感几乎改无可改，规律性真理性的东西一经发现，自古不变，除非时空颠倒。其指导意义巨大，特别象篇中描述的"确定性与不确定性规律"等一亿独具慧眼发现的真理性的新规律，堪称投资者"必赢"征程的精准导航明灯。有幸接触本书者，万福万福也。

自觉本书一经出版会"要火，将火，必火"！

第一篇
期货人生三阶段

一般人从事高低杠杆金融交易，都会经历期货人生的三个阶段和三个突变。在期货界，类似于霍去病那种少年得志的常胜将军极其少见，这是一般规律。知己知彼百战百胜，不知己者胜少也。这里借用围棋棋手的“段位”来表达。了解自己所处的阶段十分重要，如果你是一段水平，那么就不要真金白银地去牺牲，而是可以多做模拟盘，直到进入二段水平；如果你是二段水平，那么就不要用大资金去拼消耗；如果你达到了三段水平，那么你就既可自营又可代客理财了；如果你达到“三段后”水平了，那么你就可以发起基金、开办公司、兴学带徒和著书立说了。

第一阶段，赔多赢少；第二阶段，盈亏持平；第三阶段，赢多赔少。

三个突变分别是：初级突变，由一段向二段突破；中级突变，由二段向三段突破；高级突变，达到“三段后”水平。

(一)一段

多数人是抱着一夜暴富的心理进入期货或现货保证金交易的。他们或因种种原因而败北，止步于第一阶段；或浅尝辄止，获小利走人，摆脱无边期海。一段是期货人刻骨铭心、最痛苦的经历，各种人生悲剧均在此段上演。

(二)二段

只有意志力强，勤奋聪慧，有条件屡战屡败、屡败屡战，善于总结经验教训的人，才能完成初级突变进入第二阶段。从人数上看，只有1%～5%的人能进入此阶段。

(三)三段

能够有幸完成中级突变进入第三阶段的人，可谓凤毛麟角、屈指可数。

(四)三段后

第三阶段的最高层次、最高境界是：“出神入化、行云流水、游刃有余、赔钱都难”。此时你会有“众星捧月，月明星稀”“会当凌绝顶，一览众山小”的感觉，但你需付出半生的代价、半生的股票期货勤奋耕耘。往往“肉眼”花了，“天眼”才开。西方有个统计，运作资本，55 岁是“赚大钱”的成熟年龄。当然，“自古英雄出少年”是另外一种情景。让我们跳起惊呆四座沸腾酷毙的街舞，唱响那首歌，也许迷途的惆怅会折碎我的脚步，可我相信未来会给我一双梦想的翅膀。

第二篇
确定性规律与不确定性规律

确定性规律与不确定性规律是太公(一亿一春秋)发现的股票期货的基本规律。坚定灵活做好“确定性”,警惕利用好“不确定性”,是操盘致胜的根本遵循。

第一节　确定性规律

确定性规律是指股票、期货的价格在一定时间内,会朝着现有的确定性方向继续发展的规律。也就是说,确定性规律决定了期货价格会沿着现行趋势方向继续前进,它是顺势而为的理论基础。价格包含一切,价格之所以朝某个方向继续发展,是因为众多影响价格的因素在一定时间内具有稳定性和确定性。确定性规律对实际操盘具有重大指导意义,在战略上,它会增强操盘手顺势而为的信心,使其对行情的波动了然于胸,成竹在胸;在战术上,它会指导操盘手有效掌控价格波动,趋利避害。对确定性规律的正确把握和运用,有利于操盘手实现长期稳定赢利的目标。以黄金的十二年超级牛市为例(见图 1)。

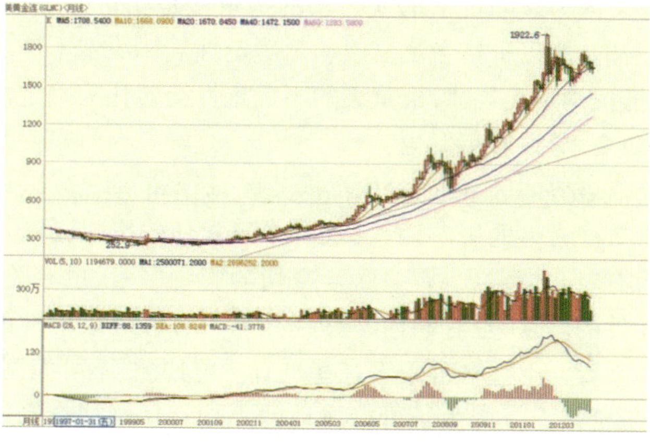

图 1　黄金的十二年超级牛市

汪峰的虽然失败的痛苦已让我遍体鳞伤,可我坚信光明就在远方!

黄金能走出十二年的超级牛市，是由确定性规律决定的。2001 年“911 恐怖袭击”事件爆发后，美国发动了报复性的伊拉克和阿富汗战争，并大量印钞，使美元进入了长期的贬值过程；2007 年“次贷危机”爆发，导致全球性金融危机，美国政府又实施了超常规的货币宽松政策，致使美元继续贬值。这是黄金十二年牛市产生的根本性原因和确定性因素，具有不可抗拒性。

2011 年 9 月 6 日，黄金创出一盎司 1923 美元的新高，截至目前，已经进入了长达一年半的高位震荡。期间，美国又释放了 QE3 和 QE4 两次货币宽松的信号，但黄金的行情并没有创出新高，这说明确定性因素在发生根本性变化，十二年牛市正在缓缓落幕，新的回调行情正在悄然发生。在纸币时代，货币宽松具有确定性，但收紧银根、勒紧腰带过日子，有时也是客观必然。对于货币政策，各国政府必须根据经济的客观实际进行适度把握，有时需要释放流动性，有时需要收紧银根，有时政府能够控制，有时政府也难以驾驭，这是经济规律。当人们对美元产生紧缩预期的时候，黄金回调就具有必然性和确定性了。

第二节　不确定性规律

量子力学有一个“不确定性规律”，期货价格的运行也遵循此规律。不确定性规律是指股票、期货的价格在朝着一定方向运行的过程中，会发生不确定性波动，会回调、反弹、横盘、反复震荡和转市。不确定性规律会强化、削弱甚至改变现有期货价格的趋势。因为影响价格的众因素的稳定性是相对的，而不断变化、不稳定、不确定是绝对的，所以价格会反复波动。确定性规律决定不确定性规律，不确定性规律影响、抵抗确定性规律；最重级的不确定性会转化为确定性，并取代过去的确定性，引起质变，导致转市发生。

影响期货价格走势的因素很多，如供需关系、货币汇率、经济、政治、军事和自然因素等。其中有经常性的影响因素，也有非经常性的影响因素，非经常性的影响因素的影响力有时非常巨大；有关联度密切的影响因素，也有关联度低的影响因素；有盘内、盘外的因素，也有国内、国外的因素；有够等级事件的因素，也有不够等级事件的因素等。上述种种因素有些具有不可预测、不可控制的特点和不确定性，反映在期货价格上就产生了价格波动的不确定性规律。例如：需求削弱会导致供给过剩，价格会在涨势中锐变；汶川大地震具有不可抗拒性，导致股价期价迅速暴跌；如以色列对耶路撒冷的突然进攻导致了原油在颓势中的突然反弹，并成为 2008 年金融危机后经济复苏的导火索。这些例证充分说明了期货价格的不可确定性。这种不确定性规律对指导我们进行期货实操具有战略性意义。在顺势而为的期货操盘过程中，要时刻牢记不确定性规律的存在，采取切实可行的战术措施，随时做好防御、撤退和休战准备，确保胜利果实为已所有。

影响价格的因素很多，量级也不同。在不确定性规律中，我们把影响价格的事件、因素按性质划分成正相关（＋）和负相关（－）两种；按量级划分成最重级（AAA）、重级（AA）、轻量级（A）、最轻级（A－）四级：

一级：＋－AAA，最重级因素或事件，会使行情加速或使行情转市；

二级：＋－AA，重量级因素或事件，会使行情强化或中期回调；

三级：＋－A，轻量级因素或事件，会使行情续行或短期回调；

四级：＋－A－，最轻级因素或事件，会短暂扰动行情。

有些因素会随着时间的前行，量变引起质变，导致行情转市。这一点值得注意。特别是在一波超级行情接近尾声时，更要注意转市的发生。

确定性规律告诉我们，价格会按现有方向运行。而不确定性规律告诉我们，价格会朝原方向加速运行或改变方向——正相关事件会加速，负相关事件会改变方向，二者的程度都取决于事件的量级。

确定性规律的“可怕”之处在于一旦势成，一般力量就难以改变趋势的总体方向。她是我们顺势而为，实现低风险高盈利的法宝。君不见，棉花 2010 年翻番猛涨，2011 年跌跌不休；君不见，黄金长达 12 年慢牛上涨；君不见，2011 年的天胶，自 43000 跌到 23000，且一跌再跌，至今不停。

万一黄金步入熊市，宁谁也很难阻止其滚滚向下的历史车轮。（摘自 2011 年《太公语录》）此波熊市，一亿系预测会跌到 999 点，实际从 1923，干到了 1040 点，预测够准、行情够惨。

第三节　如何自觉运用确定性规律与不确定性规律赢利

一、A 股超级牛市的把握及转市的果断操作

非典以后，中国经济陆续复苏，A 股自 2005 年 6 月 6 日见底后，进入了长达两年多的超级牛市，股市从 998.23 点见底，一举跃升到 2007 年 10 月 16 日的 6124.04 点见顶（见图 2）。导致这波升势的确定性因素主要有两个：一是加入 WTO 以后，中国经济迎来了强劲发展；二是 A 股的流通盘与非流通盘进行了股

权分置改革。太公在这波操作当中，完成了漂亮的抄底和逃顶，以 1300 点建仓，在 6124 点到 5500 点撤离，把 50 万人民币变成了 700 万人民币，赢利率达 1400%。由于当时 A 股没有做空机制，太公远离了股市，保住了成果。

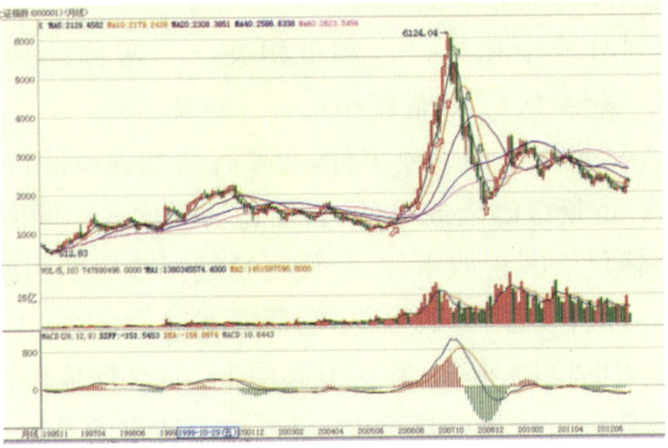

图 2　上证 A 股漂亮的抄底与逃顶

二、不确定性规律的微妙把握

天骄美眉依据当时的客观经济背景和消息面，断定利多政策会出现，因此在黄金白银的跌势当中试探性地布局了多单，果然，当夜中国人民银行便公布了降低银行准备金率的消息，第二天，天胶 1205 涨停开盘，黄金大涨。降准属于 AA 重量级不确定性事件，导致行情大幅反弹。见图 3、图 4 及附表结算单。

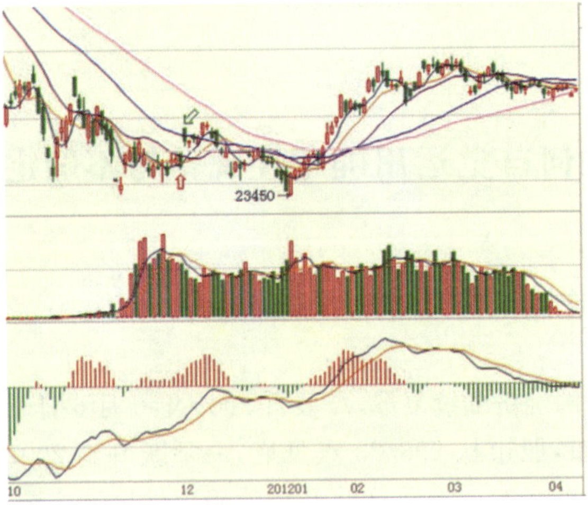

图 3　橡胶赢涨停

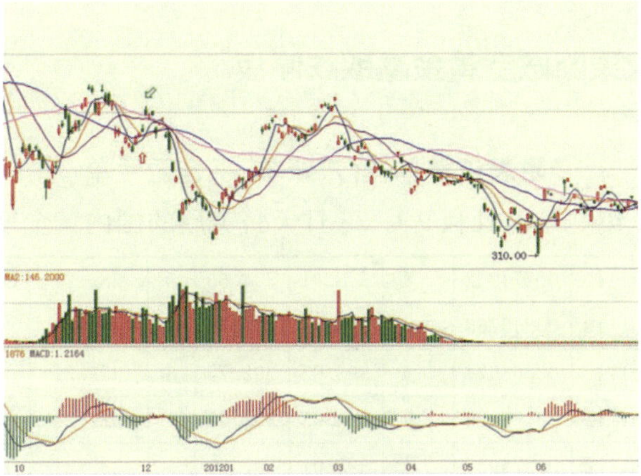

图 4　黄金赚大涨

附表结算单:客户账单_平仓盈亏单

(此为 2011 年 11 月 30 日公布减准备金率)天胶涨停出

平仓日期	交易	合约	平仓编号	买/卖	平仓价	开仓价	手数	结算价	平仓盈亏	开仓编号	开仓日
20111201	上海	au1206	00391373	卖	359.52	353.88	1	354.49	5030.00	00448310	20111130
20111201	上海	ru1205	00020572	卖	26475.00	24795.00	1	24980.00	7475.00		

黄金吧 2012 年 12 月 1 日太公言论摘:“昨夜看了天使的结算单,她又持有黄金、天胶多单过夜,今天天胶涨停,黄金大涨。神乎?”

天骄美眉非神者也,只是能精准把握不确定性规律而已。但我们不主张做逆势单,一般操手还是应按确定性规律顺势而为。

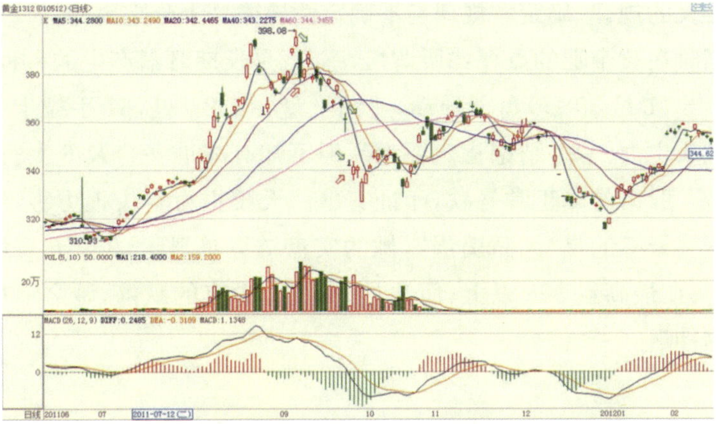

图 5　天骄美眉在上海黄金 au1112 上漂亮的进出场点

三、按规律两次果断做空黄金赢取跌停板

附表结算单:客户账单_平仓盈亏单

(此为2011年9月6日和9月26日天骄美眉的国内黄金期货对账单)

20110906	上海	au1112	00274952	_卖	398.01	394.50	9	389.21	31590.00	00270083
20110906	上海	au1112	00246769	_卖	396.14	393.70	1	389.21	2440.00	00218423
20110906	上海	au1112	00066674	_卖	393.05	392.75	3	389.21	900.00	00062348
20110906	上海	au1112	00180929	_卖	394.02	393.05	1	389.21	970.00	00138361
20110906	上海	au1112	00274952	_卖	398.01	397.50	5	389.21	2550.00	00270083
20110906	上海	au1112	00001258	_卖	392.00	389.68	1	389.21	2790.00	00099402
20110923	上海	au1112	00443857	买_	356.64	362.20	1	367.51	5560.00	00011632
20110923	上海	au1112	00165805	买_	362.84	375.19	1	367.51	4670.00	00509781
20110926	郑州	RO201	00255065	_卖	9992.00	9988.00	1	10074.00	20.00	00243561
20110926	郑州	SR301	01283272	_卖	6277.00	6273.00	1	6424.00	40.00	01273597
20110926	上海	au1112	00002429	买_	342.85	357.38	5	359.94	85450.00	00485359

2011年9月6日,当行情冲破8月23日和前高395之后,“天骄美眉”在398.02的极限位平掉了获利多单,伺机做空黄金。大家注意,在国内黄金1206上成交的历史最高点是398.07,“天骄美眉”的卖平成交在398.02上,这是绝无仅有的极限位平仓的奇迹。而9月26日跌停位买平的高收益的空单,充分说明尊重物极必反的规律、确定性规律与不确定性规律是十分重要的。

太公当时在黄金吧的点评:“所谓‘云感’就是长期盯盘产生的一种灵感罢了。昨天(2011年11月30日)盘子异动,亚洲早盘在1716处,61手拉上了10个点,说明没有空头主力护盘,结论肯定要上。但不知有减准备金及6大行事,一夜就到了预测位。股市的非正常暴跌,印证有事。天胶主力空头很厉害,但意外跌幅小等。真正有云感的是“天骄美眉”,她的实盘结算单显示,9月6日她结清了多单,有一张卖在最高点398以上;而9月26黄金少有的跌停,她之前持有隔夜空单!那是真神啊。”

四、按确定与不确定性规律做空美股盆满钵满，盈利百倍（见下图）。

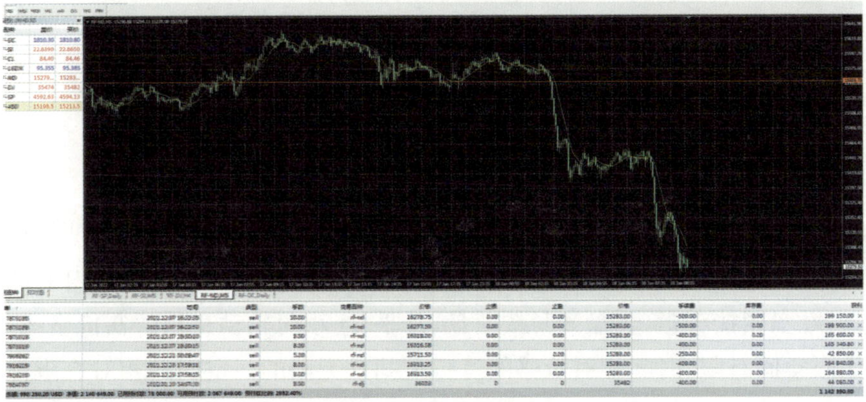

图：纳斯达克这波下跌 6 千多点

有些单子一直持有，盈利超百倍。“确定性与不确定性规律”是指导股票期货操盘的根本规律。

第三篇
时间的相对无限性和价格空间的相对有限性规律

第一节 概念及意义

时间的相对无限性是指期货价格的运行是不停顿的。目前，国内期货设有不可轮动的交割月，而国外期货已经可以进行跨月跨年的轮动交易，日内亚洲盘紧接欧盘，欧盘紧接美盘，美盘又紧接亚盘，几乎 24 小时轮动交易。在价格运行上，时间无限空间有限：时间相对价格的运行空间是无限的。空间的相对有限性是指期货价格的高低是受其内在价值牵引的，大宗商品的价格除特例外，不可能跌到零或负数（2020 年爆发新冠肺炎疫情时原油跌到负 37 美元一桶除外，那是美国芝加哥商品交易所临时修改交易规则、允许原油出现负价格所致，是一种“阳谋”、例外和无奈），也不可能无限上涨，即涨落的空间是相对有限的，此乃太公规律之一。

一、耐心等待就是做单

这一规律告诉我们，期货必赢点时时有、天天有、周周有、月月有、年年有，不怕错过，就怕耐心；不怕错过，就怕做错。该规律还告诉我们，耐心等待本身就是做单，耐心等待就会有进场必赢点的出现，耐心等待进场必赢点和出场最佳点就会反复出现。这一波错过了进场点，还会有下一波；错过了这个品种的进场点，另一个品种也会有。因此我们要学会耐心等待，等待最佳战机的来临，打有把握之战，做弯腰就能捡钱的单，不战而屈人之兵。

记得一位国外大师对投资有过这样一段精妙论述：“成功的投资家的做事方法通常就是什么都不做，一直等到看到钱就在那里摆着，就在墙角那里。他唯一要做的事情，就是走过去把钱拾起来，这就是投资之道。你要耐心等待，一直等到你看到，或者发现，或者碰到，或者通过研究发掘了你觉得稳如探囊取物的东西。获取这个东西不需要冒太多风险。在你下单购买之前，你一定要肯定自己买的东西价格低廉，或者肯定积极的变化即将来临。换句话说，在极其偶然的情况下，你再下单购买，人生中看到钱就躺在那里的机会绝对不会太多的。”

这种做法看似简单，但是真正等得到那一天的人却是太少了！

我从不忧心大盘的疯涨，因为树不管长多高，根还在地上；狗不管跑多远，总归要回到主人身边；股市中价格的波动不管有多大，泡沫有多厚，最终价格还得回归价值，并还有一小段被严重低估的时候，届时而入，才是我们获得巨大财富的根本办法。

操盘成功的两项基本规则就是：停损和持长。一方面，截断亏损，控制被动；另一方面，盈利趋势未走完，就不轻易出场，有风使尽帆，要让利润充分增长。但要谨记价格空间的相对有限性规律，届时，要正金字塔快出货，迅速离场，以保住战果。

二、选择可靠的交易平台

要选择可以长期持有、自动转月、自动转年且没有持仓费用的可靠交易平台。一些现货品种有持仓过夜费，像伦敦金、伦敦银，不适合长期持有，只适合做短线或超级短线。

第二节　“千年等一回”的白糖多头机会

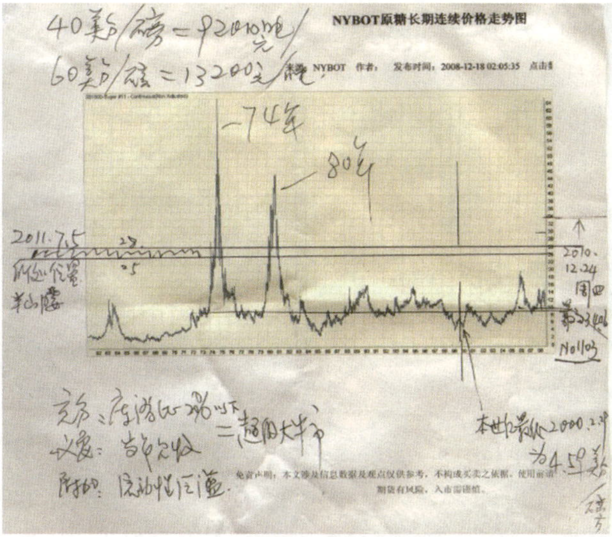

图 6　美白糖历史价格走势图

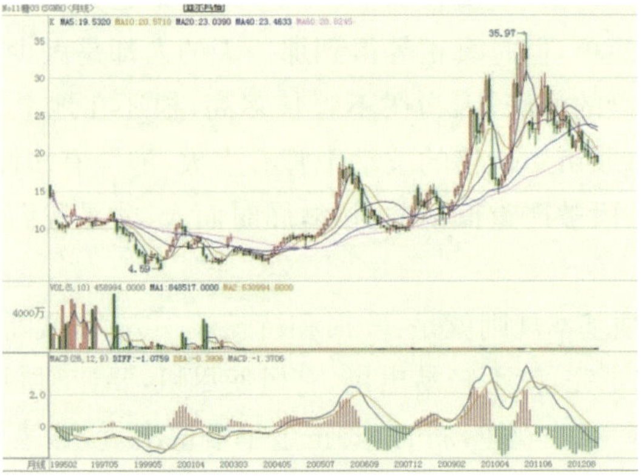

图 7　2013 年 1 月美 NO11 糖 03 的月线图

通过图 6 我们知道，美白糖的历史最高价格曾经达到了 66 美分/磅，而现在的价格在 20 美分左右，不到历史最高点的三分之一，但总有一天白糖会创出新高的。这是由美元不断贬值和农产品生产成本不断抬高所决定的历史趋势。按照时间的无限性和价格空间的相对有限性规律，我们只需耐心等待，以“千年等一回”的耐心，等待新一轮通胀期的来临，等待低点建仓做多的机会，以便届时弯腰捡钱。不出意外的话，美白糖 20 美分/磅左右、国内郑州白糖期货 5000 元人民币/吨左右，就是底部区域了。等待和长线持有多头是未来做赢白糖的战略措施。白糖超级大牛市的充分条件是库存、消费之比在 20%以下，必要条件是相关作物当年歉收，附加条件是流动性泛滥。让我们期待这一时机的到来吧！

图 8 是美原糖自 1995 年到 2013 年 18 年间的月线图，按照其价格波浪式前行、螺旋式上涨的规律，可基本断定目前 18 美分/磅的价格是底部区域了，此时国内郑州白糖 1401 的价格是 5100 元/吨。其是否能够走出牛市，还要看供需基本面及美元的表现。在目前美元紧缩预期的背景下，超级牛市的形成条件还不充分。

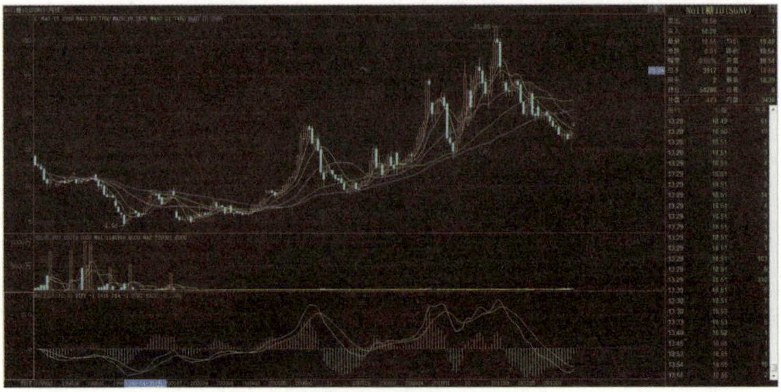

图 8　美原糖月线图

第四篇
价格向下的有限性和向上的相对无限性规律

第一节　概念及意义

价格向下的有限性是指期货价格向下波动时一般是不会跌到零的(股票的内在价值可以为零或者负数),特别是大宗商品,它是有物质载体和价值含量的,其跌幅永远小于100%;而期货价格的向上波动,是相对无限的,它可以上涨一倍、五倍,甚至上百倍,这是纸币时代的重要规律。当然,期货价格也不会无限上涨,只是相对无限的。该规律告诉我们,做多大宗商品具有战略意义,而做空大宗商品则具有战术意义,这一规律也是我们后面提到的"多头无限盈利法则和空头快速盈利法则"的基本理论根据之一。该规律告诉我们,在抄底和摸顶的转市操作中,摸顶难抄底易,新高过后还有新高,而极端新低过后,未必还有新低。一般品种都会有铁底,经过反复震荡,底部就会确立。一波超级熊市过后,应注意选择品种,考虑试盘做多。期货上真正的赢家往往产生于多头市场之中。

第二节　摸顶抄底不可取,顺势而为是真谛

商品期货价格向下的有限性和向上的相对无限性规律并不倡导盲目摸顶和抄底。在超级熊市来临的时候,不去顺势而为逢高做空,而是不断逆势抄底;在超级牛市来临的时候不是逢低做多,而是不断猜顶摸顶,最终成为"白鹅"的例子比比皆是。美国期货界的大咖理察·丹尼士,1970年夏天在中美期货交易所开始投机生涯,起步资本只有400美金——这令人难以置信的小小资金最后变成了庞大的财富。在全盛时期,丹尼士的财产接近两亿美元。但他也有惨痛的逆势摸顶和抄底的失败教训(见图9)。

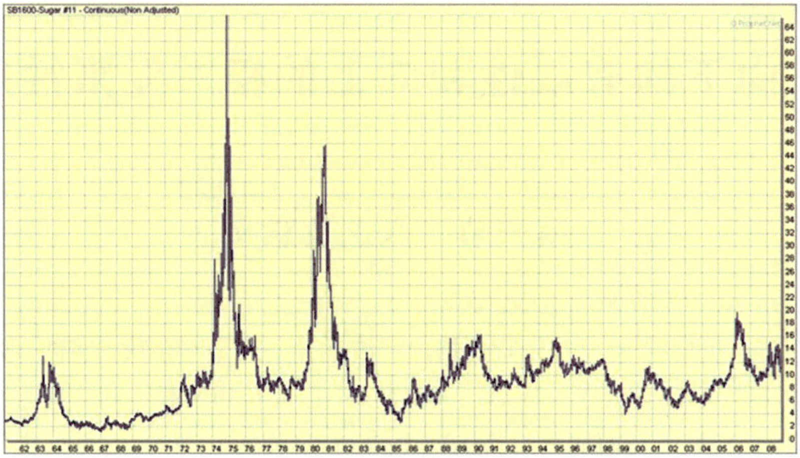

图 9　美白糖价格历史走势图(1962 年至 2008 年)

以下是记者对理察·丹尼士的采访片段。

问:逆市买卖的经验,可否简略谈一二?

答:基本上,它是投机买卖的大忌,希望各位切莫以身试法。

问:阁下曾经尝试过?成绩如何?

答:当然有,但效果往往不大理想,其中最值得记载的战役是在 1974 年于 60 美分的价位抛空期糖。我在 1974 年抛空期糖,入市价为 60 美分,最高升至 66 美分(见图 9),七个月后下跌到 12 美分以下,以美金 1120 元计算,我的买卖张数以千张为单位衡量,总金额自然极为惊人,实际上,此类逆市买卖经验并不愉快。

问:类似逆市抛空期糖的战役,可曾带来巨大的利润?

答:我可以举出十个类似的故事,但总计来说,可能亏损。

问:1974 年抛空期糖是罕有的例子,在期糖爆炸性地上升至 60 美分时沽空,我相信您拥有无比的勇气。

答:谁说不是。

问:期糖的另一个突出市况是跌至成本价以下,阁下可曾再次逆市买卖?

答:有,在期糖的熊市期间,我曾经在 6 美分的价位上尝试买入,该次经验惨不堪言,以 60 美分抛空期糖产生的利润,远低于以 6 美分买入期糖带来的损失,两者综合计算,出现大赤字。

问:在该价位买入,下跌幅度是否已经受到限制,为何不抗战到底?

答:在期货行业之内,可以没有底线,真正最低的价位为零,因此期糖可以跌到两美分，或者一美分，没有人可以长期与市势对抗。

问：因此，阁下亦不得不放弃并投降？

答：不要在投机市场争一日长短，仍应以顺势买卖为上。

当时丹尼士买入的价位是每磅六美分，但其仍然不能坚持到底，问题出在期货合约的溢价上。在期货合约的熊市阶段，远期合约的价位必定高于近期合约，因此当他购入七月份合约时，可能要付出一美分多的溢价，即以四美分沽出三月份合约，再以五美分购入七月份到期的合约，且在七月份到期之前，类似形势再次出现。换言之，就是逆市买入期糖合约，每次转期均要付出额外的溢价，令损失增加，形成财息兼失的局面。丹尼士对上述困境轻描淡写地说道："我被迫在三美分沽出旧合约，然后以五美分购入远期合约，其后，糖价又再跌至三美分。这似乎甚为滑稽，但深受其害者惨不堪言，最后只有放弃和投降。"期糖的另一特性是，当市势转入平衡阶段时，溢价形势会来个 180 度大转弯，变成近期合约高于远期合约。

问：阁下以六美分的低价购入期糖遭遇滑铁卢，在期货市场可有其他类似的例子？

答：俯首皆是。

问：愿闻其详。

答：1972 年之前，大豆期货上升幅度狭窄，每次上升 50 美分之后必定回吐，事实上，大豆升或跌 50 美分时，投机者都可以放心地反其道而行之。

问：当时大豆最高价表现如何？

答：大豆低于四美元一蒲式耳。

问：1973 年大豆市价表现如何？

答：大豆突然冲破四美元大关，大部分市场人士均认为机不可失，这是由于大豆在四美元的高价相当于期糖跌至六美分的价位，盲目相信历史的人，便误以为大豆升幅有限齐齐沽空。

问：后果如何？

答：大豆价位的升势如升空火箭，爆升三倍，在短短四五个月内攀升至 12.97 的高峰。

问：那沽空者岂非要倾家荡产？

答：逆市买卖，再加上欠缺严密的资金管理制度，很容易让人因一次意外而倾家荡产。

问：这个故事可以让我们得到什么教训？

答：对不可能发生的事，也要未雨绸缪，最安全的时候，也是最危险的关头。

问：可有其他的意义？

答：在投机市场打滚二十多年，我领悟到任何不可能发生的事情，或出现概率极低的市势，随时都有可能出现，因此，必须时刻提高警惕。

是的，当白糖由三十美分上涨到六十美分时，收益是涨了一倍；但当白糖由六美分下跌到三美分时，同样代表收益跌了一半。可见，摸顶抄底不可取，顺势而为才是真谛。

“摸顶难抄底易”，并不是说抄底的风险小于摸顶，而是说相对摸顶而言，抄底更容易一些。商品（不指股票）的价值和价格具有绝对性和客观性，当一种商品的期货价格跌破现货价、跌破成本价，长期在成本价以下运行，就会伤及生产，最终导致价格上涨。

第五篇
价格的螺旋式上升与波浪式前进的规律

第一节　概念及意义

打开所有大宗商品期货及股市指数的走势图，会发现上涨是它们的主趋势，而回调和下跌都是阶段性的，整个运行轨迹展现出一种螺旋式上升和波浪式前进的形态，我们把这一现象归纳为价格的螺旋式上升与波浪式前进的规律。凯恩斯的“长期友好理论”，大致说的也是这个意思。按照凯恩斯的经济不断繁荣理论，经济形式总体会向好的方向发展，股市趋势会保持向上，股价指数总体趋势也会不断走高。因此，坚持“长期投资、长期持股、随便买、随时买、不要卖”的原则，靠时间积累财富，从长远来看能稳定获利。但不能像罗杰斯那样，他买中国的 A 股快二三十年了还没获利，也算相当可笑了。中国的事情是“中国式”的，他对中国特色太失算。

该规律形成的原因主要有两个：一个是纸币时代的特征，即社会往往选择增发货币刺激经济，这具有绝对性，而稳定货币和紧缩银根的选择是相对的；二是商品生产的原材料和人工成本不断抬高。

机构投资者往往会选择通过有计划、有步骤地做多某期货品种来获利，很少像索罗斯一样雄狮蛰伏、等待战机，大举做空获利。这从根本上说是受到了上述规律的制约。该规律也是一亿操法的“多头无限盈利法则”的重要理论根据之一。

太公《新说》：“商品期货价格螺旋式上升波浪状前行的运行轨迹是纸币产生后的必然规律也。”

第二节　疯狂的铜、橡胶和棉花

一、铜的疯狂上涨行情

伦铜自 2001 年 10 月创出低点 1335.5 后，震荡向上，2005 年 5 月从 3000 美元/吨快速拉升，仅用一年的时间，便于 2006 年 5 月份创出历史新高 8800 美元/吨，一年内价格涨幅为 266%(见图 10)。这种多头势令做多的投资者赚得盆满钵满，也令逆势空头赔得凄凄惨惨。当时炒作的是中国因素，也正是靠这个期货品种，太公指导的客户的相关资产一举由五百万人民币跃升到一亿多。

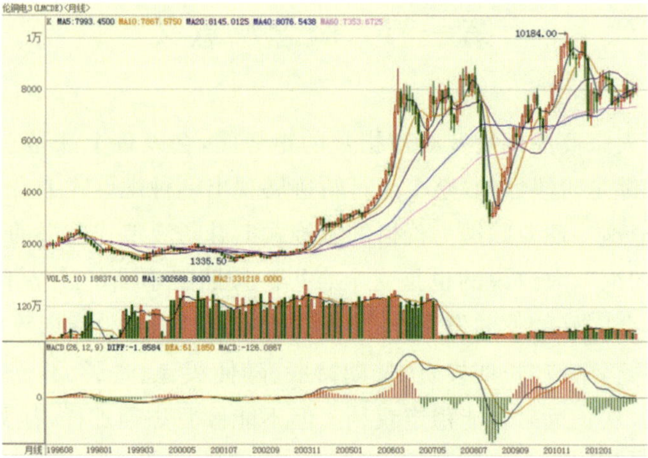

图 10　伦铜的螺旋式上升、波浪式前进的运行轨迹图

二、橡胶和棉花的疯狂上涨

我们相信汽车轮子会辗出橡胶的多头势，因此主张逢低做多橡胶，同时也不反对在极限位波段式做空它。在 2011 年 2 月橡胶出现 41970 元人民币/吨的价位后，一亿系(“一亿”是作者简称，“一亿系”是指一亿理财团队)“华东野战基金”曾做出做空橡胶的计划，并进入了实际操作，但当盘中反弹到 33865 点时，基金高层产生了分歧，有的看高到 50000 点(卫东观点)，有的看低到 20000 点(一亿观点)。由于观点的分歧严重，基金解体了。不然，此波空头势将令他们赚得非常多。螺旋式上升与波浪式下跌规律并不冲突，自橡胶创出历史高点 41970 点后，中线回调已经是当时的基本面和技术面的根本要求，价格最低回落到接近 20000 点，一亿派观点大获全胜。

对笔者而言，违背规律、不合时宜地做空棉花的不愉快经历，依然历历在目。当 2010 年 10 月 26 日棉花创出 28435 元人民币/吨的价位后，一亿认为棉花已经从 18000 点飞涨到了 30000 多点，行情严重超买，应有大幅回调，因此指挥做空棉花。开头十分顺利，行情极速回调，但因没有采取短平措施，当行情向 30000 点以上发展的时候，一亿已经失去了做空的信心。后来，棉花行情从 34870 点跌到了起点 18000 附近，这波超级熊市被一亿十分遗憾地永远错过了。

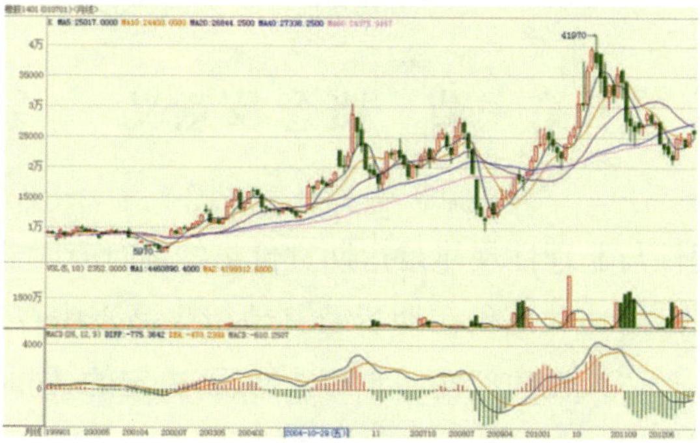

图 11　橡胶的螺旋式上升、波浪式前进

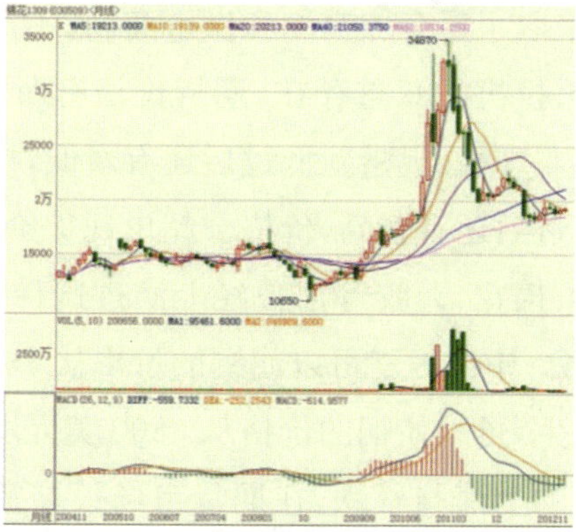

图 12　棉花的螺旋式上升、波浪式前进

但是，棉花价格螺旋式上升的轨迹并没有改变，目前其价格运行在上一波行情的高点 18000 点以上。目前来看，逢低做多棉花仍然是赢利的战略首选。

第六篇
期货价格的理性与非理性规律

第一节　概念及意义

期货价格的理性与非理性规律是指期货价格的运行有时非常理性，有时不理性，有时会极端不理性，这种现象在期货及其他衍生品当中普遍存在。这是个子规律，是由母规律——“人性的理性和非理性特质”决定的，同时受价值规律、供求规律等母规律的制约。

现代期货及保证金现货交易的设置原理：考虑到期货现货的保值功能、价格发现功能和投资功能，采取了撮合成交制和做市商制，用投机做润滑油，以提高价格的活跃度。由于投资、投机的双重存在，期货价格有所波动，有时非常理性，有时在高位和低位会出现非理性走势：新低过后还有新低，价格有时会跌破现货价、成本价，继续下行；新高过后还有新高，价格会超出现货价、理性价格，进入疯狂状态。郁金香、大蒜、白糖、棉花、天胶等都曾经上演过这种疯狂。白糖价格冲高到66美分，回落到2.5美分；中国因素可以使铜的价格从1000美元/吨冲高到8800美元/吨；次债危机的发生，可以使铜的价格从8800美元/吨一举跌到2000美元/吨。这种理性与非理性的上涨与暴跌，在期货市场很寻常，这是理性与非理性规律在起作用，是市场的必然。

这一规律与索罗斯的反射性理论有异曲同工之妙，这里简单介绍一下反射理论。

一、反射性的概念

图13　索罗斯

反射性是投资大师索罗斯（见图13）提出的一个哲学概念。索罗斯在大学时代，深受其导师卡尔·波普尔的证伪主义哲学的影响，在此基础上提出了反射性原理，同时将这一原理应用于他的金融证券实践，获得了巨大的成功。波普尔的证伪主义哲学对索罗斯的重大启示在于：它提示了人类认知活动具有本质的不完备性，人们只能在一个不断批判的过程中接近真理，在这个过程中的一切判断都只是暂时有效的，并且都是证伪的对象。

对证伪主义哲学，在股票市场上相应的理解应该是：用质朴无邪的、科学定义式的、量化的方法研判股票的未来走势，会使投资者陷入一个又一个的误区。因为在K线走势图的背后，是人的观念和灵性在发挥作用，如广大中小投资者的买卖动机和欲望；职业投资者投资预期和投资行为；主力做开盘价、收盘价，刻意打压、拉抬股价等。股票市场现有的量化（各种技术指标）、形态化（如M头、头肩底、鸭头等）分析理论和分析工具，在投资参与者的有意识、有思想、有预谋、有特定目的的交易行为面前，是相形见绌、必输无疑的。基于这样的哲学思想，索罗斯在25年的投资商生涯中，逐步形成了自己独特的投资理念：反射性理论。

所谓反射性，是指参与者的思想和他们所参与的事态都不具有完全的独立性，二者之间不但相互作用，而且相互决定，不存在任何对称或对应。例如，投资大众热情参与的行为自然会影响股价的涨升，而当涨升的意念形成后，又作用于股价，但股价却不一定按大众意识的形成态势发展，往往令人失望地发生偏差性演变。当投资大众悲观退出时，股价也许又会意外地飙升、震荡。索罗斯指出，市场永远是错的，我们现有的分析工具不可能准确预测股价的走势和坐标位置。这是因为市场参与者的预期有偏差，而这种偏差又影响交易活动的进程，不是目前的预期与将来事实相符合，而是未来的事件由目前的预期所塑造。

市场是不均衡的，参与者本身不独立于事件之外，其所做的决定对整个事件本身也会有影响。即参与者也会影响事件，使事件处于一个动态的波动中。索罗斯的投资哲学是建立在“反射性理论”的基础之上的，它的理论含义如下。

假设人的行为是y，人的认识是x，由于人的行动一定是被人的认识左右的，因此，行为是认识的函数，表述为：

$$y=f(x)$$

它的含义是：有什么样的知识就有什么样的行为。

同样，人的认识并不是孤立出现的，它受客观世界的影响，而客观世界又是与人们的行为紧密相关的。这也就意味着，人的行为对人的认识有反作用，认识是行为的函数，表述为：

$$x=F(y)$$

它的含义是:有某一类行为就会有某一类知识。

把上述两个式子合并之后,我们可以得到这样的公式:

$$y=f(F(y))$$

$$x=F(f(x))$$

这就是说,x 和 y 都是它自身变化的函数——认识是认识变化的函数,行为是行为变化的函数。索罗斯将该函数模式称作“反射性”。它实际上也是一种“自回归系统”。

二、反射性理论模型

索罗斯认为:“市场中存在着为数众多的参与者,他们的观点必定是各不相同的,其中许多偏向彼此抵消了,剩下的就是我所谓的‘主流偏向’。”他还指出,市场中“存在着一种反射性关系,其中股票价格、股票市场的反射性取决于两个因素——基本趋势和主流偏向,这两者反过来又受股票价格的影响”。

在索罗斯给出的图表(见图 14)中,我们可以看出他所表述的基本趋势,是指上市公司股票每股收益的变化趋势。而股票市场众多参与者对每股收益的变化趋势所产生的偏差会彼此抵消,那么,剩下的“主流偏向”就在起决定性的影响作用。

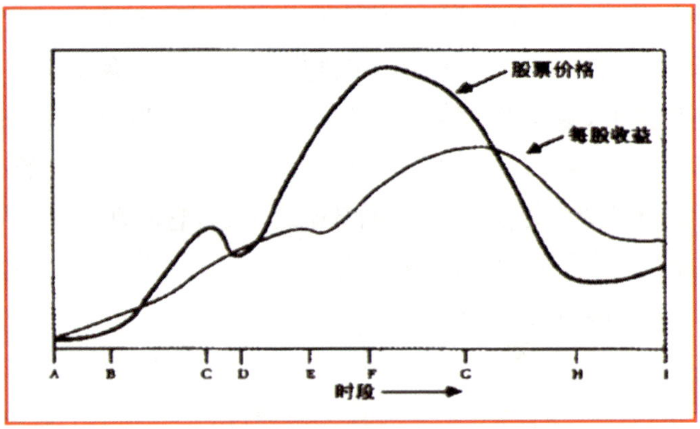

图 14

如果股票价格变化的基本趋势加强了,我们就称这个趋势在自我加强,当它作用于相反方向时,则称它在自我矫正。该术语也适用于主流偏向,可能自我加强，也可能自我矫正。理解这些术语的意义是很重要的。当趋势得到加强时，它就会加速，当偏向得到加强时，预期和未来股票价格的实际变化之间的差异就会扩大；反之，当趋势自我矫正时，后者的差异就会缩小。至于股票价格的变化，我们将它们简单地描述为上升的和下降的。当主流偏向推动价格上涨时，我们称这种偏向为积极的；当主流偏向作用于相反方向时，则称之为消极的。上升的价格变化被积极的偏向加强，而下降的价格变化被消极的偏向加强，在一个繁荣或萧条的序列中，我们可以找到至少一个上升的价格变化被积极偏向加强的阶段，和一个下跌的价格变化被消极偏向加强的阶段，同时一定还存在着某一点，在这一点上基本趋势和主流偏向联合起来，扭转了股票价格的变化方向。

这两条曲线的一个典型走向可能如图 14 所示。起初，对基本趋势的认定在一定程度上将是滞后的，但该趋势已经足够强大，并且能在每股收益中表现出来(A—B)。基本趋势被市场认可后，开始得到上升预期的加强(B—C)，此时，市场仍然非常谨慎，该趋势继续发展，时而减弱时而加强，这样的考验可能反复多次，在图中只标出了一次(C—D)；结果，参与者的信心开始膨胀，收益的短暂挫折不至于动摇市场参与者的信心(D—E)；预期过度膨胀，远离现实，市场无法继续维持这一趋势(E—F)；偏向被充分地认识到了，预期开始下降(F—G)；股票价格失去了最后的支持，暴跌开始了(G)；基本趋势反转过来，加强了下跌的力量，最后，过度的悲观得到矫正，市场得以稳定下来(H—I)。

我们认为，主流偏向就是指上市公司、机构投资者、证券商等行为团体(大股东)或者行为个人(小股东)，对股票市场和上市公司的具体股票产生的思想观念和认识(有没有前景、价格定位是否偏低、有没有价值回归的机会、各方面的条件是否允许适当炒作等)，以及已经在实施或者正在实施的市场交易行为(有意识、有动机、有目的的交易行为)产生的客观的市场表现结果和事实(用 K 线表现的图表形态)。

如果真的是这样，“主流偏向”就是对股价有决定作用的“主力机构”、“庄家”类投资主体和投资行为的代名词。这实际上就是“有意或者无意的、偶然或者必然的情况下发生的股票价格的操纵行为主体”。索罗斯在美国这样一个比较成熟、规范的市场，为了避开严格的监控体制，避免社会公众对市场操纵行为产生反感，把主力机构、庄家对股价的操纵行为，含蓄、隐晦地描述为“反射性理论”，体现了一个了不起的哲学家的思维和风格。

索罗斯的“洞察力”，是指他窥探和理解交易者的动机和灵魂的能力。他利用这种操纵手段，恰到好处地把握了这种游戏规则，这就是他“狙击全世界”、称雄全世界金融和股票市场的技巧和手段。他的洞察力使他发现了在美国以及全世界金融和股票市场上对股票价格或明或暗的操纵行为，并用“反射性理论”隐喻了股价操纵的整个过程。他则从发现中获得了一次又一次盈利的机会：恰到好处地实施“做庄”的战略，或者准确适时地把握“跟庄”的机会。

期货价格运行的理性与非理性规律带给我们的启示是：当用理性的基本面、技术面来分析行情的时候，千万不要忘记非理性规律的存在；行情往往会朝着我们意想不到的方向和点位前进。

有时行情会非常理性地朝着基本面和技术面所指引的方向理性运行，有时又会向相反的方向运行，这需要我们配合其他规律来加以研究，也需要我们利用全面的期货规律来把握、控制操盘。

市场永远是对的，是指若操盘符合了市场就会盈利，反之就会亏损；市场永远是错的，是指它的运行并不总是理性的，有时是由偏见促成的。

第二节　理性与非理性规律的实证及运用

20 世纪 70 年代，当白糖由 2 美分疯狂上涨到 66 美分时，基本面并没有发生天翻地覆的变化，价格却飞涨了 33 倍，这是非理性上涨的典型案例；而后白糖的价格又从 66 美分理性回落，但是当它跌破当年的成本价后，又继续非理性下跌，让投资者大跌眼镜，连史丹尼这种美国历史上的期货成功人士，都难以驾驭这种疯狂。

打开所有的期货品种历史运行图及大多数国内外股市的股指运行图表，我们会发现基于人性的理性与非理性特质所造成的价格运行的奇异走势比比皆是。在 17 世纪的荷兰，郁金香价格的暴涨暴跌引发了泡沫经济危机。由于中国因素，原油的价格可以从每桶十几美元上涨到近 150 美元，又因为金融危机，原油的价格从近 150 美元暴跌到近 30 美元。2020 年疫情，原油“疯跌”到 37 美元一桶，中行“原油宝”，由“宝贝”变成了千年“笑话”，坑惨了无数国人。

2009 年 1 月，当原油的价格跌落到 33 美元时，国内外很多机构看跌到 20 美元，但此时的价位已经处于综合成本价以下的非理性阶段，一亿理财团队利用期货价格的理性与非理性转换，果断建仓做多原油，期待其价格理性回归。果然，一亿取得了不菲的战绩。“动善时”，这一辉煌胜利辉，如果位移到新冠疫情初的 30 美元去做多，那就赔到“底掉”。正是：何价都要多动脑，非理走势莫忘了。

第七篇

价格的反复性规律、来回行走现象、涨慢跌快现象

第一节　随机漫步理论与价格的反复性规律

一、概念与意义

从长期看，在价格运行过程中有30%左右的时间是在横盘震荡。价格的反复性规律说的是股票或期货的价格经过一段时间的上涨或下跌后，总会在某价位附近进行反复震荡或周期性反复的规律。该规律是一个不像规律的真规律，就像"太阳从东边升起，从西边落下"一样司空见惯。但，它确实是个铁律。人如果不按地球的运行规律作息，就会日夜颠倒；如果不按四季更替的规律更换衣服，就会热着冻着。价格的反复性规律也一样，若不去遵循它，就会赔钱。价格在一个震荡期内是反复的，但并不是没有规律，反复性本身就是规律。此规律并不否定由确定性规律决定的趋势的客观存在，更不反对操作上的顺势而为。

二、对西方随机漫步理论的批判

价格的反复性规律绝不等同于价格随机漫步理论。一亿是坚决反对价格随机漫步理论的。

资本市场是最不缺少理论的地方，如道氏理论已经有上百年的历史，经历了时间的检验；但更多五花八门的错误理论，仿佛千百个错误指向牌在时刻等待着新手误入歧途。其中任何一条歧路，都足以让初学者荒山终老、日暮途穷。在这些歧路上，他们除了会耗尽毕生的精力和金钱，什么成果都不会获得。好在我们无须一一践行就能判断出一种理论是否有效：一是根据常识，二是看这种理论是否由确备实战经验的交易家提出。在这里表明我们对流行错误理论的看法，是为了对后来者负责任。

幸福都是一样的，痛苦各有各的痛苦。所有的赢家都是相似的，而输家则各

不相同。有人不主张新手去学习巴菲特，就是因为巴菲特和所有人都不相似，无从学起。而杰克・D・施威格在《华尔街操盘高手》(Market Wizards)和《华尔街点金人》(The new Market Wizards)两部书中提到的30位当代杰出交易家，却非常相似——顺应大趋势、正确地捕捉战机、严格进行资金管理、保持高度的自律、耐心地持长等。他们全都可以被视为杰西・利物莫的追随者或模仿者。他们站在巨人的肩上，吸取了前人的经验教训，因而取得了巨大的成功。年轻后生踏上成功的坦途的唯一方法，就是研究这些人的做法和言论。如果一种理论的提出者不是有过辉煌战绩的实战交易家，而是某个学院派教授，则几乎可以肯定该理论一钱不值。

"随机漫步理论"(Random Walk Theory)就是最为愚蠢的理论之一。这个理论认为，市场是随机游走的，是杂乱无章的。面对这个毫无章法的市场，该理论竟然得出交易者应该"买进并持有"指数基金，理由是没有人能够真正战胜指数。可是"买进并持有"指数基金如果能够盈利，不就等于承认指数存在一个上升趋势么？一方面靠追随大势赚钱，一方面又否定趋势的存在，这是典型的自打嘴巴。可是即使是买进指数基金也不是什么好建议。对这种想当然的结论，我们至少可以从如下三个方面予以驳斥。

一、仅仅追求和指数同步的收益只会永远原地踏步

众所周知，巴菲特的年均收益率不过略高于20%而已。人们据此认为，只要保持20%的复利增长，几十年之后就会成为巴菲特第二。可是事实上，对一般人来说，年均20%的收益率非但不会让他们成为巴菲特，相反只能让他们永远呆在穷人的位置上动弹不得，最好也就是年复一年地原地踏步而已。道理很简单，一般人的账户根本做不到封闭运行。人得吃饭、看病、花销，得不断从账户提款。越是职业交易者，越是没有交易以外的其他收入。从长期来看，连10%的年均增长率都难以达到。如果剔除通胀因素，持有指数基金的效果会更差。

二、超越指数不仅完全可能而且层出不穷

大多数人的确难以超越指数，但这不应该成为自甘平庸的理由，我们应该向卓越的交易家们看齐。理察・丹尼士魔术般地把400美元变成了2亿美元；布鲁斯・柯凡纳1978—1987年间的平均收益率高达87%，即如果在1978年初向他的基金投入2000美元，十年后该笔资金可以成长到100万美元；同样是在十年时间里，麦可・马可斯使他操盘的资金增长了2500倍，折合年均报酬率约为120%……金融市场的乾坤之大、能人之多，远非象牙塔里的书呆子们所能想象。

三、长期持有指数基金最终结果有可能亏损

日经 225 指数 1989 年底已经接近 4 万点，至今仍不足 1 万点（最低曾到过 7000 点）。如果在峰位时介入，持有该指数基金 20 年的结果是亏损超过 70%！美国的纳斯达克指数 2000 年 3 月曾经高达 5132 点，如今快十年过去了，依然匍匐在 2000 点的位置（最低曾见 1100 点）。由此可见，买卖指数基金也要依据大势操作，并且进出场的时机很重要。正确的做法应该是：在指数处于牛市时做多股指期货或指数基金，在指数处于熊市时则做空两者，而不是一味盲目地持有。

随机漫步理论虽然历史悠久，但迟至 1964 年才首次集中出现在保罗 · H · 库特纳（Paul. h. Cootner）编撰的《股票市场价格的随机行走特点》（Random Character of Stock Market Prices）一书中。伯顿 G · 马尔基尔（Burton G. Malkiel）1973 年出版的《漫步华尔街》（A Random Walk Down Wall Street）一书则使之进一步发扬光大。马尔基尔在书中对技术分析者极尽嘲讽羞辱之能事："走近技术分析师，仔细一瞅，常会看到他们的鞋子上有破洞，衬衫的领口也磨损了。我个人从未认识什么成功的技术分析师，倒是见过好几个不成功的分析师折戟沉沙、惨败不堪。令人称奇的是，身无分文的技术分析师却从来没有一丝悔意。如果你在社交场合冒昧地问他为何如此穷困潦倒，他会坦诚率直地说，他之所以如此落魄，是因为他犯下了是人都会犯的错误——没有相信自己的图表。有一次，我的一位图表朋友请我共进晚餐时就说过这样的话，我当时被食物噎着，弄得自己非常尴尬。自此之后，我就立了个规矩，永远不再和图表师一起吃饭。这不利于消化。"

历史上任何一位知名交易家都不曾以如此狂妄的语气说话。随机漫步理论不仅否定技术分析，还同时否定基本分析。如果它成立的话，交易市场上的所有专家们都将无立锥之地，积极进取将变得毫无意义，而众多杰出交易家的卓越绩效将不过是消极持有指数基金的结果。但是众所周知，市场是规律性（趋势行情）与随机性（无趋势行情）的统一体。任何对金融市场的运作有正确认识的人士，都不难凭常识看出该理论的荒谬性。例如技术分析大师约翰 · 墨菲就曾经反驳道："满目随机其实只是无力辨识系统性价格变化形态的代名词。许多学者没有能力揭示价格形态，可这并不能证明价格形态不存在。随便翻翻哪本图表书，就可以很直观地看到趋势确实客观存在。如果价格变化前后无关，那么试问随机行走派诸君，如何解释触目可见的趋势呢？不少人顺应趋势系统在现实交易中战果辉

煌，利润丰厚，又该作何解释呢？”

而在《股市趋势技术分析》第八版献给约翰·迈吉的纪念辞中，作者——约翰·迈吉公司的总裁理查德·迈克德莫特(Richard McDermott)写道：“那些坚信随机游走理论的人，曾对约翰声称华尔街上不存在可预测的行为。约翰对此的回答十分精彩，他说：‘你们这些家伙过分依赖电脑。到目前为止设计得最好的电脑仍然是人类的大脑。一些理论家试图模拟股市行为，在最终宣告失败的情况下，就声称股市中的运动是随机游走。难道就不能同样平等地认为只是因为电脑不够灵敏，或者电脑本身不够强大，从而不能够成功地模拟人类大脑的思维过程吗？’接着，约翰走到他的一大堆图表处，从中取出他心爱的一张，将它展示给随机游走论者。图上展现出价格猛烈地上冲，伴随大的成交量；价格调整巩固，伴随小的成交量；价格再次向上猛冲，伴随大的成交量……在这张漂亮的、对称的图表中，股价沿着一条界定清晰的趋势通道运行，成交量伴随着价格而运动。‘你们真的相信这些形态是随机的吗？’约翰问道——他显然已经知道了答案。”

您是愿意听一个身经百战的沙场老将的忠告，还是一个饱读兵书的书生的侃侃而谈？随机漫步理论在赢家那里没有任何市场，却因为“市场走势是随机的”这种说法颇能安慰输家们饱受创伤的心灵而大受输家欢迎。1999 年，麻省理工学院的安德鲁·罗(Andrew W. Lo)博士，以《华尔街的非随机漫步》(A Non—Random Walk down Wall Street)一书将该理论驳斥得体无完肤。作者和所有的市场赢家们一样，都深信资本市场的规律性不仅清晰而明显，并且像山丘一样不可撼动。

因此，凡是那些认为资本市场没有任何规律可循的理论都是错误的理论，这就是我们最终的结论。

第二节　价格的来回行走现象及双赢运用

鬼股先生提出的“城市与道路”理论很有意思：价格在“城市的大街小巷里”，总是来回行走的，早晨上班路过 A 商店，下班回来还要经过 A 商店。当价格进入震荡期的时候，几乎在任何点位进场多空，高抛低吸，都可以盈利。当价格运行“在城市里”，一亿操法的锁仓法，就显得行云流水、游刃有余，能来回盈利。“在城市里”，只要控制好仓位，不停地高抛低吸，双向操作，就会双向百次盈利。错误可能只有一次，那就是最后真正的离开“城市”上路，没有顺势而为。反之，顺对势了，价格离开“城市”上路了，就能搭上“顺风车”了。

在震荡市里，“在城市里”操盘的要领如下：

一、不可随意止损，错了就锁仓，而后，灵活大胆地双向盈利解锁，最终双向都会盈利。

二、仓位控制到位，不可重仓。仓重了，在城市里也会翻车、爆仓，特别是外盘高杠杆。十倍的杠杆仓位应控制在三成，百倍的杠杆仓位应控制在两成以内。这是铁律，不要贪心。在离开盘子休息的时候，仓位还要低，要扛住意外大幅震荡行情，这是简单的数学问题。一亿个人的仓位一般敞口在总资金的5%以下。

三、在震荡结束离开“城市”时（此前经常会有假突破，要学会识别），要顺对势，单边操作，有风使尽帆。顺错了，要有将军断臂的勇气坚决止损。提醒：价格离开“城市”的时候，行情往往会朝着原来的大方向运行，除非一波超级牛市到了顶或一波超级熊市到了底，这需要去辨别（见图 15）。

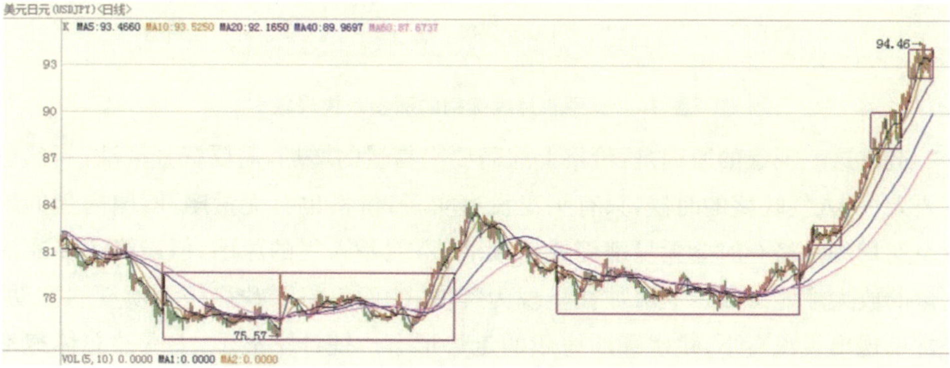

图 15　美元兑日元的“城市与道路”

图解：日元经过多年的升值，终于在 75.57 以上开始构筑底部，形成第一个底部“城市”，在这个区域高抛低吸的多空短线，都会盈利。

经过一浪上涨，进入二浪迅速回调，行情进入第二个“城市”，美日汇率在 78 到 79 一线构筑第二个“城市”，在这里会发生同样的情况。

经过再次突破，行情进入主升浪第三浪上涨，其中价格经过了第三和第四个小镇小歇。但要注意：日元在美元的紧缩预期及日本政府的干预下，中期贬值之势已成。日元的中期贬值具有确定性。近期、中期逢低做多就属于顺势而为。

到十年后的 2022 年美元兑日元已到了 1∶150！日元贬值十年预测很灵。

第三节 价格的涨慢跌快现象及操盘要领

价格的涨慢跌快现象指的是股票期货的价格在螺旋式上升、波浪式前进的过程中，上涨相对于下跌总是显得缓慢，而下跌相对于上涨又总是显得快速的现象（见图 16）。

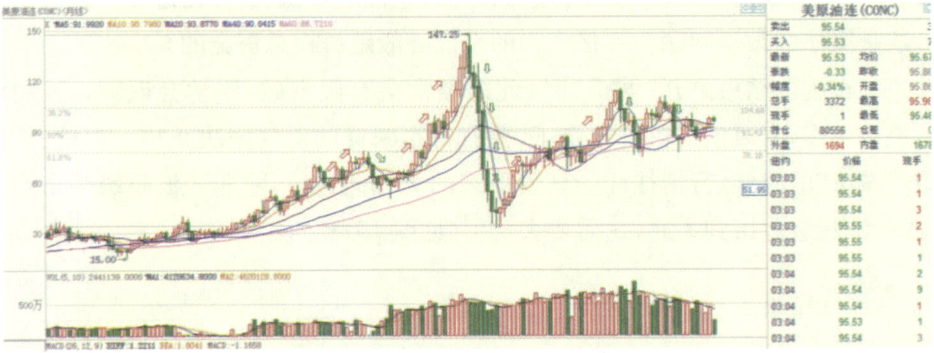

图 16　美原油月线级别的涨慢跌快现象

造成这一现象的原因是：价格上涨需要交易量的增加，需要资金推动，当然也需要人气，人气旺盛的时候，只有买盘没有卖量，价格也会无量飙升，国内盘的股价及期货的价格有时会无量涨停或连续涨停，就是人气的原因，但最终还要靠成交量的放大才能持续。上涨往往呈现为爬坡式，而价格下跌往往无须量的推动，经常呈现出飞流直下、跳水和断崖般的走势形态。统计学显示，上涨的总体速率低于下跌的速率，众多价格图表也验证着这一规律。这种现象在大级别行情、中级行情、短线行情、日内行情及超级短线行情中普遍存在。但需注意两点：一是涨跌的快慢指的是速度，而不是距离。在牛市当中，在涨慢跌快中，涨幅总是大于跌幅；在熊市当中，在涨慢跌快中，跌幅总是大于涨幅。二是有时价格也会出现上快下慢的情况，特别是一波牛市最后的拉升，往往快速疯狂（如图 17、图 18），但涨快跌慢是特殊情况，不具有普遍性。

操盘要领一：在牛市中，顺势而为做多，长线持有；在超买区，短线做空，保护性操作，快进快出。

操作要领二：在熊市中，顺势而为做空，长线持有；在超卖区，短线做多，保护性操作，快进快出，其操作速度要较牛市中的快进快出更加快捷，盯盘要更加紧

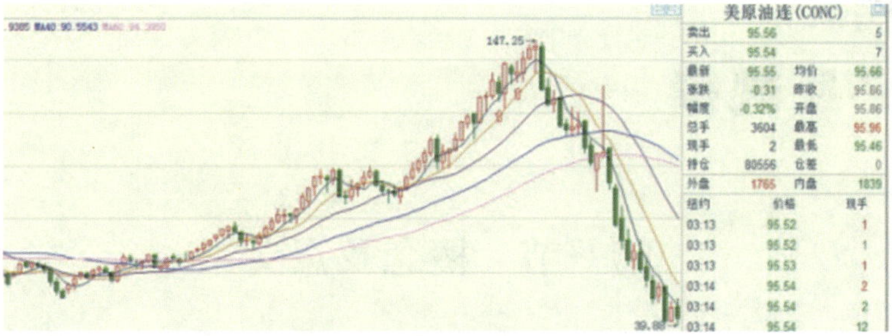

图 17　原油牛市的最后拉升

图 18　黄金牛市的最后拉升

密，不可松懈。女孩最好带上“尿不湿”，谨防“秒杀”，不可轻易敞口离盘！

操作要领三：在盘势方向不明时，应短线做空，减少短线做多。在熊市的反弹盘整期，更应如此。但在牛市的回调整理期，可以短多或加仓、调仓做多。

第八篇
物极必反规律

第一节　概念及意义

物极必反规律是前人发现的物价运行老规律，在公元前 91 年，由司马迁完成的《史记・货殖列传》就对此规律进行了形象生动的描述。

《史记・货殖列传》秉承的投资理论就是物极必反理论，也叫相反理论。这是最古老的投资理论，也是最古老的投机理论。列传中此类精句不一而足："物贱之征贵，贵之征贱。""旱则资舟，水则资车。""贵上极则反贱，贱下极则反贵。贵出如粪土，贱取如珠玉。""人弃我取，人取我与。"相反理论是古典投资理论的精髓，即使现在看来也差不多是对的。在牛市、熊市的循环中，有一些人会因秉承相反理论而成功。物极必反规律是我们抓阴阳转换点、抓拐点进行转市操作的重要依据之一。

所谓的"极"，既有时间概念，也有空间概念。两千年前的司马迁试图用金、木、水、火、土的五行学说来解释"极"的周期，以及价格的高低点空间，但没有得出很好的结论。孔子的弟子子贡是春秋时期顶级的成功商人，也只能对"极"把握个中等水平。他特别有生意眼，而《论语・先进》评价他"亿则屡中"，可见他常猜对行情，但也不可能百发百中。"极"，从周期上看，其出现时间不好把握；"贵上极则反贱，贱下极则反贵"，但对这个"极"人们无法判断。讲周期有多长，是对时间无法判断；讲什么地方是"极"，是对空间无法判断。往往在一个升势中，升了还要升；在一个跌势中，跌了还要跌。如果主观认为到"极"了，贸然进出，会说错做错亏损得很厉害。其实理解这个理论的关键，是预测到那个"极"。《易经》中就有这种努力：它强调"六七八九"四个数，也就是所谓"体七体八，用九用六"；七是阳变阳，八是阴变阴，这是趋势的维持；而九是阳变阴，六是阴变阳，这就是所谓"极"；七八阳变阳或者阴变阴，其实也是变了，但是不容易看出来。所以用《易经》的四象解，比用两极解，内容要丰富。当然判断还是可能出错，最后的判断不仅需要高度的智慧，还需要丰富的经验。玄学不适于一亿操法，高杠杆金融更须讲科学精准。

现代的超买超卖指标、各种顶部底部形态，都是测顶测底或测试牛市回调、熊市反弹位的好办法。在一亿操法中，我们也给出了一些预测的新方法。当年，A股运行到 6124 点的时候，我们曾使用公式测试过这个点是否是极点或转折点。这个公式还是很有用的，对单一品种，我们可以利用公式算出极点的大致位置。

如 A 股 2007 年的 6124 点为 A，则：

$$A=f\frac{(x+y)}{g}\cdot R\cdot b$$

其中：

X 是盘中存量资金

Y 是盘外增量资金

G 是新股发行新增供应量

R 是人气指数

B 是不可测因素

上述公式沙盘演义：如果股市中只有一只股票和一股，盘中资金只有 10 元，那么，这只股票就值 10 元；如果，将其挂 11 元卖出，盘外必须有 11 元增量资金存在；如果盘内盘外资金总量只有这 21 元，那么，这只股票的最高价就只能是 11 元了。

物极必反规律带给我们的重大启示有两点：一是牛、熊的转折点总是存在的，在一波超级牛市或超级熊市走到极致时，要注意留意拐点的出现，对顺势的获利单，要及时获利了结，对反方向的新仓单要试探性进场，要灵活使用一亿操法进行保护性操作；二是按确定性规律顺势而为是做单的根本方法，不可轻易摸顶抄底。

物极必反规律，不可轻用，轻用不可，万万不可轻易使用！

第二节 比比皆是的物极必反实例

一、A 股的物极必反（见图 19）

当人们调侃 A 股 2012 年 12 月 04 日跌到 1949.46 点，差点跌到“解放前”的时候，A 股其实已经见底，几乎跌无可跌了。一亿在此前有一个预测，原话如下：

“技术：K 线‘棍棍’图长期大底部。

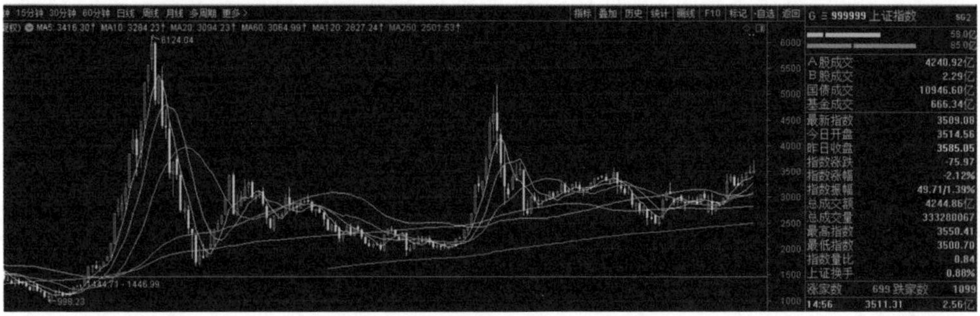

图 19　A 股的物极必反图示

政治:明年换届,股市迎新。

经济:拉动经济的三驾马车,只有靠消费,股市‘池子’水需放。回到 4000 点以上,需求始活跃。

人气:已到极低点,物极必反。

底部特点:很多票跌破净资产。

启动需要刺激因素:中央经济工作会议。”

A 股跌到 1949.46 点以后的强劲反弹,充分验证了物极必反理论,也验证了上述预言。“履霜坚冰至”,当很多股票跌破净资产、众多股民赔得惨不忍睹的时候,股市就进入了低风险区,就到了弯腰捡钱的好时机,此时建仓并中长期持有,仓位就建在了必赢点上,就会收到“不战而屈人之兵,善之善者也”的战略效果。反之,当市场极度疯狂的时候,当很多股票的市场价格超过其净资产十倍甚至更多的时候,当众多股民纷纷提款买股票的时候,股市就进入了高风险区,这是抛空股票的最佳时机。

“物极必反”用在一级市场打新股上同样适用。数据显示,同样是打新股,收益却有天壤之别,许多新股甚至上市首日即破发,收益率为负。投资者只有掌握打新的规律,才不至于在一级市场上因打新吃亏。

如果把打新收益按照不同的时间段画一条曲线,可以发现,在市场化发行的背景下,打新收益的高低就像是坐“过山车”,往往是物极必反。当打新收益越来越高的时候,新股发行价、发行市盈率开始逐步走高;而当新股发行价、发行市盈率越来越高时,新股收益就开始节节走低,甚至破发变成负收益。

二、期货价格的物极必反

图 20 展示的是原油的物极必反，当原油冲击到接近 150 美元一桶的时候，当高盛等世界著名机构纷纷预测原油要冲击 200 美元的时候，由于金融危机爆发，原油飞流直下，一口气跌到了 30 美元附近。当人们纷纷猜测原油要继续下跌到 20 美元的时候，它却执拗地进行了长达两年的反弹。可见，上述情况的出现，不是高盛等机构的预测和人们的纷纷猜测在起作用，而是物极必反的规律在制约行情，以及价值规律和供求规律等在起作用。

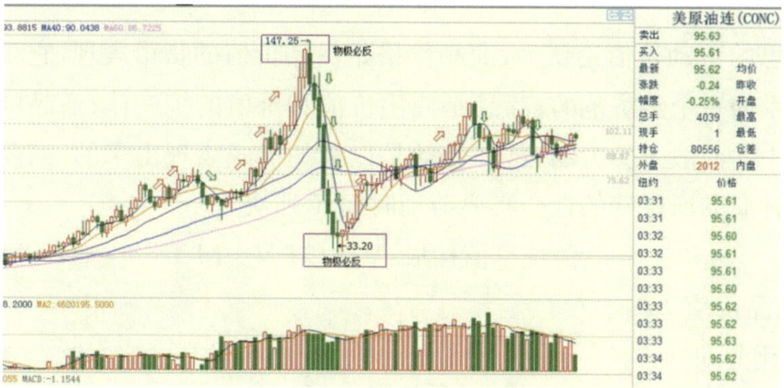

图 20　美原油的物极必反图示

图 21　美元对日元汇率的物极必反图示

图 21 展示的是美元对日元汇率的物极必反。随便翻出任何一只股票和任何一种期货品种，物极必反的规律和价格运行的轨迹都将清晰地展现出来。

第九篇
价值决定价格规律、供求关系规律、纸币运行规律

第一节　价值规律、供求规律和纸币运行规律的概念及意义

一、价值规律的概念

马克思的劳动价值论认为：商品价格是商品价值的货币表现，它是与商品经济紧密联系的一个经济范畴；商品是使用价值和价值的统一体；商品的价值是凝结在商品中的一般人类劳动，这种劳动是以量的形式表现出来的，商品的价值量由生产这种商品所耗费的社会必要劳动时间 T 所决定。

传统价值构成：W=C+V+M

W：商品价值

C：物化劳动

V：活劳动（工资）

M：剩余价值或利润

K：成本，一般认为 K=C+V

实际上，现代意义上的商品价值的构成可能更复杂，如高附加值商品可能还有类似于前人的复杂劳动（C1）的转移，别人的复杂劳动（C2）的转移等，其公式是：W=C+C1+C2+……+V+M

M=M1 常规剩余价值+M2 前人的知识剩余价值+M3 别人的技术溢出价值

由此可见，现代意义上的商品价值是由多层次、多因素、多变量结合而成的。在此不深究不赘述。

商品的价值在一定的时间内是稳定的，但同时也是变动的。比如能源价格变动了，商品的成本就会变化；人力成本变了，商品的价值也会变化。价格（G）随价值而变，即价值是价格的自变量：

$$G=f(W)$$

同时，价格随货币（h为货币系数）的供应量的增减而变化：

$$G=f(hW)$$

所谓价值规律，是指商品的价值决定商品的价格，价格围绕价值波动。期货价格的波动是由于人们的买卖行为而发生。

“年轻的时候爱较真，因此，将《资本论》精读了三遍，翻过几乎当时能够找到的所有资料书，考过中央党校王珏教授《资本论》方向的研究生，对劳动价值论印象深刻。价格围绕价值波动、供求关系影响价格的规律我看颠扑不破。不管其价值定义如何，价格总要围绕价值波动，所谓“围绕”就是指价格有可能高于价值，也有可能低于价值。黄金亦不例外。如果严重通缩到来了，黄金价格就会低于其价值；如果严重通胀到来了，其价格就会飙升到其价值以上很远。”——来自《太公赢》。

“价值决定价格的规律和供求关系的规律是人类发现的物价老规律，也是预测、分析期货价格的基本依据之一，当然并非充分条件。作者：姜太公钓金鱼
发表时间：2012—1—08 00:59:05”

价值、价格的哲学属性是：价格这只看不见的手，支配着商品世界的一切生灵。价格运行的复杂性是由其绝对性与相对性决定的。价格的绝对性表现为商品生产和商品交换存在，价格就绝对存在。价格的绝对性是指价格的客观性、确定性、无条件性和基本稳定性。价格的客观性源自于价值的客观性；价值的客观性源自于商品的二重性；商品的二重性源自于生产商品的劳动二重性；劳动的二重性源自于商品生产的基本矛盾，即私人劳动和社会劳动的矛盾。商品生产者为了实现商品交换，把私人劳动转化为社会劳动，必须由市场把不同的劳动还原为同一的抽象劳动，价值范畴便应运而生，客观而存。价值不能自我表现，它通过货币表现为价格。价值的客观性，决定了价格的客观性。归根到底，是商品生产和商品交换的客观存在，决定了价格的客观存在，从而使价格的运动不以人的意志为转移，具有客观必然性，因而具有绝对性。价格的确定性，是指任何价格都不由任何个人任意决定，而是受价格规律的决定。价格的相对性表现在价格运动规律上，就是价格以价值为轴心，受供求关系等市场条件的影响。价格围绕价值波动是相对的。受“理性与非理性规律”的制约，价格有时是极端疯狂和极端消极的。同时，由于社会与科技的变化，有的商品失去了使用价值，其价值、价格也就不复存在了，如清朝男人的辫子结，又如电子管收音机和黑白电视机。

价值决定价格，就象风筝不管飞多高总要回归牵线人，狗不管跑多远，总归要回家，一个道理，这是我们理性多空股票期货的重要依据。

二、供求规律的概念

价格的供求关系规律是指当商品供应不足或过剩时，其价格就会上涨或下跌；当市场需求强烈或不足时，商品的价格也会上涨或下跌。

价值规律说的是价格围绕价值波动，而供求规律决定价格波动运行的方向。价格同时会受到货币规律等规律的影响。

三、纸币运行规律的概念

纸币是为完成人类的劳动交换及商品服务等交换而诞生的信用货币，纸币也是人类通过释放和收紧银根调控经济生活的金融手段。纸币基本的运行特征是绝对宽松和相对紧缩，这是纸币的本质特征，也是纸币运行的根本规律。纸币的这个规律决定了商品价格运行的螺旋式上升和波浪式前行的子规律。当政府失控的时候，纸币会变成蒋介石的“金圆券”，分文不值，物价就会飞涨；当政府还能有效控制经济的时候，适度收紧银根，就能使通货紧缩，物价指数就会下跌，商品就会走熊。纸币未来可能被数字货币取代。在当今“美元霸权”、“一钞独大”背景下，Fda 美联储货币政策直接牵动着股票期货之神经。

四、遵循价值规律、供求规律和纸币规律对实操的重大意义

(一)它们是进行基本面分析的重要基础。价值规律给价格提供中枢，对期货价格具有向心力，是分析价格趋势是向上还是向下，以及能走多远的重要依据。而供求关系又是判断价格方向的基础依据之一，它可以指出价格的基本方向，例如：2020 年初，新冠肺炎疫情突然袭来，原油暴跌到负 37 美元一桶，成了喝多头血毫不眨眼的“怪兽”；而 2022 年初，俄乌战争大炮一响，原油应声蹿升到 130 美元！

(二)价值规律是股票及期货价值投资的重要理论根据，是期货股票投资市场最核心的规律。商品及股票的价值，是决定行情价格走向与趋势的最重要因素，而社会人文普通的经济环境与国家经济政策一般变化的因素，只能影响某一阶段行情的变化波动而已，不会对总体大的投资价值环境造成完全颠覆性的影响。有时期货股票的价值取决于购买者愿意支付的价格，这是由价值的相对性和供求关

系决定的。黄金、白银、石油、铜等大宗商品的价格的变化，除受其价值因素影响外，还取决于市场的信心以及货币的供应，也就是流动性。

（三）结合供求规律以及纸币规律，可以基本断定价格运行的大趋势。这一点十分重要，下文将结合原油、黄金的案例进行阐述。

第二节　黄金白银的价值、价格、供求及操作要领

一、黄金的价值与价格

（一）黄金的价值

有人认为："金价在跌破每盎司 1600 美元后，短期有可能继续走弱，但因全球黄金矿业公司总生产成本平均为每盎司 1400 美元左右，金价跌破 1400 美元的可能性不高。"这是 2013 年 3 月有人对黄金生产成本的描述，但黄金的成本到底是多少、价值如何、价格偏离价值到底有多远，一直以来众说纷纭。

纽约联邦储备银行里面的金砖被隔在许多储藏间里分别堆放。这里共有 122 个储藏间，最大的可以存放近 11 万块金砖，堆起来有 3 米高、3 米宽、5 米多长。整个金库存放的黄金约有 7000 多吨，约占全球官方黄金储备 2.93 万吨的四分之一。

国际资源（01051. HK）行政总裁彼特·阿尔伯特（Peter Albert）于 2012 年 5 月 15 日表示，2011 年全球黄金生产平均成本为 700 美元/盎司左右。

据路透社报道，世界黄金协会首席执行官施安霖（Aram Shishmanian）2012 年 5 月 15 日表示，黄金矿产商目前生存的底线是金价在 1300 美元，但他们同时还面临着矿业成本、分红成本和东道国税收的急剧攀升；如果今后五年延续这一趋势，金价至少须达到 3000 美元/盎司，金矿行业才能保持盈利。

彼特估算,2011 年全球黄金开采生产成本大约为 700 美元/盎司,而预计印尼项目的生产成本在 350～400 美元左右,这比全球多数金矿的生产成本要低。彼特认为:"黄金价格在 1500～1600 美元/盎司左右,对金矿开采业来说依然是很好的价钱。"

山东黄金集团透露,黄金的生产成本是 100～110 元/克(1 盎司＝31.1035 克),但 2012 年 6 月 18 日的销售价是 193 元/克,金价后市能否走高,"主要看美元和原油价格的走势"。

汇总上述情况,结合我国黄金协会的报价,我们认为,在 2013 年初,黄金的矿业生产平均维持成本大约在 900 美元/盎司左右,黄金的世界综合价值在 1100 美元/盎司左右。我们一亿系的这个精准分析预测,被后来的金价走势所见证:2015 年 12 月 1 日美黄金创出 1045.5 低点后,扭头向上,上突到 2022 年的 2100 点附近。目前(2022 年 8 月 1 日),由于美元超发,黄金的价值中枢已上移到 1500 点以上,不远的将来,目标价 3000 美元/盎司,应在情理之中不是梦。

(2)黄金的价格

2013 年,黄金的期货价格在 1600 美元/盎司左右,该价格运行在黄金的成本及价值以上。这一结论应该没有大问题。除去供求关系以外,黄金的价格还受货币因素影响,美国的非正常货币宽松政策如果能够继续,黄金仍然会走牛;如果美元出现紧缩预期,黄金的下行空间就会打开;如果期货运行的理性与非理性规律起作用,黄金的价格跌破其价值或矿业成本都是有可能的。但这仍是中期回调,黄金长期走牛、再创新高,是有可能的。

(三)黄金的供求

1. 黄金的供应

长期支撑金价的因素依然较多,目前,黄金生产处于持平和下降轨道,过去几年少有新的金矿生产上线,全球黄金产量并没有增加(2013 年)。

从人类社会发展的全局来看,19 世纪是一个十分重要的世纪。在 19 世纪之前数千年的历史中,人类总共生产的黄金不到 1 万吨,如 18 世纪的 100 年内仅生产了 200 吨黄金。到 19 世纪,黄金生产跃上了新台阶,这 100 年期间生产的黄金达到了 1.15 万吨,是 18 世纪的 57.5 倍,其中 1850—1900 年间就生产了 1 万吨。进入 20 世纪后,世界上黄金的生产总体呈上升趋势,分别出现过几次产量大增的现象。在 1900 年,世界黄金产量为 300 吨。进入 20 世纪,早期最高年份产量达到 700 吨,30 年代最高产量年份达到 1300 吨,60 年代最高产量年份产量接近

1500 吨,80 年代世界黄金年产量突破 2000 吨,90 年代至今产量总体还在增长。21 世纪以来世界黄金年产量平均稳定在 2600 吨左右。目前,虽然一些国家的黄金产量有所提高,如澳大利亚、秘鲁、印尼等,但是南非、美国等黄金生产大国的黄金产量在下降。另外,由于金矿产业投资周期长、开采成本高,从历史数据看,全球金矿产量不可能快速增长。因此,我们认为,未来几年世界黄金产量不会有明显变化,依然比较稳定。据科学家推断,地壳中的黄金资源大约有 60 万亿吨,人均上万吨。但是,到目前为止,世界现查明的黄金资源量仅为 8.9 万吨,储量基础为 7.7 万吨,储量为 4.8 万吨。截至 2005 年,人类采掘出的黄金不过 12.5 万吨,约占总储量的六亿分之一,人均只有 20 克。地球上的黄金分布很不均匀,虽然目前世界上有 80 多个国家生产黄金,但是各国黄金产量差异很大,各地产量颇为不均。2004 年,世界前 10 名产金国依次为:南非、美国、澳大利亚、中国、俄罗斯、秘鲁、加拿大、印度尼西亚、乌兹别克斯坦、巴布亚新几内亚。其中中国黄金产量近年来一直处于世界排名第四的位置。在 2004 年,南非、澳大利亚及美国产量分别占到世界总产金量的 13.9%、10.6%、10.2%;而我国的产金量也达到 8.6%。目前,世界每年生产黄金 2600 吨左右,但是能达到这个产量是人类几千年不断探索和努力的结果(2013 年)。

2. 黄金的需求

黄金是通货膨胀、货币贬值较好的对冲工具。中国和印度等亚洲地区人口众多,有收藏黄金的偏好。黄金未来的需求源自新兴市场、各国央行和投资者,中国和印度的需求如今占全球黄金市场需求的 55%,而新兴市场也打算增加黄金储备。此外,全球黄金 ETF 目前共持有价值 1200 亿美元的黄金,这只是“冰山一角”,美国养老基金目前持有的黄金数量不多,但预计今后 20 年这一状况将发生变化。

黄金的使用价值有:一是首饰装饰;二是当硬通货收藏,对冲通胀;三是工业原料等。从黄金供求关系看,黄金既不像常人崇拜的那样,永远“金光闪闪”;也不会像巴菲特预言的“废铁论”那样,毫无价值。在巴菲特“黄金废铁论”盛行的时候,黄金走上了十年牛市的金光大道,其价格扶摇直上,2011 年达到了 1923 美元/盎司;在宋鸿兵《货币战争》预言黄金要涨到 5000 美元/盎司的时候,黄金却非常不听话地进入了回调期,目前已经跌破了 1600 美元/盎司。最低到了 1045 美元/盎司(2015 年)。

(四)黄金的操作要领

1. 黄金行情的预测要领

一亿操法一直坚持“三位一体”的预测方法,同时注意到了黄金有别于其他大宗商品的特性。这样的预测方法,会使主观预测与未来的客观行情基本接近或比较接近。

(1)“三位一体”预测方法:基本面、技术面和市场人气

黄金的基本面包括产生基本趋势的确定性因素和导致行情波动的不确定性因素。例如黄金的十二年牛市,其确定性因素就是阿富汗和伊拉克这两场战争,以及金融危机以来实施的超宽松的货币政策。又如黄金自 2011 年 9 月创出历史高点 1923 点以后出现的高位震荡和回调行情,主要源于凯恩斯主义的局限性,以及近期出现的美元紧缩预期,特别是 2012 年 10 月以来的连月回调行情,主要源于美元紧缩预期,实际上应该定义为“美元紧缩预期行情”,这是确定性因素;其不确定性因素是美国经济的向好或向坏,主要指标是每月一次的非农数据,特别是就业指标,当就业指标变好或变坏时,黄金价格的回调势头就会加速或反弹。一般情况下,就业指标向好,回调就会加速;反之,就会引发反弹。

黄金的技术面主要包括传统的技术指标、K 线系统的形态分析,以及均线系统分析,还包括一亿操法的特别分析系统。

黄金的市场人气,主要凭经验获得,比如对此次的黄金反弹,太公进行了成功预测,他除了结合黄金日线的小双底以外,同时参考了市场人气状况。2013 年 3 月 8 日美国公布了非农数据,非农就业指标的失业率由上月的 7.9%下降到 7.7%,这是黄金的重大利空消息,黄金急跌到 1560.5 美元/盎司,但却没有跌破前低 1554.4 美元/盎司,并形成日线长下影线,人气反弹。下面是 2013 年 3 月 10 日周日太公的预测记录:

最近在忙写《太公赢》,很久没有露面了,谈谈下周的黄金:

3.11 到 3.15:

1. 会反弹,1554 与 1560 构成的小双底是有力量的。
2. 反弹高度预测在 1599 附近。有使其瞬间到 1615 一线的力量存在。
3. 反弹后就要破底 1550。

总之,按反弹行情对待。

同意“天骄美眉”的中线看跌观点,赞成鬼股下跌模型定论,支持一亿操法。

作者:姜太公钓金鱼发表时间:2013－03－10　　09:09:01

太公预测反弹高度在1599一线,果然,行情进行了三天的反弹,美黄金连(GLNC)最高点反弹到1598.8进入回调(见下图22)。太公预测的精准程度可见一斑。

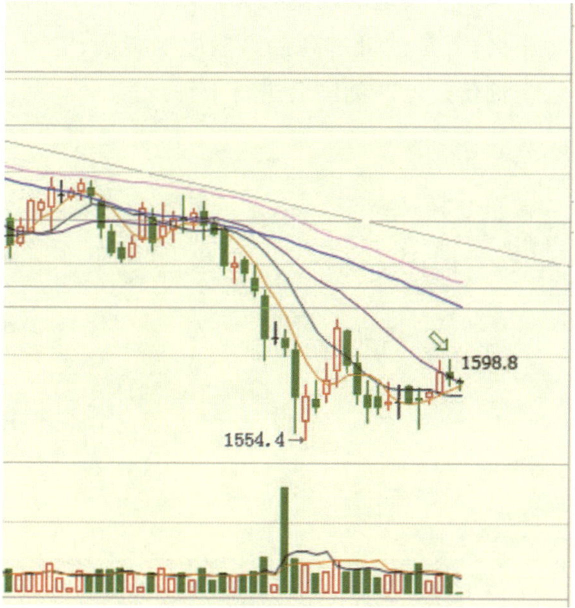

图22　周末预测反弹高度在1599,实际到了1598.8

(2)黄金的特性及运行的特殊规律

①黄金的生产成本、价值、价格

当下有人分析黄金的矿业成本在1400美元/盎司;国内个别金矿矿长自称成本为105人民币/克,相当于550美元/盎司;世界均价估计在800美元/盎司。草算可知,世界黄金生产成本在900美元附近;根据价值规律,黄金在成本上下运行都合理;根据理性与非理性规律,价格可以极度疯狂和极度消极,会远远偏离价值;根据供求规律,需求减弱会导致价格下跌,反之则涨;根据纸币规律,价格会螺旋式上升和波浪式前行;根据物极必反规律,如2011年1923点是极,目前(2013年)的回落还没有到位。

②黄金与工业品、农产品和原油的比较

黄金不同于一般工业品,也不同于农产品,有其自身特殊规律。黄金与原油的不同表现为以下几点。一是原油存在生产与消费两大明显的对立阵营,而黄金没有。黄金市场空头力量弱，多头力量强，这一区别明显反映在两者的长期价格走势图上（见图23）。二是原油的价格轨迹有明显的国家强制痕迹，而黄金没有。当然，有时也有例外，比如2013年4月的暴跌行情，就有美联储保护美元、故意打压黄金的嫌疑。三是黄金的运行与纸币规律联系密切，而原油的运行多与大国意志、世界经济的强衰和原油主产地的动荡有关。四是原油价格高低会直接影响当下全球经济，而黄金不会；五是油价过高会直接影响美国、中国、日本及西欧的物价指数，而黄金不会。油价过低产油国会进行干预。

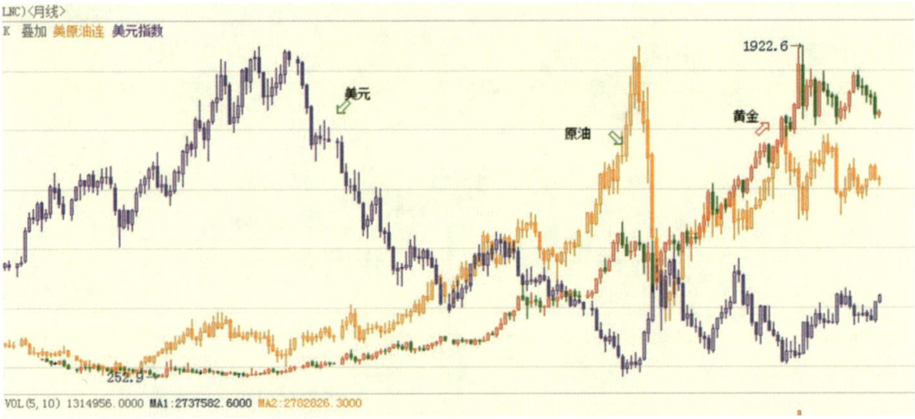

图23 黄金、原油、美元月线叠加图

③黄金与农产品的比较

任何期货商品都有其商品与金融属性，比如大豆。当歉收的时候，大豆期货价格就涨，这体现了商品属性；而当货币政策趋向宽松的时候，大豆看涨，这体现了金融属性。黄金不同于农产品，不受季节产销的周期性影响，目前，它的生产和消费都相对稳定，只是在节日期间消费有所增加。因此黄金的金融属性会更强烈一些。黄金由于其硬通货特质，有很强的抗通胀的能力。在货币宽松期间，买黄金就是首选。

（3）把握好黄金价格运行的基本脉络

①黄金长期看涨

纸币规律导致黄金螺旋式上涨、波浪式前行，黄金长牛有其必然性。在黄金期货上缺乏做空力量，产供销众多利益集团及消费者基本上都是“盼涨派”，这是人类利益倾向——“黄金长牛”所致。只有在极度困难的时期，黄金才会“比馒头便宜”。这种“米比金贵”的事情历史上曾经发生过，在《史记·货殖列传》中就有记载:“宜曲任氏之先,为督道仓吏。秦之败也,豪杰皆争取金玉,而任氏独窖仓粟。楚汉相距荥阳也,民不得耕种,米石至万,而豪杰金玉尽归任氏,任氏以此起富。”意思是说,宜曲任氏的先祖,是督道仓的守吏。秦朝败亡之时,豪杰全都争夺金银珠宝,而任氏独自用地窖储藏米粟,后来,楚汉两军相持于荥阳,农民无法耕种田地,米价涨到每石一万钱,任氏卖谷大发其财,豪杰的金银珠宝全都归于任。米比金贵,大发横财。

②黄金中期看跌

黄金自 2011 年 9 月到达最高点 1923 点以来,中期看回调。这是由确定性规律决定的,十二年超级牛市需要被修正,纸币超常宽松已到极限,货币紧缩预期强烈。未来黄金会回调到 1000 美元/盎司,黄金长期牛市的趋向不会改变。此后黄金跌到 1045.5 美元/盎司,验证上述预测十分精准。

(4)未来金价影响因素更复杂

美国的经济情况、财政和货币政策的调整以及美元的走势都会对金价的波动产生直接影响,这是由美国和美元在国际金融体系中的重要地位所决定的。未来随着国际货币体系的多元化,影响黄金价格的因素将会来自更多层面,而分析金价长期走势首先还要从宏观经济和政治环境入手。牙买加协议签订后,黄金已经退出了货币的历史舞台,但与其他大宗商品相比,黄金仍然具有相对独立的金融属性。

长期以来,美国通过美元的强弱来掌控黄金和主要大宗商品的价格走势,来回“割韭菜”,这是一个不争的事实。未来随着国际货币体系的多元化,影响黄金价格的因素将会来自更多层面。我们也应该积极努力,促使人民币逐步成为世界硬通货,为争夺国际大宗商品的定价权而努力奋斗。

投资黄金需要注意些什么?

投资品种有金条、纸黄金、伦敦金、黄金期货,可供选择的种类繁多,但挖掘机会却绝非易事。投资黄金首先要选择适合自己的投资手段和工具,具备不同风险承受能力和不同专业认知能力的投资者所适合的投资工具也不相同。还有,要关注国际黄金价格变化的特点以及了解具体黄金投资产品的价格是否合理。另外,选择合法的渠道参与投资也是投资者保护自身权益的重要步骤。当然,在参与黄金投资之前,首先必须了解和熟悉这个市场,那些非专业的投资者应该首先寻求专业咨询机构的指导。

新中国黄金市场化的历程也不过十余年。但在这期间,中国黄金市场化发展可谓日新月异。目前中国黄金市场已初步形成了以交易所体系、银行体系、实物金商体系为主的三大市场。投资品种涵盖了实物黄金、交易所产品、黄金期货、银行做市商产品、投资基金产品等。世界黄金协会统计数据显示，中国黄金产量已经连续六年位居全球第一，且其消费量仅次于印度，排名第二，对国际黄金市场的影响力与日俱增。可以说，中国已经是名副其实的黄金大国，但还算不上黄金强国。一方面是因为国际黄金市场的中心仍然在欧洲和美国，中国黄金市场开放时间不长，相对封闭，参与国际黄金市场运作的大型金融机构不多，对于国际黄金价格的直接影响力仍然相对有限；另一方面是因为，中国的黄金储备在外汇储备中所占的比重仍然偏低，人均黄金占有量也仍然远低于全球平均水平。

黄金有完全国际化的市场，我国虽然是产金和用金大国，但没有全面参与国际黄金市场运行的金融机构，拿到定价权还需时日。中国黄金市场未来发展的道路还很长，但发展迅速，市场潜力仍然非常巨大。

(5)白银价格运行的要领

据各种资料分析，白银目前的生产成本大致在 10 美元/盎司，目前运行的价格在 29 美元/盎司，仍然运行在成本及白银价值以上。白银的运行轨迹趋同于黄金，但其波动幅度远远大于黄金，投机性更强，这是应该注意的。同时，它也为人们提供了与黄金套利交易的机会，此不赘述。

总之，在种种太公期货规律面前，一定要注意黄金、白银、各种大宗商品及金融衍生品的特点和特殊规律，这样才能准确把握价格的运行，决胜于期货市场。

第三节　原油的价值、价格、供求及操作要领

“君不见美国可以把原油唱到 150 美元，也可把它踩到 33 美元？难道这是正常市场的表现？应该在战术上以美国经济为风向标的。”作者：姜太公钓金鱼 2012—01—0720:48:46

“假如以美国作为风向标的话，有个问题，想看看各位的高见。要振兴美国经济，‘弱美元’是不二的法门。美国持有世界现存黄金差不多 4 成，‘强黄金’就符合美国的国家利益。也就是说，‘弱美元，强黄金’，就是美国财经政策的基石。可否这样理解？”作者：119.144.199.＊　2012—1—0720:58:49

“吾不如此认为。只有‘弱美元、强美元恰当轮回’，又不重伤美元国际支配地

位，才符合美国利益。只有恰当轮回，才能有利于美国利益的再分配。此事我们做过'沙盘演义'也"。作者：姜太公钓金鱼　　发表时间：2012—1—0802：03：59

以上是东方财富网黄金吧里一段很有意思的对话，举出了美元、原油和黄金等三大影响世界经济的重要元素。同时，指出了美国作为世界第一经济强国是掌控和影响世界主要商品价格的国家。在原油上更是如此。

一、原油的价值、价格

1. 原油的成本

据国际石油网透露，2012 年英国石油、壳牌、雪佛兰、康菲和埃克森美孚这五大石油公司的原油生产成本仅为每桶 16 美元，当时市面上原油的平均价格为每桶 104 美元，是开采成本的 6.5 倍。今年第一季度，五大石油公司的利润为 530 亿美元，而这些利润的很大一部分被用来回购股票或是派发股息。

埃克森美孚首席执行官瑞克斯·蒂勒森曾承认，如果纯以供需关系而论，原油价格应该介于每桶 60 至 70 美元之间。至于油价为何高居 100 美元之上，蒂勒森解释说，主要是因为各主要石油消费用户利用期货在当前的高油价环境下锁定成本，还有就是量化对冲基金的高频率交投助长了市场的投机行为。

在中国，针对网友普遍质疑的中石油、中石化两大石油公司的原油开采成本问题，中国石油和化工协会指出：两大石油公司的开采成本为每桶 50 美元，海上开采的成本大概为每桶 60 美元。根据现在的国际市场来看，还存在倒挂现象。

原油的开采成本是变化的，随着油价的上涨，采油、勘探和开发的成本在逐年上涨，据专家分析，前几年石油开采成本比较低，最低就是十几美元，后来又涨到二十几美元、三十几美元，现在，两大公司的开采成本为每桶 50 美元，由于海上平台支出比较多，海上开采成本高于 50 美元，大概是每桶 60 美元。

以上说法显然是在为目前的高油价背书，据兴业证券发布的分析报告，中石油、中石化、中海油从 2004 年至 2007 年的开采成本分别为：中石油每桶 14 美元、16 美元、21 美元、26 美元，中石化每桶 24 美元、26 美元、27 美元、34 美元，中海油每桶 13 美元、14 美元、15 美元、18 美元。并非上面所说的天价开采成本。试想，如果中国垄断油企的开采成本大大高于国际市场油价，它们为何要继续开采下去？直接进口岂不是一件于国于民都有利的事情？

世界主要产油国的开采成本随着原油疯涨也出现了大幅增长，但增幅有限。

科威特原油开采成本也由 2001—2002 财年开采成本每桶 0.4 科第，上升为 2007—2008 财年每桶 1.273 科第(1 科第约为 3.6 美元)，逐年增长 18.02%。

在不同地理环境下，开采石油的成本相差极大，按照边际成本的原理，油价应该以条件最差油田的开采成本为基础。据《青年非洲》杂志发表的 1999 年世界各地原油开采成本统计，欧佩克中东成员国的原油开采成本为每桶 2.90 美元，中东地区以外的欧佩克成员国的陆上油田开采成本为每桶 4.93 美元，北海油田为每桶 10.95 美元，中欧和里海地区为每桶 7.94 美元，墨西哥湾为每桶 9.02 美元，俄罗斯则为每桶 11.92 美元。

近几年，新发现的油田中深海油田占比逐步上升，原油生产成本有所提高。2000—2005 年，全球新增油气探明储量为 164 亿吨油当量，深海占 41%，浅海占 31%，陆上占 28%。1999—2003 年，全球新发现 14 个储量在 6850 万吨以上的大油田，其中 9 个在深海，2 个在浅海，只有 3 个在陆地。2004 年，全球发现探明储量在 1370 万吨油当量以上的重大油气田共 20 个，其中 3 个在深海。2005 年，除美国本土陆上和加拿大外，全球发现探明储量在 3420 万吨油当量以上的重大油气田共 9 个，其中 3 个在深海。随着易开采油田的枯竭，未来原油供应将越来越依赖于深海油田。因此，原油生产的边际成本会逐步攀升。

2. 原油的价值、价格

目前原油的开采成本大致为每桶 40 美元，加上各国的资源税收和垄断行业的利润，原油的价值在每桶 80 美元左右应该是合理的。2005 年，原油价格突破 50 美元已达到 90 美元附近。2013 年 3 月 19 日，美原油期货运行在 94 美元附近，其价格还是在理性范围以内。从商品价值投资的观点出发，原油还是具有投资价值的。

二、原油的供求

(一)国际能源署认为，原油供求关系趋紧

针对此前决定释放战略油储而遭受的批评，国际能源署(IEA)表示，此举正在产生预期的效果。该机构同时警告，原油的供求关系正在趋紧。

国际能源署在其月度报告中表示，虽然石油输出国组织(欧佩克)在 6 月份的日产量增长 80 万桶，但由于原油需求增长，加之其他地区的产量低于预期，本季

度该组织仍需继续增加供应。

国际能源署认为，由于第三季度面临季节性的需求增长，欧佩克实际产量和全球对该组织的需求量之间仍存在每天 130 万桶的缺口，而 5 月份的缺口为 150 万桶。国际能源署还称，供需缺口的很大一部分将在 7、8 月份由战略油储填补，以避免国际市场油价的破坏性和持续性上涨。

国际能源署石油工业和市场部主管大卫·费夫与记者举行电话会议时表示，发现市场对于欧佩克第三季度增产的呼声迅速高涨，国际能源署将认真评估这种状况。

(二)中国的供求

2012 年，我国生产原油 20748 万吨，同比增长 1.9%；进口原油 27109 万吨，同比增长 7.3%；出口 244 万吨，同比减少 3.5%；原油表观消费量为 47613 万吨，同比增长 4.9%，外贸依存度为 56.4%。

1. 生产平稳增长，增速先抑后扬

2012 年，我国加工原油 46791 万吨，同比增长 3.7%；生产成品油（包括汽、煤、柴，下同）28171 万吨，同比增长 5.5%；其中汽油 8976 万吨、煤油 2131 万吨、柴油 17064 万吨，同比分别增长 10.3%、13.7%、2.3%。全年单月成品油产量基本维持在 2200 万吨以上，基本满足了国内市场需要。原油加工量和成品油产量增速呈现先抑后扬态势，后四个月基本维持在 7%～9%的增幅。

2. 国内供应充足，外贸明显下降

2012 年，我国进口成品油 716 万吨，同比减少 16.9%，其中煤油 621 万吨、柴油 95 万吨；出口成品油 1223 万吨，同比减少 3.3%，其中汽油 292 万吨、煤油 745 万吨、柴油 186 万吨。这主要是因为国内供应较为充足，同时国家也加强了对成品油出口的管理。

3. 消费结构逐步变化，保供压力有所缓解

2012 年，全国成品油表观消费量为 27664 万吨，同比增长 5.2%，其中汽油 8684 万吨、煤油 2095 万吨、柴油 16973 万吨，同比分别增长 12.2%、14%、1.5%。受家庭轿车逐步普及、航空业持续发展影响，汽油和航空煤油消费增长迅速。从总体看，成品油生产和消费的增幅基本匹配。

(三)美国的供求

从供应方面来说，美国页岩油的大量增产对全球原油供需格局带来了影响，沙特为维持油价可能进行产量上的调整。从需求方面来说，欧美宏观经济的疲软将影响原油需求，而亚太地区较为强劲的需求又有望拉升需求。

三、原油期货的操作要领

(五)原油价格运行的特点

1. 原油不同于任何大宗商品，它的价格直接影响全球物价走向，直接影响全球各业的生产成本，直接关乎现代人类的生活。当今世界可以没有黄金，但每时每刻都离不开原油。这个黑色能源时代短期内不会被任何新能源所取代。原油期货价格的运行不仅带有盘中机构的操控痕迹，也带有世界各大能源巨头的操控色彩，同时也展现着主要生产国与主要需求大国之间的博弈。这是原油较其他品种更难把握的根本原因。单从基本面、技术面或市场人气等任何一个方面，都难以把握它的走势，即便从三位一体全方面的角度出发，也难以准确把握之。

2. 原油价格的运行与世界主要经济体的经济状况联系密切，是世界经济的晴雨表。战争因素为原油波动增加不确定性。

3. 原油价格运行起伏大、振幅大，这与世界经济的大起大落和周期循环有直接关系。这些主要特点决定了原油走势较难预测和操作较难盈利，因此，不建议一般散户进入原油期货领域交易。

(二)主要运行与美元反向

如果想进入原油期货操作，就要学会把脉美元的走势。

(三)把握世界金融危机的结束时机，新的一波原油牛市还会到来

原油的价格在1999年初为每桶10美元，经过9年到2008年7月迅速飙升到近每桶150美元。由于金融危机影响，原油超级牛市步伐戛然而止，仅用半年时间就跌回到每桶33美元，目前价格运行在每桶90美元附近。由于目前还没有任何新能源可以取代原油的战略地位，未来随着经济复苏，即地缘政治的激发，原油的价格将在某时超过前高，继续前行。当然，也不排除因疫性等不确定性因素出现“阳谋”奇葩式的负价格！

第十篇
大级别行情的“主题词”现象

第一节　超级行情的“主题词”现象及意义

主题词现象也叫关键词规律，在任何一波大级别行情或中级行情中，都会有一个关键词起作用，只要这个关键词描写的经济现象不终结，行情就会延续。如2008年的暴跌，关键词是“金融危机”；2009年初至2011年的反弹中级行情，关键词是“复苏”。当“金融危机”成为主题词时，不停跌，跌不停，连像样的反弹都罕见；当“复苏”成主题词时，则不停涨，涨不停，连像样的回调都没有。这一现象的把握，有助于我们掌控行情性质和价格方向，我们将顺势而为，不因短线的波动而迷失，且可以按一亿操法驾驭它们。通过图24，我们能清晰地看到主题词与价格运行轨迹的逻辑关系。

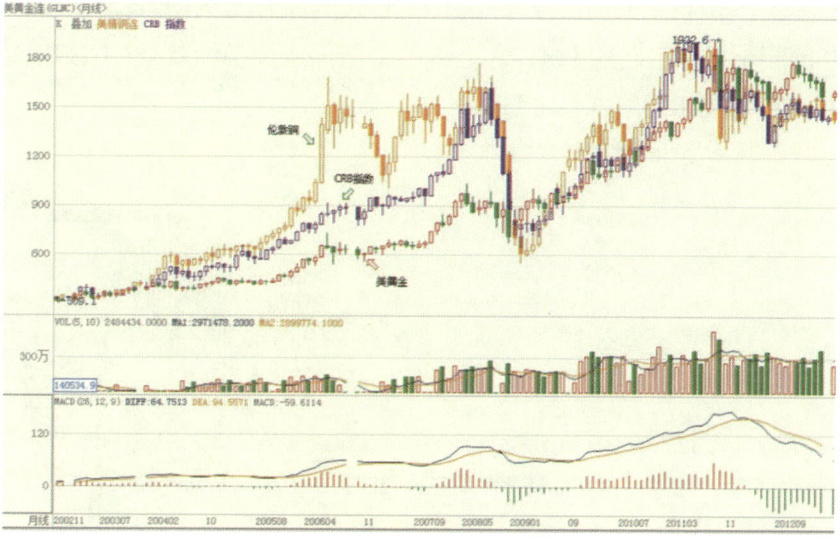

图24　大级别行情的主题词现象

上涨主题词:“中国因素”、“复苏行情”

下跌主题词:“金融危机”

2001年底，中国加入WTO，逐步成为制造业大国，导致原材料价格大幅上升。2001年到2006年，以铜为代表的大宗商品走出了近五年的超级牛市，从图24中的CRB指数可以看出，无论工业品还是农产品都在上涨，这一波超级牛市的关键词就是“中国因素”。2008年中旬，大宗商品开始暴跌，其关键词就是“金融危机”。2009年1月到2011年2月，大宗商品出现了两年的复苏行情，主要是因为各国采取了超宽松的货币政策，特别是中国政府采取了四万亿紧急救市的行政措施，这两年的行情的主题词是“复苏行情”。自2011年至2012年的高位震荡行情，可以概括为“债务危机行情”，主要源于由美国的高负债危机和欧洲的高福利导致的债务危机。

第二节 “中国因素”与起于2001年的工业品超级牛市

一、以铜为主的超级牛市

这波起于21世纪初的工业品超级牛市，代表品种是铜，通过图25我们能看到它的上涨畅快淋漓义无反顾。它上涨的主题词或关键词就是“中国因素”。中国从此崛起，成为世界第二经济强国。

图25 铜的超级牛市关键词——中国因素

二、准确把握主题词就会赢得黄金万两

知道了期货价格运行的主题词现象或关键词规律，我们就能有意识地发掘眼前品种的行情主题词或关键词，在这个主题词起作用的时间内，行情往往不会转市，只会顺势发展。可见，期货价格运行的主题词规律是顺势而为的理论基础之一。

主题词现象在中级行情、超级行情中起关键作用，是行情的根本基本面。黄金的十二年超级牛市的根本基本面，就是美元的滥印；铜的超级牛市的根本基本面，就是“中国因素”；A 股的超级牛市的根本基本面，就是“股权分置改革”；A 股至今熊市的关键词，就是周小川的“池子论”——“圈掉中产阶层的钱”。

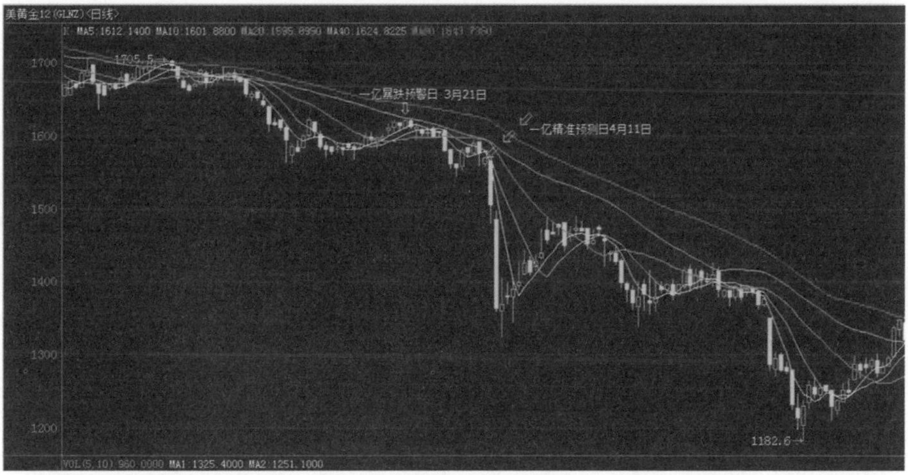

图 26 一亿系正确运用“美元紧缩预期”主题词规律，精准预测了黄金“4.15”暴跌

若能正确超前地捕捉到当下黄金的主题词，就能赢得盆满钵满。一亿系团队在这波黄金暴跌前，提前找出了“美元紧缩预期”的主题词，在“4.12”“4.15”爆发前，巧妙正确地布局了空头头寸。(见图 26)有的客户创造了两天盈利 60 倍的战绩，刷新了一亿系的历史记录；而鲍尔森抱着纸币无限宽松的教条思想，机械持有多头头寸，赔得一塌糊涂。

以下是一亿系 2013 年 3 月 21 日的预测原帖：

一亿一春秋：

规律和主力做单方向才是根本。确定性规律决定中期回调不可抗拒。主力

多头做反弹自救差不多了，空头主力埋伏的位置到了。近期长阴杀下不可抗拒者也。1 楼　发表时间：2013－03－21　　22：57：51

第三节　“金融危机”与商品期货的暴跌行情

图 27 是 CRB 指数（综合商品指数）图，它告诉我们：2008 年所有商品的暴跌的主题词是“金融危机”。

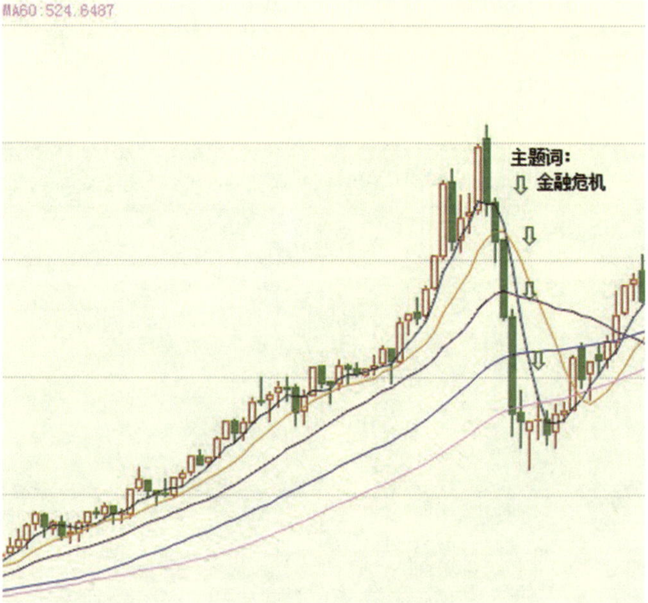

图 27　CRB 暴跌的主题词是“金融危机”

图 28 显示了铝的暴跌。因为主产地在中国，铝的价格从此一蹶不振。中国买什么，什么就涨；中国卖什么，什么就跌。中国铝业的股价从 60 元一路暴跌到 3 元（见图 29）。一亿当时持有山东铝业的股票，股改购并后，其在 55 元的价位抛空了中铝，避免了后期的惨烈。但，有的人就很不幸，从 60 元一股抱到 2.3 元，账面 100 多万变成了几万元人民币。

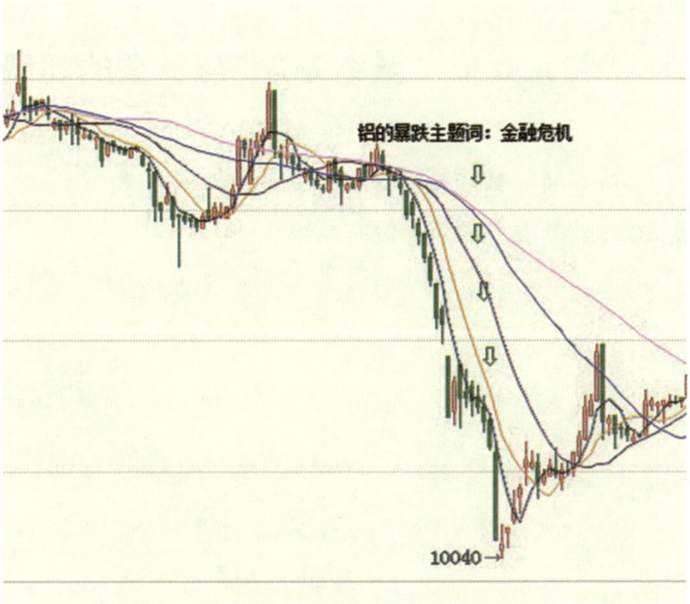

图 28 铝的暴跌的主题词是“金融危机”

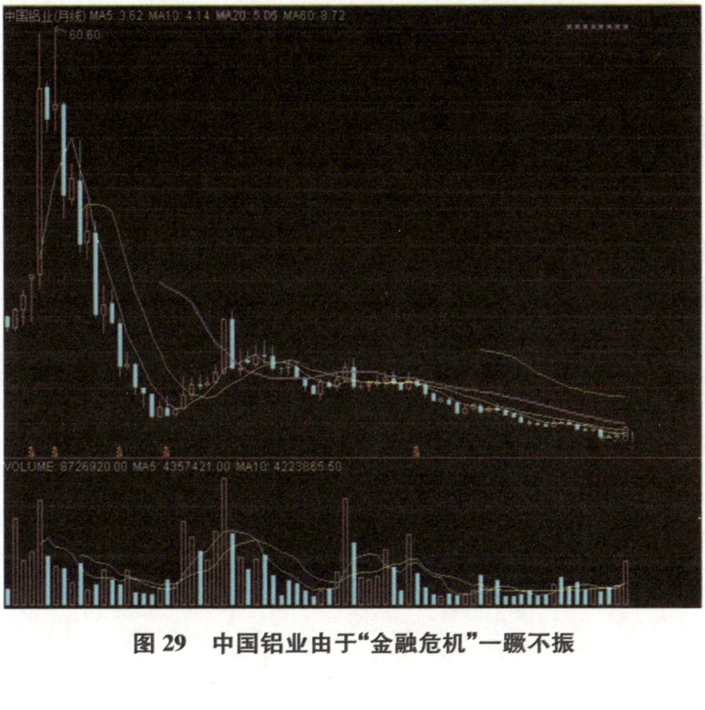

图 29 中国铝业由于“金融危机”一蹶不振

第四节 “美元贬值”“紧缩预期”与黄金的超级牛市

图 30 显示了黄金的主题词现象。显然，源于“美元贬值”的十二年牛市结束了，而源于“美元紧缩”的中期熊市远没有结束。

图 30 黄金上涨与回调的主题词

图 30 是 2013 年 10 月预测，到 2015 年 12 月 1 日美国黄金见底 1045.5 美元/盎司，想见“主题词”的“大趋势预测”精准度，亦十分了解。

目前(2022 年 8 月 1 日)，美黄金价格是 1780 点，这一波美联储加息“抗通胀”后，黄金探底完成后，黄金会走出“超级牛市”。有个一亿“独撰”的隐性主题词“美元虚假繁荣”，或叫“美元厕纸”行情、“美元衰落”行情，尽管当下在“加息”、“缩表”、“减债”周期，但美元超发犹如国民党当年的“金元券”，未来黄金价格将创出新高，并向 3000 美元/盎司挺进！

第十一篇
多头无限盈利法则与空头快速盈利法则

第一节　多头无限盈利法则

一、基本原理

“多头无限盈利法则”是相对空头而言的，在大宗商品期货市场，期货价格向下运行时总是会遇到种种支撑，如现货价、综合平均维持成本价和个别低成本价的支撑，当然也会有跌破所有成本价的非理性情况出现，但跌到零的情况，在大宗商品上很难出现。所以地板价是有的。除下列“流氓超极端行情”以外：2022 年疫情暴发，美芝加哥商交所与金融寡头控盘主力联手，将原油一夜打到－37 美元一桶！这种史无前例“史诗级”残酷“笑话”，也只能发生在流氓之国，确使中行“原油宝”多头全部暴仓并“倒贴”！

支持多头无限盈利法则的基本原理有三个：一是纸币运行规律，二是生产成本提高是一般趋势，三是主力机构做计划的主要选项。当然也有例外，像索罗斯就喜欢做空盈利。其中纸币运行规律是根本原因，政府总出台宽松的货币政策，在这种情况下大宗商品波浪式前进、螺旋式上涨就成为必然和根本趋势。股市更加如此，由于股票的增值特征，股市的本质是牛市。

二、综合商品期货指数 CRB 实证

图 31 是综合商品期货指数的历史轨迹，大家从它的运行轨迹上，能一目了然地发现与纸币美元对应的商品总是在跌宕起伏地上涨。

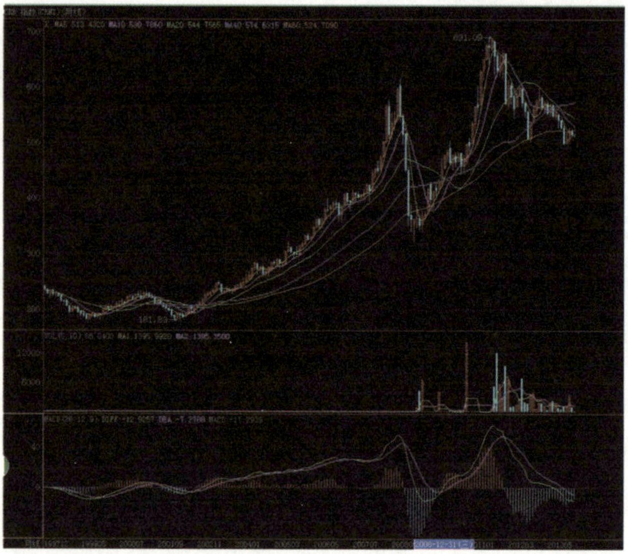

图 31　CRB 历史运行轨迹是“多头无限盈利法则”的实证基础

三、汽车轮子会碾出天然橡胶的新牛市

图 32 是天然橡胶的价格运行实例，除非“人造橡胶”会彻底取代天然胶，不然，滚滚车轮还会继续碾出多头势。

图 32　滚滚车轮会碾出天然橡胶的新牛市

第二节　空头快速盈利法则

一、基本原理

涨慢跌快是股票期货价格运行的特殊规律之一，其源于两点。一是上涨需要量的推动，无量上涨的情况会发生，但发生概率远低于无量下跌。除在行情最后的疯狂时期，上涨往往表现为缓慢爬坡；下跌往往表现为跳水、断崖，震荡犹豫后继续跳水、断崖。二是无数实证证明，从时间上看，下跌的速率往往比上涨快 0.9 倍。索罗斯悟透了金融价格运行的规律，因此往往在牛市尾部参与吹泡沫，导致价格疯狂上涨，而后他伺机做空，迅速凶狠地挤破泡沫，以快速获取暴利。一亿系也经常如此。

二、类似于原油的无数的实证

图 33 是典型的涨慢跌快的实证。原油价格从 30 元上涨到 147 元用了 54 个月，而自 147 元回落到 30 元仅用了 7 个月，下跌的速度比上涨快了近 8 倍。在金融资本市场上，这种实例比比皆是。

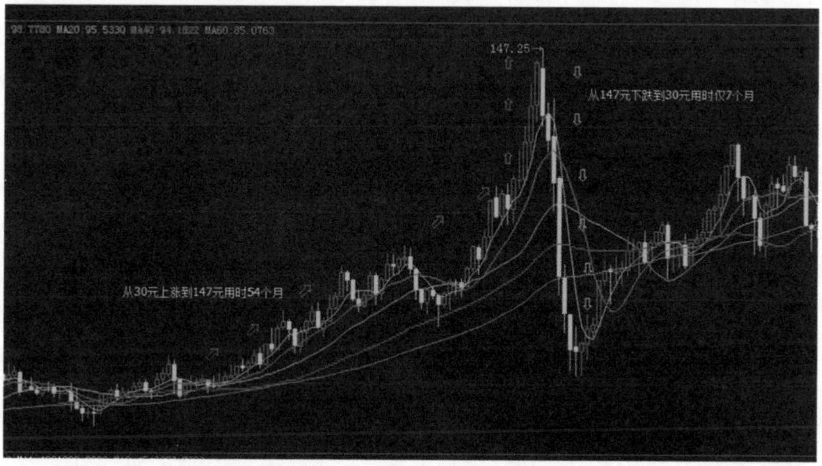

图 33　原油从 30 元上涨到 147 元用了 54 个月，回落到 30 元仅用了 7 个月

三、“空头快速盈利法则”的操作要领

由于商品价格波浪式前进、螺旋式上升的规律是母规律，涨慢跌快的规律是子规律，价格下跌往往表现为快速、短暂、一步到位。由美国次贷危机引发的“金融危机”下的商品暴跌行情，以及由“美元紧缩预期”引发的黄金暴跌行情，都是生动的例证。它们来得快，去得也快，主力机构亦不恋战。因此，操作策略是必须快捷迅速，打闪击战和速决战。

1. 等待头部的形成，切忌不停摸顶。
2. 有风使尽帆，不要浅尝辄止。
3. 快速离场，不可太迟沽空，不可追空。

四、索罗斯与其他投资人

卖空是索罗斯特别喜爱的招数。索罗斯承认他喜欢通过卖空而赢利，这能给他带来谋划后的喜悦。公司把赌注下在几个大的机构上，然后卖空，当这些股价猛跌时，公司就赚到了大量的钱。虽然在别人看来，卖空是极大的冒险，但因为索罗斯事前做足了准备工作，他的冒险十有八九都会以胜利而告终。

现在，很多人在股票市场中会充满自信地讲：“我看空，不做空。”潜台词就是自己有实力全身而退。但其实连价值投资理论的两个奠基人本杰明·格雷厄姆与菲利普·费雪都经历过1929年的大崩溃，他们都有先见之明，也都预感到市场即将崩溃，然而他们并未采取任何行动，并未果断退出市场，结果都受伤累累，都在人生旅途的中点“被困在漆黑的森林里”。

格雷厄姆虽然非常赞同伯纳德·巴鲁克的预言，同意股市即将崩溃的观点，但是他没有全部空仓的勇气，说的是一套，做的又是另一套，或许是因为他也很相信自己有逃避崩溃风险的能力吧！于是，他仍然在股市中保留了大部分的投资组合，在大暴跌中也不肯及时止损。到1933年，其账户价值仅37.5万美元，累计损失70%。后来格雷厄姆在回忆这三年时，感慨万分地说：“那真是一段噩梦般的岁月，那时我情绪低落，萎靡不振，如同但丁在流放生活中。”说对做错，很遗憾。

而费雪毕业于斯坦福大学商学院，是银行的一名证券统计员。1929年，美股涨得离谱，大量资金流入股市，生产制造业显出疲态。费雪在评估美国基本产业

的前景时，见到许多产业出现了严重问题，股市前景相当不稳。在1929年8月，他向银行管理层提交了一份“25年来最严重的大空头市场即将展开”的资料。我们不得不承认，当时年仅22岁的费雪能够有如此过人的预见能力，其功力确属非凡！但问题是，他和格雷厄姆犯了同样的毛病，看空不做空，根本没有战胜自己弱点的能力。事后他说：“我免不了被股市的魅力所惑，于是我到处寻找一些相对还算便宜的股票，以及值得投资的对象，因为我认为他们还没涨到位。”结果显而易见，覆巢之下，安有完卵？1932年，他也损失惨重。又是“说对做错”。

虽然，这两位大师都在这次崩溃中损失惨重，不过他们也有聪明之处，就是都吸取了血的教训，后来没有再犯同样的错误。所以，在巨大危险面前，我们以后一定要不抱任何幻想和侥幸，言行如一，学会空仓，遵守价值投资理论。可以说，没有那次大崩溃、大萧条，就不可能出现他们那样的投资大师。但是，如果当年他们因没有预见到灾难的来临而损失惨重，还算情有可原，问题是他们已经预见到了，却不作为，不空仓规避风险，这就太可惜了。否则，他们的财富和历史将会更加辉煌。约翰·肯尼迪在那个时候就做得非常漂亮和出色，他不光预见到了灾难，还坚持全部空仓了。他属于“说对做对”那种。

有位大师曾说：“我从不忧心大盘的疯涨，因为树不管长多高，根还在地上；狗不管跑多远，总归要回到主人身边；在股市中价格的波动不管有多大，泡沫有多厚，最终价格还得回归价值，并还有一小段被严重低估的时候，届时而入，才是我们获得巨大财富的良机。”这是历史经验之谈。在现阶段，在后资本主义“极端两极分化阶段”，有人“钱多”烧得想“移民火星”；有人“钱荒”仍流落街头“饥寒交迫”。在财富高度聚集到1%的巨富手中的特殊历史阶段，在当下21世纪20年代，行情每走一步尽乎都被盘中主力控制设计了，这种情况与1929年的“失控”社会金融背景，完全不可同日而语。惨绝人寰的暴跌局面，当下美股较难出现。

操盘成功的两项最基本规则就是：停损和持长。一方面，截断亏损，控制被动；另一方面，有风使尽帆，盈利趋势未走完，就不轻易出场，要让利润充分增长。在多头市场上，对大多数股票的持有者来说，股票暂时被套不值得害怕，因为下一波上升会很快让他们解套，甚至获利。这时候，买对了的人还要懂得安坐不动，不管风吹浪打，胜似闲庭信步。在空头市场中没有形成底部形态前，空单也要敢于持稳。交易之道的关键，就是持续掌握趋势。遵规顺势，看透盘中主力伎俩，知彼知己，神情自若，无往不胜。

第十二篇 期货价格运行的相对可操控性和绝对不可操控性规律

第一节　对机构的警告

一、相对可操控性的原因

1. 期货价格的运行体制是由人制定的，规则具有相对可变性，也就是说，裁判规则是由人制定的，规则可变，裁判也有自由裁决权。主力有可能联手“裁判”，裁判有可能“吹黑哨”。

2. 大资金在一定程度上可以控盘。在当下后资本主义时代，财富高度集中到极少数人手中这种情况会愈烈。

二、绝对不可操控性的原因

1. 期货价格的运行有其固有规律，价格运行的背景有不可控因素。
2. 规则不可轻易变动。
3. 大资金也有对手，也会顾忌市场的“无形之手”，更会顾忌政府的“有形之手”。

三、对机构的警告

（一）国外的情况

机构操作市场成功的实例不多，但在国外近 200 年的金融资本市场上，失败的例子俯拾即是，仅以 2013 年鲍尔森被金价绑架、旗下黄金基金损失惨重的实例就能说明问题。约翰·鲍尔森，这位昔日明星基金经理的坠落速度比流星还快。据报道，鲍尔森旗下的黄金基金 2013 年三月前亏损 26%，四月暴跌，损失近 70%。其业绩如此不堪，与国际金价大幅回撤有很大关系。

鲍尔森的固执与自大，则是其旗下基金巨亏的另一原因。2012 年，他曾自信地宣称：“随着中央银行不停印钞，黄金将是对抗通胀的最佳武器。”哪怕是经历了 2013 年的暴亏，他仍然在给投资者的信中表示：“全球范围内的量化宽松，将使黄金股票被明显低估。”

(二)国内的情况

以黄金为例,2013 年在几次暴跌行情来临前,国内结算中心持仓报告显示,黄金前 20 位持仓多单远远超过空头 2 倍左右。在这些多头持仓者中,不乏大中小机构,它们亏损严重。

可见,机构做单一定要遵循股票期货的价格运行规律,不可逆基本面做单,不可逆趋势做单,不可任性操纵市场。

第二节　对散户的警告

对散户而言,市场更是不可操控,只能顺从。最好养只小羊,学学羊的“顺人”。因此,散户要做到以下几点。

一、要智慧,不要愚蠢:不要等一波超级牛市行情到头了,才想到去做多;也不要等一波超级熊市到底了,才想到去做空。

二、要灵活,不要犟:如在多头市中做空头,认为一定会回调;如在空头市中做多头,认为一定会反弹。

三、要顺从,不要叛逆:若总是与行情的发展方向拧着来,在涨势中做空,认为一定会下跌;而在跌势中做多,认为一定不会再跌。

一亿操法本质上是弱旅操法:建议散户要“动善时”,因时制宜,因地制宜,因敌制衡,因粮于敌,灵活机动。一个“顺”字,变化无穷;一个“变”字,变化多端。

图 34 是棉花操作的典型失败案例:操盘者不断摸顶,不断被套,最终暴跌来临,其已经失去了做空的信心,从而损失了金钱,错失了真正的物极必反点位。

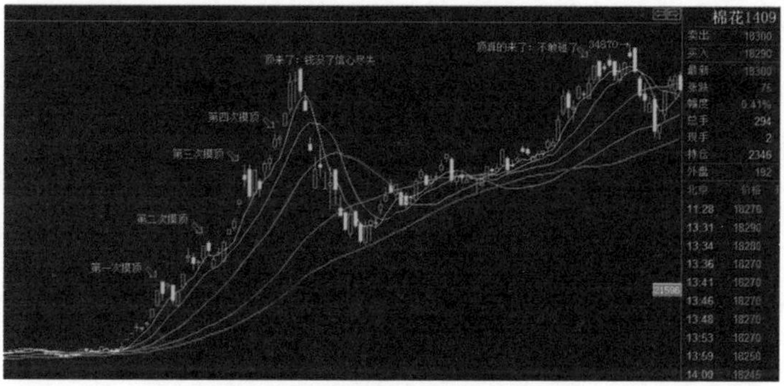

图 34　棉花的傻、犟、叛逆操法

而如果他有智慧不愚蠢,去顺从行情做多头,灵活应对回调,这波棉花超级牛市,将使他富甲一方。后来他总结了经验教训,坚持“顺变”,长枪击敌,短枪护身,财富增速无人可及。

第十三篇
小结:各个规律间的关系及运用之道

第一节 各规律间的关系描述

价值规律受供求规律、纸币运行规律影响,决定着价格的中枢;供求规律和纸币运行规律决定着价格运行的方向;确定性规律决定了价格会沿着趋势方向前行;不确定性规律决定了价格的继续、反复、转市;理性非理性规律决定价格的疯狂,价格的高低点往往超出人们的想象;时间的无限性和价格空间的相对有限性,以及价格向下的有限性和向上的相对无限性,限制了价格的疯狂程度,决定了价格不论向上向下都是有相对极限的;物极必反规律决定了价格不可能无限上涨和无限下跌,决定了牛熊转换是必然的;价格的反复性和价格涨慢跌快的特点反映了价格运行的具体特征;价格的相对可操控性和绝对不可操作性是上述规律综合起作用的结果。

规律具有不可抗拒性,因此我们要学习并掌握这些规律,还要在新的实践中不断研究发现新规律,以便指导操盘,实现稳定盈利的战略目标。

第二节 太公规律的运用之道

一、善于运用,不可乱用

上面强调了规律之间的关系,这里突出强调各个规律的运用之道。要善于尊重和运用太公规律,不可在不适当的价格位置,乱用规律,如物极必反规律不能轻易运用,因为物未极,则未必反。

二、规律的综合运用问题

个别规律可以用来解决局部问题,但对规律的整体综合运用才能解决整体的预测与操盘问题。规律具有不可抗拒的特质，不然也没必要上升到规律层面来探讨。规律既然具有不可抗性，大家应按规律办事、操盘，而不是按主观愿望办事、操盘。一亿三十年期货生涯的体会是：何时按期货规律办事，何时就盈利；何时违背期货规律操盘，何时就亏损。遵循规律，顺势而为，视破主力伎俩，无往而不胜。

三、太公论黄金的价值规律与供求规律等

“黄金的价值决定黄金的价格；供求规律、货币规律决定价格的运行方向；确定性规律决定价格趋向；不确定性规律决定它的波动及转向；理性与非理性规律决定价格的疯狂；价格向上的相对无限性与向下的相对有限性，以及时间的无限性与空间的相对有限性，限制价格的疯狂程度；纸币的规律及价格的波浪式前进、螺旋式上涨的规律，决定价格的基本运行轨迹；而价格的人为相对可控性与绝对不可控性，决定价格的杂音与谐音；反复性规律与物极必反规律决定了价格的波动、掉头及牛熊转市。”

图 35 显示了在黄金价格运行中，部分规律的运用之道。

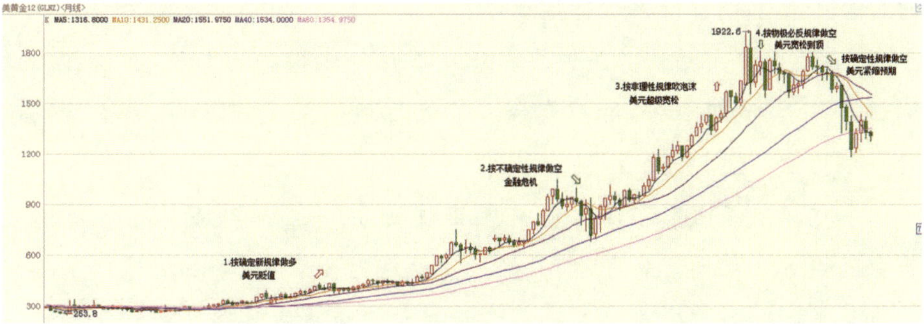

图 35 黄金走势图及部分规律的运用时机和点位

第二章 一亿操法十三篇

由繁入简：所谓一亿操法是相对常规操法而言的，何为常规操法，就是顺势而为，对了持有，错了止损。而一亿操法的不同在于顺势而为，对了持有，错了不做常规止损，而是对锁对冲，控制损失和盈利；等待好机会解盘，将止损单淹没在盈利单的汪洋大海之中。表面看，这是一种死不认错、撞到南墙不回头的操法，但本质上，他是一种不到长城非好汉的做法，它符合了股票期货价格运行规律，顺应了价格运行特点；表面上看喜忧参半，但实际上事半功倍。关键要真正把握住一亿操法的本质，在操作中做到娴熟灵活，庖丁解牛，游刃有余。苦海无边回头是岸，如果学不好做不好一亿操法，就回头做常规。

一亿操法是吸取了西方杠杆博弈盈利方法之精华、融入了具有悠久历史的东方神秘博弈哲学思想、经过一亿理财团队 30 年杠杆博弈实操经验教训总结和长期实盘操演而形成的一种顺应及战胜高低杠杆金融市场的必赢操盘交易方法之一。2010 年定名为“一亿操法”。它的形象表述八个字：长枪击敌，短枪护身。它的本质是揭示规律，遵循规律，顺势而为，知己知彼，知天知地，透视主力伎俩，极限位上布兵马，以求百战百胜，无往而不胜。

实盘演义及现场比赛获得巨大成功：为验证和展示一亿操法是否成熟，我们以“一亿一春秋”的名义，自 2011 年开始，在当年最具人气的股吧——东方财富网黄金吧，借助黄金白银及部分商品期货平台，进行实盘演义及现场比赛，取得惊人的好成绩。实盘演义场场成功，现场比赛大获全胜！一亿自然成为2011、2012年黄金吧天然“金腰带”得主，至今没有人能够超越。2012年至今的实盘演义更加到达了“行云流水，游刃有余，赔钱都难”的三段后境界；比赛对手水平越来越高，但个个被一亿击倒或踢飞。截止到2013年，实盘比赛共进行了13场，一亿操法做到了连盈连胜，对手无一胜出，比赛盛况空前，日点击率3—5万人次，此等战绩前无古人，中西罕见。2013年的比赛（第13场），目前仍在如火如荼的展开，在黄金行情江河日下的情况下，日点击率仍然过万，截止2013年4月12日黄金暴跌日，比赛仅15个交易日，一亿PK账户浮动盈利率已经达到280%强；特别是今年的黄金“4.12”和“4.15”行情，一亿系有的客户两天盈利率是进场资金的60倍，刷新了一亿系的最好历史记录，创造了新纪录——账户总资金一月盈利30倍！

20多年（2013年写到这里时）的实盘经验教训的总结及近3年来的实盘演示和现场比赛的结果证明，一亿操法是切实可行的，是战胜西方资本大鳄的好策略，是决胜金融资本市场的好操法。

30年后（2022年10月），再修此书，温故知新，更感行资本市场，如履薄冰，更觉股洋期海波涛汹涌，更需明亮灯塔——一亿操法。望大家读后亦有同感，万幸万幸。

第一篇
期货定性篇

由于期货市场引入了保证金制即产生了金融杠杆，目前国内的杠杆比例大致在10倍左右，国外的有20倍左右的，外盘期现货黄金白银原油外汇美股指数等品种也有100—400倍的自选杠杆。金融杠杆的加入即可放大收益，同时也放大了风险，从盈亏角度毫不夸大地讲：期货既是河边白鹅的葬身地，又是取之不尽的取款机。

第一节　河边白鹅的葬身地

图1　河边白鹅

一天去黄河边垂钓吃白鹅宴，一人拿食物盆去引诱白鹅捕杀，当那人到了网边时，成百上千的白鹅展翅狂奔前来挣食，有的贪婪地扑上去，被抓；有的恐惧躲闪，但吃到了散落到地上的食物；而那些离得远的尽管没被抓，但也没食吃。

哈，做期货，恐惧比贪婪好。

唉，那些白鹅，恐惧的，贪婪的，大胆的，谨慎的——哪一个最终能逃脱掉被宰的命运!?

作者：姜太公钓金鱼　发表时间：2011—11—12　01:50:29

上述小典故是太公30多年期货经历的深刻体会，它充分说明期货市场的高风险，在无金融杠杆的股票市场，“市场有风险，买卖需谨慎”，2007年11月以来的A股超级熊市，有多少人赔得凄凄惨惨？中国石油从48.62元跌到6.92元；中国铝业从60.60元跌到2.97元；A股惨状可见一斑。何况在金融杠杆领域的期货市场？就一般统计学意义上讲，10倍左右的杠杆成功者不到5%，百倍以上的杠杆成功者甚至不到1%。大约有95%—99%的市场参与者，将成为任人宰割的“白鹅”。“一将功成万骨枯”是对战争场面的经典描述，在经济领域的期货市场——这个市场经济的最前沿阵地，其残酷程度可能仅次于战争。战争牺牲的是宝贵的生命，期货市场丧失的是生存发展的金钱、血汗。跳楼寻短见的当然也有，那是极少数意志薄弱者。

太公的“白鹅论”提醒大家在进入期货市场前一定要三思而后行。这是一个既残酷又专业的市场，不是一般人可以轻易介入盈利的。

第二节　取之不尽的取款机

图2　取之不尽的取款机

一、取款机与密码

取款机与密码

《太公赢》曾指出，将期货变成取款机的人仅有5%点弱；而通过期货将自己蜕变为白鹅的实达95%点强。

那么为什么人们还前赴后继，趋之若笃呢？道理很简单——因为那里有诸多梦想，既是“河边白鹅的葬身地”，又是潘多拉宝盒——没有飞出来的希望——“取之不尽的取款机”。

因此人们苦思冥想——猜测获取那个取款的“密码”。

作者：姜太公钓金鱼　发表时间：2012—04—14　09:29:55

二、关于期货市场的密码

在仅次于战争的期现货黄金白银原油外汇指数期货等高杠杆博弈市场，人们成功率不高；在仅次于高杠杆的低杠杆国内期货博弈市场，人们的成功率同样高不了。因为那个取款机的密码，解码的确很难。在0123456789的十个自然数中，可以形成多少个排列组合？这是个简单的数学问题；如果再加一个ABC，那么，难度就不知增加了多少倍。

何为密码：你读了一本好的期货博弈书，或者得到了一种获胜操法，你的胜率可能提高了30倍。太公自认为《太公赢\一亿操盘法》可以成为这种好书，但你的成功率也只能是30%。还有70%的可能成功的要素，需要你自己耗尽毕生的经历去苦苦寻找。在金融杠杆交易的世界里，太公是个传奇，屹立行业卅年而不倒，“跳水”或许是太公之后的又一个传奇，“跳水”认为：“密码，就是我们这颗心，敏感的察觉到市场的脉动和细微的规律。”

何为密码：如果你是个有心人，一志士，前人的经验，左邻右舍的操法可以提供30%的胜算，你当然必须虚心学习，把它变成你获胜的基石，这个基石是可复制的。但在此基石上，你必须开发出一套适合你本人的制胜系统，这一部分是不可复制的，但必须与时俱进，必须不断升级。

何为密码：跳水的试验、鬼股的模型、包公的审慎、盘操的激进、一川的大局观等等，无疑都是在进行史无前例的呕心沥血的东方人式探索，都在不断地接近真理。这是十分有意义的。

密码在这里：本书给出的太公规律十三篇，一亿操法十三篇，一亿一夜暴富操盘术十三篇等，三篇三十九章实际上就是期货取款机的密码。账号不同，密码就不同，每个人都可以向书本学习向实践学习，根据自己的特点，设计出适合自己顺应市场的操盘系统。一亿操法既是一种具体密码，又是一种打开金山宝库的万能金钥匙。读完了这本书，你会得出结论：期货取款机的密码是可以获取的，期货交易秘籍是存在的。

第二篇
一亿操法的概念及案例篇

第一节　一亿操法的概念

《一亿操盘法》是《太公赢》股票期货系列丛书的开首篇，本书系统形象地描绘总结了一亿一春秋（简称一亿）先生卅年股票期货黄金白银外汇股指等金融衍生品的实战操盘战略战术。一亿操盘法（简称一亿操法）是在吸纳扬弃了西方近二百年来的金融高低杠杆操盘技术基础上，移植嫁接东方哲学及兵法博弈思想，经过一亿团队三十余年的实战锤炼和总结提高，形成的一种顺应和驾驭金融市场，战胜西方资本大鳄的东方操盘宝典。一亿操法的理论基础是太公规律；它的根本原则是顺势交易；它的精要是对进场必赢点和出场最佳点的精准把握；它的铁律和秘籍是仓位控制；它的特点是长枪击敌、短枪护身、围城打援、攻济打援、行云流水游刃有余的锁仓术之灵活运用；它特别强调做单的态度和意志力；它对某些传统的操盘理念和方法具有颠覆性和革命性。一亿操法可复制可升级，一般人均可掌握之，是客户和操盘手股票期货制胜的法宝。

第二节　一亿操法的成功案例

一、一亿操法的历史战绩

“一亿一春秋”先生是东方财富网黄金吧 2011、12、13 年，金腰带得主。三年来已经连续 13 场 PK 连盈连胜，取得了东西方资本市场罕见战绩，金鹏银友追捧，业内叹为观止。“一亿”个人股票操作有 50 万变 700 万战绩；“一亿”指挥数十亿大资金作战，曾获得连年年盈利率 60%的成绩。指导外盘操作有一夜获得 12.8 倍、一个月获得 30 倍的盈利记录。期货客户指导有 500 万起，一年年盈利创 1 亿多元的辉煌成就，这也是“一亿一春秋”名字的来历。特别是 2013 年的黄金“4.12”和“4.15”行情，一亿系有的客户两天盈利率是进场资金的 60 倍，刷新了一亿系的最好历史记录，创造了新纪录——一天盈利 30 倍！2020 年新冠肺炎疫情以来，一亿系重点做黄金、纳指及原油期货，又创出单个账户半年实现盈利 30 倍，进场资金盈利 61 倍的历史最佳战机。我们的下一目标是，帮助单个客户账户总资产实现 100 倍盈利的目标，完成百万账户“倍增奔亿计划”。

二、一亿操法经典战例的实况图示解盘

在东方财富网黄金吧里，一亿操法的实盘演绎、实盘 PK 已经进行了三年有余，现在(2013 年 3 月 25 日至 4 月 25 日)正在进行第 13 场比赛。前 12 场连盈连胜，战绩辉煌。在黄金吧都有留痕，并有解评和图示解盘，大家可在网上搜查参考。欲查看全部 13 场比赛实况，可到东方财富网黄金吧、沪金吧搜寻。

时光荏苒，转眼到了 2022 年 8 月，佩洛西窜台挑事，解放军锁台军演。2014 年至今的一亿操法实战战况，网上均无展示。在此展示三张实况图二 a、b、c，大家可鉴赏分析。

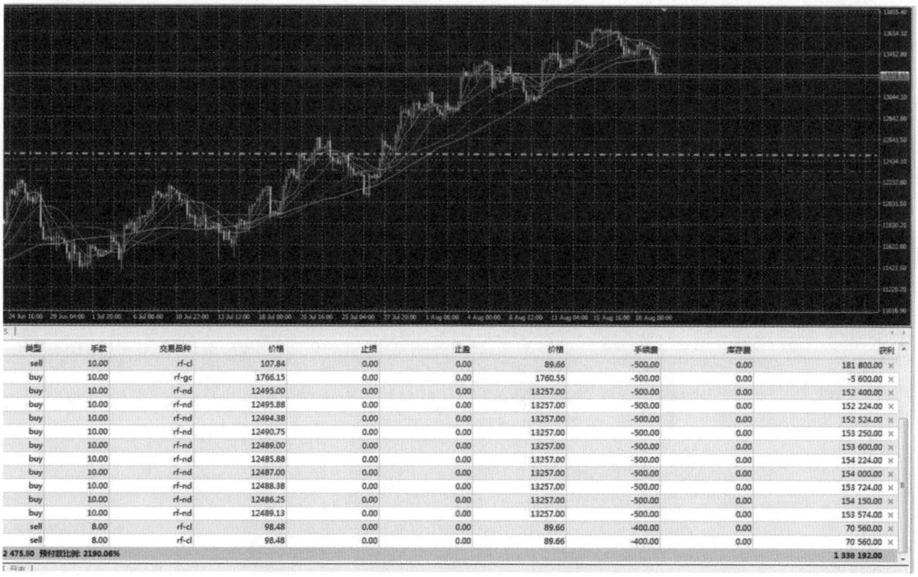

类型	手数	交易品种	价格	止损	止盈	价格	手续费	库存费	获利
sell	10.00	rf-cl	107.84	0.00	0.00	89.66	-500.00	0.00	181 800.00
buy	10.00	rf-gc	1766.15	0.00	0.00	1760.55	-500.00	0.00	-5 600.00
buy	10.00	rf-nd	12495.00	0.00	0.00	13257.00	-500.00	0.00	152 400.00
buy	10.00	rf-nd	12495.88	0.00	0.00	13257.00	-500.00	0.00	152 224.00
buy	10.00	rf-nd	12494.38	0.00	0.00	13257.00	-500.00	0.00	152 524.00
buy	10.00	rf-nd	12490.75	0.00	0.00	13257.00	-500.00	0.00	153 250.00
buy	10.00	rf-nd	12489.00	0.00	0.00	13257.00	-500.00	0.00	153 600.00
buy	10.00	rf-nd	12485.88	0.00	0.00	13257.00	-500.00	0.00	154 224.00
buy	10.00	rf-nd	12487.00	0.00	0.00	13257.00	-500.00	0.00	154 000.00
buy	10.00	rf-nd	12488.38	0.00	0.00	13257.00	-500.00	0.00	153 724.00
buy	10.00	rf-nd	12486.25	0.00	0.00	13257.00	-500.00	0.00	154 150.00
buy	10.00	rf-nd	12489.13	0.00	0.00	13257.00	-500.00	0.00	153 574.00
sell	8.00	rf-cl	98.48	0.00	0.00	89.66	-400.00	0.00	70 560.00
sell	8.00	rf-cl	98.48	0.00	0.00	89.66	-400.00	0.00	70 560.00
2 475.80 预付款比例: 2190.06%									1 338 192.00

图二 3a：持稳中长线单　才能赚大钱

时间	类型	手数	交易品种	价格	止损	止盈	时间	价格	库存费	获利
2022.07.07 03:23:39	buy	0.10	rf-cl	99.22	0.00	0.00	2022.07.07 22:13:19	102.41	0.00	319.00
2022.07.07 09:02:05	buy	0.10	rf-cl	98.95	0.00	0.00	2022.07.07 22:13:17	102.42	0.00	347.00
2022.07.07 10:04:40	buy	0.10	rf-cl	99.30	0.00	0.00	2022.07.07 22:13:11	102.42	0.00	312.00
2022.07.07 22:13:37	sell	0.10	rf-cl	102.41	0.00	0.00	2022.07.07 23:40:46	102.49	0.00	-8.00
2022.07.07 22:14:01	sell	0.20	rf-cl	102.40	0.00	0.00	2022.07.07 23:40:44	102.51	0.00	-22.00
2022.07.07 22:28:55	sell	0.20	rf-cl	102.51	0.00	0.00	2022.07.07 22:44:34	102.40	0.00	22.00
2022.07.07 23:40:55	buy	0.50	rf-cl	102.50	0.00	0.00	2022.07.08 03:48:16	102.61	0.00	55.00
2022.07.08 03:55:16	sell	0.10	rf-cl	102.64	0.00	0.00	2022.07.08 06:59:48	102.51	0.00	13.00
2022.07.08 04:27:21	sell	0.10	rf-cl	103.15	0.00	0.00	2022.07.08 05:00:05	103.04	0.00	11.00
2022.07.08 08:01:43	balance								IAT 2022-07	920.50
2022.07.08 13:24:30	sell	0.10	rf-cl	104.80	0.00	0.00	2022.07.08 14:04:20	102.83	0.00	197.00

| 警报 | 邮箱 135 | 市场 114 | 文章 | 代码库 | EA | 日志 |

图二 3b:一亿游击战　多空两边赚

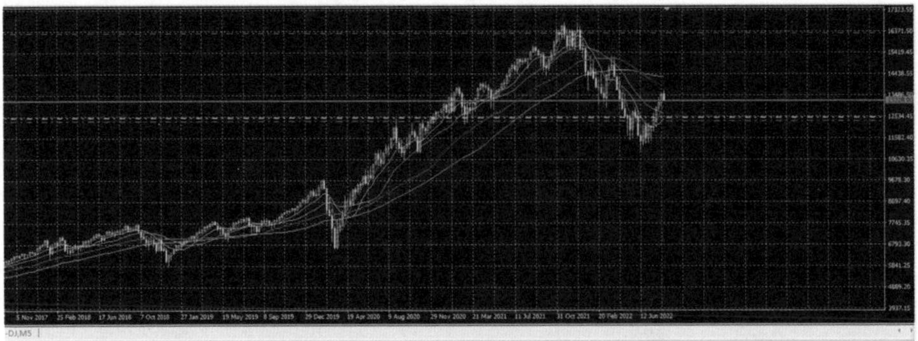

-DJ,M5

类型	手数	交易品种	价格	止损	止盈	价格	手续费	库存费	获利
sell	10.00	rf-nd	16278.75	0.00	0.00	13260.50	-500.00	0.00	603 650.00

图二 3c:长枪击敌　百倍盈利

第三篇
一亿操法的形象表述篇

图 3　嫦娥长袖善舞

多头市一亿操法：长多长缨在手嫦娥长袖善舞静如处女，短空闪电出击连绵不断动如脱兔。

空头市一亿操法：长空长缨在手嫦娥长袖善舞静如处女，短多闪电出击连绵不断动如脱兔。

长缨在手：毛泽东的“今日长缨在手，何日缚住苍龙”的意思是说，长缨已经在手，降服苍龙只是时日问题。我们这里的“长缨”是指顺势单在手，获利也仅是时间问题了。

长袖善舞：是指持稳趋势单也有个灵活机动的问题，并非机械呆板的持有。

静如处女：是指要有坚定淡定的态度，敢于坚决持稳趋势单，不为盘中的震荡所干扰。要有风使尽帆，这是战略问题。

短空短多闪电出击：是指在稳定持有顺势趋势单的前提下，要保护性快速操作逆势的短线单。闪电出击，强调的是操作速度要快，以免将巧妙的保护单演变为浮亏单，得不偿失。连绵不断：是指操作的不间断性，要随波逐流，缠绕行情，不间断操作，以实现利益的最大化。

动如脱兔：是与静如处女对应的，“静若处子，动若脱兔”原指军队未行动时就像未出嫁的女子那样沉静，一行动就像逃脱的兔子那样敏捷。来自孙武《孙子·九地》：“是故始如处子，敌人开户；后如脱兔，敌不及拒。”这里特指逆势的保护单，是偷袭，要快进快出，不可恋战恋单。逆势单完成保护任务后，要迅速撤离战场，付出代价也要平掉。

第一节　长枪击敌、短枪护身

图 4　长枪击敌短枪护身

这是一亿操法的根本特色：所谓长枪击敌是指顺势单一定要坚定持有，所谓短枪护身是指短线的反向单的保护性灵活操作。既要坚定，又要灵活：要有胆略、智慧和信心，坚决持稳顺势的方向单，特别是胆略，在关键的时候，要有泰山崩于前而脸不变色的勇气；要有灵活机动的战略战术，在战术领域要根据行情的波动随波逐流，进行适时的适当的反向单保护，反向单属于逆势单，一定要闪电出击、快进快出，一旦保护性任务完成，要坚决撤出市场，亏损也要撤。

第二节　静如处女、动如脱兔

图 5　静如处女动如脱兔

所谓“静如处女”是指顺势单要稳定持有，有风使尽帆，要做成大级别行情；所谓动如脱兔是指保护性逆势单要快进快出，灵活机动。顺势单的持有其目的是赢取大波段盈利，短线保护单的操作其目的是保护方向单的盈利不被侵蚀，或适度扩大总盈利水平。

第三节　庖丁解牛、游刃有余

太公规律中我们把操盘手的水平分为三段及三段后，所谓三段后水平是指做单到了行云流水、潇洒自如、庖丁解牛游刃有余的程度，它是一种赔钱都难的境界，会当凌绝顶一览众山小。金融杠杆交易及期货交易本质上是实践的功夫，就像庖丁——其解牛水平竟然得到了梁惠王的首肯。

图 6　庖丁解牛游刃有余

庖丁解牛：厨师给梁惠王宰牛。手接触的地方，肩膀倚靠的地方，脚踩的地方，膝盖顶的地方，哗哗作响，进刀时霍霍地，没有不合音律的：合乎（汤时）《桑林》舞乐的节拍，又合乎（尧时）《经首》乐曲的节奏。

梁惠王说："嘻，好啊！（你解牛的）技术怎么竟会高超到这种程度啊？"厨师放下刀回答说："我追求的，是道（本为虚词，无特定之意，可解成自然的规律），已经超过一般的技术了。起初我宰牛的时候，眼里看到的是一只完整的牛；三年以后，再未见过完整的牛了（意思是：只看见一个虚线的牛，就是只看见怎么样去解）。现在，我凭精神和牛接触，而不用眼睛去看，感官停止了而精神在活动。依照牛的生理上的天然结构，砍入牛体筋骨相接的缝隙，顺着骨节间的空处进刀，依照牛体本来的构造，筋脉经络相连的地方和筋骨结合的地方，尚且不曾拿刀碰到过，更何况大骨呢！技术好的厨师每年更换一把刀，是用刀割断筋肉割坏的（就像我们用刀割绳子一样）；技术一般的厨师每月就得更换一把刀，是砍断骨头而将刀砍坏的（因为不知道怎么砍，所以砍到骨头的时候就容易坏）。如今，我的刀用了十九年，所宰的牛有几千头了，但刀刃锋利得就像刚在磨刀石上磨好的一样。那牛的骨节有间隙，而刀刃很薄；用很薄的刀刃插入有空隙的骨节，宽宽绰绰地，那么刀刃的运转必然是有余地的啊！因此，十九年来，刀刃还像刚从磨刀石上磨出来的一样。虽然是这样，每当碰到筋骨交错聚结的地方，我看到那里很难下刀，就小心翼翼地提高警惕，视力集中到一点，动作缓慢下来，动起刀来非常轻，豁啦一声，牛的骨和肉一下子就解开了，就像泥土散落在地上一样。我提着刀站立起来，为此举目四望，为此悠然自得，心满意足，然后把刀擦抹干净，收藏起来。"

梁惠王说："好啊！我听了厨师的这番话，懂得了人生的道理了。"庖丁解牛的典故告诉我们：一是要掌握解牛的规律；二是要做有心人，有长期实践的过程，实践出真知。我们做金融杠杆交易，一是要掌握太公规律；二是要做有心人，长期磨炼，把握细节。遵规顺势，透视主力伎俩，知己知彼，极限位上布兵马，无往而不胜。

游刃有余：做单要有良好的资金管理，有严格的纪律，操盘就有了上下腾挪的空间，就会练成行云流水游刃有余、赔钱都难的三段后水平。

第四篇
行情预测篇

第一节　行情预测的重大意义

《孙子兵法·用间篇》中指出“孙子曰：凡兴师十万，出征千里，百姓之费，公家之奉，日费千金，内外骚动，怠于道路，不得操事者，七十万家。相守数年，以争一日之胜，而爱爵禄百金，不知敌之情者，不仁之至也，非民之将也，非主之佐也，非胜之主也。故明君贤将所以动而胜人，成功出于众者，先知也。先知者，不可取于鬼神，不可象于事，不可验于度，必取于人，知敌之情者也。”“知敌之情”，如何强调都不过分。

孙子的上述言论，充分说明了行情预测的重大意义，无论我们操作谁的资金，这些本金都是来之不易的，这是作战的兵马，如果不重视预测，随心所欲操作就会丧失本金，更谈不到获得收益。我们就会成为不仁之至，非民之将，非主之佐，非胜之主也，这是非常可耻的。如何知敌之情，知行情之方向，知行情之“骗”，且看本篇，细阅本文之精微大义。

第二节　如何进行行情预测

一亿主张行情预测要坚持唯物主义的原则，反对唯心主义的观点；要坚持基本面、技术面及市场人气三位一体的分析方法；要重视大众信息，更要研究情报、探究内幕及洞悉盘内外主要力量之意图。

坚持唯物主义，反对唯心主义，肯定意志力

君不见，一川春意本周末(2013 年 2 月 27 日—3 月 2 日)黄金必到 1800，“见识什么叫判断力”之唯心：结果，本周三就发生了“2.29”行情，当日暴跌 5.05%；君不见，当年原油 147 时，高盛预言原油很快到 200 美元之唯心之假意，结果暴跌到 33；君不见，黄金 1922 时，黄金必过 2000 奔 3000 的愚蠢判断之唯心，现在跌破了 1100；君不见，国内股市 6000 点时，股评大言 A 股“黄金十年，股市万点”的叫嚣之唯心；唯心主义害死人。客观分析行情，正确解读事件量级及影响方向，预测符合市场预期，才是辩证唯物主义。

——引自《太公语录》

即便我们拥有了把握行情未来走势的众多基本面、技术面资料，做出的行情预测也不是纯粹唯物主义的，这一点要注意，因为有些不确定性因素是预测者永远难以把握的，像突发事件及控盘主力的动向。（视破主力障眼法“伎俩”，“第三篇一亿暴富操盘术”中有专述。）这就需要根据客观战况、适时行情，做出操盘的灵活机动处置。但愿每一次操作——我们都不要让愿望代替了真相，让我们敲响希望的钟。

一亿操法，肯定“意志力”的强大精神力量和作用，祝大家同频共振、心想事成。

基本面、技术面及人气三位一体预测法

技术分析主要研究市场行为，一般认为它包括了基本面和技术面。技术面指反映价格变化的技术指标、走势形态以及 K 线组合等。西方传统的技术分析有三个前提假设：

1. 市场行为包容一切信息；
2. 价格变化有一定的趋势或规律；
3. 历史会重演。

基础分析则集中考察导致价格涨、落或持平的供求关系。基础分析者为了确定某商品的内在价值，需要考虑影响价格的所有相关因素。所谓内在价值就是根据供求规律确定的某商品的实际价值，它是基础分析派的基本概念。如果某商品内在价值小于市场价格，称为价格偏高，就应该卖出这种商品；如果市价小于内在价值，叫作价格偏低，就应买入。两派都试图解决同样的问题，即预测价格变化的方向，只不过着眼点不同。基础派追究市场运动的前因，而技术派则是研究其后果。技术派理所当然地认为“后果”就是所需的全部资料，而理由、原因等无关紧要。基础派则非得刨根究底不可。

——引自〔美〕约翰·墨菲《金融市场技术分析》

可见，基本派和技术派都有偏颇之处，我们主张三位一体预测法。

对于散户而言，因为搞不到真实的内幕情报，因此就借助于预测分析。这实在是一种悲哀。而技术分析又是舍弃了基本面的一种预测，因此其可靠程度就大打折扣了。这是目前预测的现状。

一亿认为准确的预测应该含有如下充分必要条件：

1. 基本面的分析；

2. 技术面的分析；

3. 气场；

4. 情报、内幕；

5. 其他充分必要条件

市场情报必须是准确的，包含了多空双方主力的企图，特别是控盘资金的取向，这一点是最难的。视破控盘主力伎俩：如果没有了这一点，任何预测都将变得不够唯物，而依据不够充分的预测，只能是一种不可靠的参考而已。上述五个充分必要条件中的 4 和 5 我们将在下一段中讨论。

关于基本面：把握基本面，要求我们要知天知地，知己知彼，要准确把握影响行情趋势的确定性因素，同时确知预见影响行情波动的不确定性因素。纯技术派否定基本面因素，是因为他们面对众多期货品种，有一种茫然的感觉，索性抛弃基本面的研究，只用图表说话，犯了片面性错误。行情的趋势无非分三种：上涨、下跌和横盘震荡，我们要找出影响行情上涨、下跌和横盘的根本因素，找出行情的主题词，找到行情的主要趋势，以此指导做单的确定性方向，顺势而为。以黄金为例，起于 21 世纪初的十二年黄金超级牛市，其基本面是美元的超级宽松；起于 2011 年 9 月以来的高位震荡行情，及 2013 年和 2015 年的大幅回落，其基本面是美元的紧缩预期及收紧银根。

总而言之，基本面决定大趋势，这是无异议的。

关于技术面：在一亿操法里面，技术面主要决定进出场位的选择，也就是说在基本面提供了基本做单方向以后，要结合各种技术及其图表，选择必赢点进场，或选择必赢区域进场；要结合各种技术及图表，选择合适的出场点平仓。技术面同时提供期货价格运行趋势的参考，也就是说结合基本面，从技术图表上验证和判断趋势的正确性与否。

关于市场人气：市场人气是指行情的人心向背。在牛市中，出现利空消息，价格不予理会，继续上涨，证明“牛气冲天”；出现利多消息，行情滞涨，证明行情有可能回落或转市。在熊市中，出现利多消息，价格不予理会，继续下跌，证明熊市弥漫；出现利空消息，行情不跌，证明行情有可能反弹或转市。

对市场人气的把握，需要经验和盘感，行情的何去何从，同时需要结合基本面和技术面来综合研判。

情报、内幕及其他情报：期货股票情报分为狭义和广义两个含义。在狭义领域，有时我们是无能为力的，譬如，控盘主力何时拉升、打压等。一亿操法预测必须破解这“无能为力”的难题，帮助大家，打开“天眼”，视破“主力伎俩”，以求知彼知己，百战不殆(详见本书第三篇)。而对于广义的情报，就是各种相关的信息，我们可以大有作为。

在当今的电脑互联、移动互联时代，信息已经打破了垄断，没有人可以捂住内幕以外的信息流。因此，我们要注意收集信息、整理信息、传递处理信息，去伪存真，力求接近价格运行的真相，力争使预测接近下一步及未来的价格走势。

情报、信息是预测的前提之一，是基本面、技术面分析的基础和切入点。现代的精确制导武器或定点准确打击，需要的是精确的定位情报和定位手段。如果我们企图捕捉到精准的进场点和最佳的出场点，也需要这种精确的定点情报系统。

特别提醒：期货情报具有不充分性的特点，我们研究期货运行规律，就是要解决在情报不足的情况下，如何把握行情的。因为规律具有不可抗力，包括主力和散户，没有人能够改变。规律的研究可以弥补情报的不足，但不能代替情报。有条件的机构还是要有专门人员研究情报为好。获取情报的方法很多，第一是公开的情报：如内盘的主力持仓，每天收盘后都有公布。第二是秘密情报，也就是内幕。

内幕：这要依赖情报专家，二战的中途岛之战，日本欲将美军的航母诱骗到中途岛一举聚歼的战略意图，被美军的幕僚数学家破译，反将日军海上主力一举歼灭的情报战就是获取内幕情报的典型的成功案例。

内幕有时可以间接获得，比如在黄金领域，美国的高盛既是预测者又是投资者，此前(2013 年 4 月 10 日)突然再度下调黄金预期，实际上是在制造恐慌情绪，以实现其做空的赢利目的。此消息一出，4 月 12 日周五黄金一举击穿 21 个月形成的震荡底部 1500 点一线，4 月 15 日周一美黄金 06(GLNM)顺势创出 1321.7 点的新低，日跌幅为 9.34%，创历史记录的 160 美元的单日跌幅超过了 1980 年 1 月 22 日所创的单日跌幅纪录。从百分比跌幅来看，跌幅是 1983 年来单日最大。

有评论说：“‘周一国际黄金期货价格波动幅度超过 6 个标准差，如果价格波动按照正态分布进行，那么 6 个标准差以上的波动的概率为每 5 亿个交易日发生一次，大约需要 200 万年出现一次。’有业内人士计算。近两日，黄金、白银价格的暴跌俨然成了大街小巷热议的话题，而这 200 万年一遇的'黄金黑天鹅'，摊上大事的投资者还真不少。"

预测永远解决不了盘中控盘主力的短线做单方向问题，永远解决不了机构"出老千"的问题，这些"内幕"就是我们的"黑洞"，因此一亿操法讲究的是长枪击敌，短枪护身，护身重于击敌。

然而，看透主力伎俩，又是"知己知彼，百战不殆"胜战的前提，一亿操盘法有义务帮助大家开"脑洞"，开"天眼"，识破"控盘主力伎俩"。

第三节　两次黄金成功预测的案例解评

一、2011 年 12 月暴跌的成功预测与解评

（一）暴跌的成功预测

2011 年 12 月 1 日，我们对黄金 12 月份的走势进行了认真研判，并在东方财富网黄金吧两次发帖强调：12 月要暴跌！结果在 12 月 2 日周五盘中创出高点 1762.4 点后，一举跌落到 12 月 29 日的 1523.9 点，跌幅达到 13.5%。这是一次非常成功的预测，一亿系实际操作盈利亮丽（见图 7）。

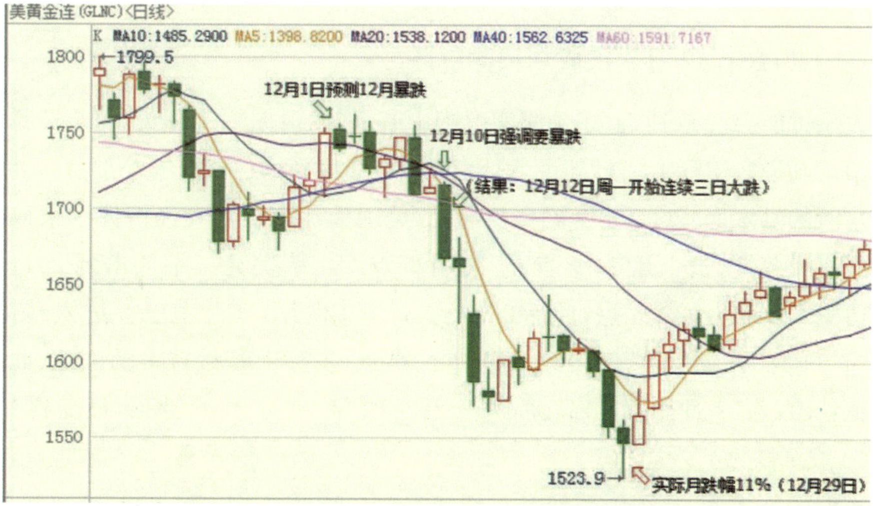

图 7　2011 年 12 月美黄金暴跌的成功预测

1. 这是当时两次成功预测公布的实况：

“现有[4592]人参与本主题讨论，发帖[38]条。相关帖子[98323]条预言：黄金12月暴跌收阴：

作者：一亿一春秋　发表时间：2011—12—01　01:16:57[我支持][不好说][我反对]我喊12月黄金必收长阴　帖子被删　再喊

作者：一亿一春秋　发表时间：2011—12—01　14:33:30[我支持][不好说][我反对]”

2. 12月10日周六我们对下周行情可能会加速下跌又进行了盘中强调，从图中我们会看到果然从周一开始连续三天加速大幅下挫，下面是当时预测实况：

“现有[7730]人参与本主题讨论，发帖[47]条。相关帖子[98321]条根据‘T6’新说，黄金要暴跌：

亚洲人想买黄金，要爹；欧洲人想卖黄金，不要爹；美洲人想：管他要爹不要爹的，有钱就是爹。

美国人想了想：还是要爹，有爹才有钱，要爹来钱快。

2G终于联手趁火打劫：杨白劳和黄世仁两个啃老族合伙一起喊：‘要要要要……爹……’

‘跌……呀’

作者：一亿一春秋　发表时间：2011—12—10　23:21:35[我支持][不好说][我反对]”

(二)2011年12月暴跌成功预测解评

大家可能会注意到，上述预测实况当中有一句“根据‘T6’新说，黄金要暴跌”，何为“T6”新说？实际上“T6”新说就是当时进行准确预测的依据(6个要点)：

当时的基本面：2008年金融危机后，以美国为首的各主要经济体都采取了超宽松的货币政策，黄金从2008年的10月低点681.7美元一举冲击到2011年9月的历史最高点1922.6点，此后，进入了高位震荡期，实际上已经进入转市期。2011年11月“死猫反弹”创出的1804.4的高点，实际上是对转市的确认(此后行情验证：2012年2月冲顶，最高到1792.2；2012年10月31日冲顶，最高到1798.1；1800成了铁顶)。

当时的技术面：从图中我们会看到，2011年10月8日，黄金冲击1800点，没有站稳，1800实际上是1900一线形成的M头的颈线位。此后，形成了小双头，这两个 M 头孕育着一波跌势，符合波浪式下跌的特点。

当时的市场人气：在 2011 年 11 月 8 日，创出盘中高点 1804.4 后，消息面出现了几次利多，盘中指示利多不涨，人气向淡。

当时的节前背景：黄金走势，与现货商的利益紧密联系，面临元旦、春节的到来，现货商一般倾向于节前打压进货，节日临近时，拉升出货。11 月圣诞节拉升卖货结束，当然要选择 12 月打压进货，以待 1、2 月份黄金消货期拉升出货。中国和印度是黄金主要消费国，节日也往往重叠，这要引起大家的注意。顺便说一下，凡圣诞节、中国的国庆节及春节，黄金一般会运行在高位，节后一般选择回落。

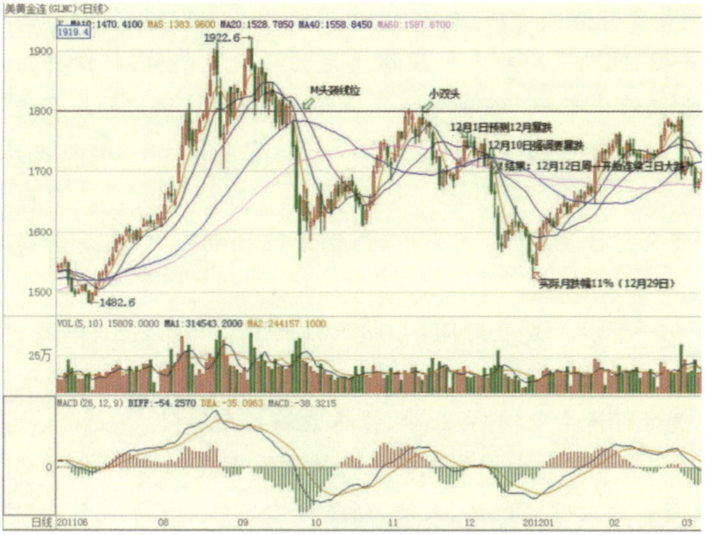

图 8　2011 年 12 月暴跌的技术面图解

太公规律的应用：在期货价格运行的不同价位区，适用的规律不同。在黄金十二年牛市的高位震荡区，适用物极必反规律、时间的无限性和价格空间的相对有限性规律、期货价格运行的理性与非理性规律、价值规律和确定性与不确定性规律。这需要大家去慢慢体会，此不赘述。

盘感与云感：盘感上升到灵感既是一亿操法中所谓的“云感”。“云感”的产生需要长期盯盘操作实践的积累，当必赢点出现时，价格会出现“极限脉动现象”。所谓“极限脉动现象”是指：当价格运行到高位极点时，每上升一个点都非常困难，这种情况反复出现就属于空头极限脉动；反之，当价格运行到低位极点时，每下跌一个点都非常困难，这种情况反复出现就属于多头极限脉动。进入 2011 年 12 月初，就出现了这种“空头极限脉动”现象。

二、对2013年黄金"4·15"历史性暴跌行情的成功预测

(一)暴跌的成功预测

一亿团队之所以能够成功预测30年一遇的大级别行情,是有预测前提的:

一是自2011年黄金创出1923高点,形成双头以后,一亿系已基本确立黄金高位震荡波浪式下跌的分析和预期;二是自2013年1月一亿系对黄金做出了比较精准的看跌预期,见1月7日的全年预测实况:

"2013年黄金行情主题词:失业率、银根紧缩预期!!!! 行情将因为银根紧缩预期而震荡走低,此为太公确定性规律决定的年内大趋势;行情将因为每月一次的非农就业数据的公布——失业率而上下剧烈波动,提供好的逢高进场点。

作者:一亿一春秋 发表时间:2013—01—07 05:58:18[我支持][不好说][我反对]

2013年黄金行情主题词:失业率、银根紧缩预期!!!! 震荡是因为不确定性规律所决定。

作者:一亿一春秋 发表时间:2013—01—07 06:01:31[我支持][不好说][我反对]

2013年黄金行情主题词:失业率、银根紧缩预期!!!!

美元的反弹和日元的大幅剧烈贬值行情还没有真正爆发,抓紧借美日汇率回落之际,买美日。太公呼喊一亿、天使,新年努力也——进军美日,抛空黄金。

作者:一亿一春秋 发表时间:2013—01—07 06:09:24[我支持][不好说][我反对]

2013年黄金行情主题词:失业率、银根紧缩预期!!!!

进军美日,空袭黄金。

作者:一亿一春秋 发表时间:2013—01—07 18:03:30[我支持][不好说][我反对]"

从后来的走势看,当时提出的做多美日汇率、做空黄金的预测是准确的,同时为精准预测黄金的"4·15"行情埋下了伏笔。

(二)2013年"4·15"行情的预测解评

1. 精准而成功预测:

成功的预测及操作,一亿系在这波黄金的暴跌中赚得盆满钵满(见图9)。

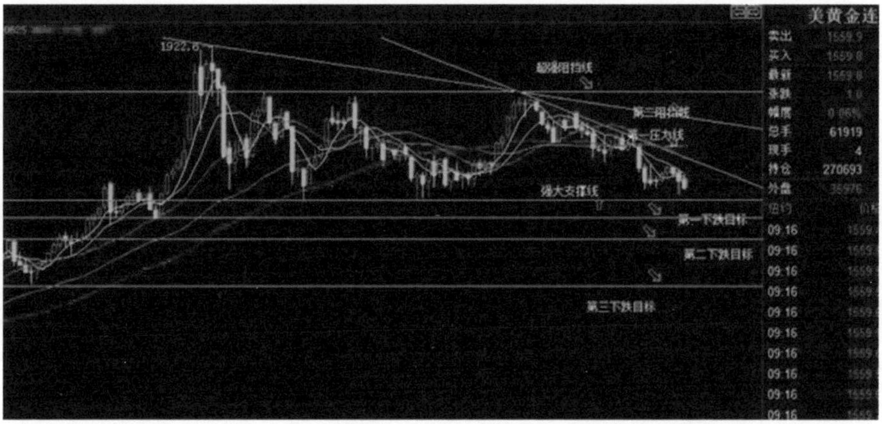

图9　4月11日一亿对“4・12”、“4・15”行情的精准预测

2. 预测实况：

现有[34306]人参与本主题讨论，发帖[141]条。相关帖子[101513]条下一页＞[1][2][3]

2 一亿：黄金大势图解：

哈哈，果然不出我所料，一亿还是有两把刷子的。

可以啊。

作者：　发表时间：2013-4-11 21:34:18　[我支持][不好说][我反对][引用][回复主题]

3 一亿：黄金大势图解：

一亿：黄金大势图解：

在按照一亿的路线图前进。行情一日跌10%，历史罕见。请大家记住这个多头的黑色周一。

作者：一亿一春秋　发表时间：2013－4－16　07:52:07[我支持][不好说][我反对]

一亿：黄金大势图解：

[原帖]

> 在按照一亿的路线图前进。行情一日跌10%，历史罕见。请大家记住这个多头的黑色周一。
> 作者：一亿一春秋　2013－04－16　07:52:07

支持！

作者：101.85.55.＊　发表时间：2013－4－16　07:53:51[我支持][不好说]

[我反对][引用][回复主题]删除此回复

94

一亿:黄金大势图解:

[原帖]

在按照一亿的路线图前进。行情一日跌10%,历史罕见。请大家记住这个多头的黑色周一。

作者:一亿一春秋　2013—04—16　07:52:07

4.12、4.15行情。是给黄金崇拜者的一记响亮耳光。是对逆势交易者的深刻一课。是对顺势者的丰厚奖赏者也。

作者:一亿一春秋　发表时间:2013—4—16　07:54:18[我支持][不好说][我反对][引用][回复主题]删除此回复

95

一亿:黄金大势图解:

[原帖]

[原帖]

在按照一亿的路线图前进。行情一日跌10%,历史罕见。请大家记住这个多头的黑色周一。

作者:一亿一春秋　2013—04—16　07:52:07

4.12、4、15行情。是给黄金崇拜者的一记响亮耳光。是对逆势交易者的深刻一课。是对顺势者的丰厚奖赏者也。

作者:一亿一春秋　2013—04—16　07:54:18

值得纪念,值得奖赏。

[回复主题]删除此回复

96

一亿:黄金大势图解:

在按照一亿的路线图前进。行情一日跌10%,历史罕见。请大家记住这个多头的黑色周一。

作者:一亿一春秋　2013—04—16　07:52:07

4.12、4、15行情。是给黄金崇拜者的一记响亮耳光。是对逆势交易者的深刻一课。是对顺势者的丰厚奖赏者也。

作者:一亿一春秋　2013—04—16　07:54:18

值得纪念，值得奖赏。

作者：一亿一春秋　2013－04－16　07:55:04

夜盘一度到了1335.3美黄金连。残酷者也。

一亿：黄金大势图解：分析再次验证强力支持一亿一亿：黄金大势图解：

［原帖］

离第三目标还有半步之遥

“4.15”行情的实际走势图（见图12）

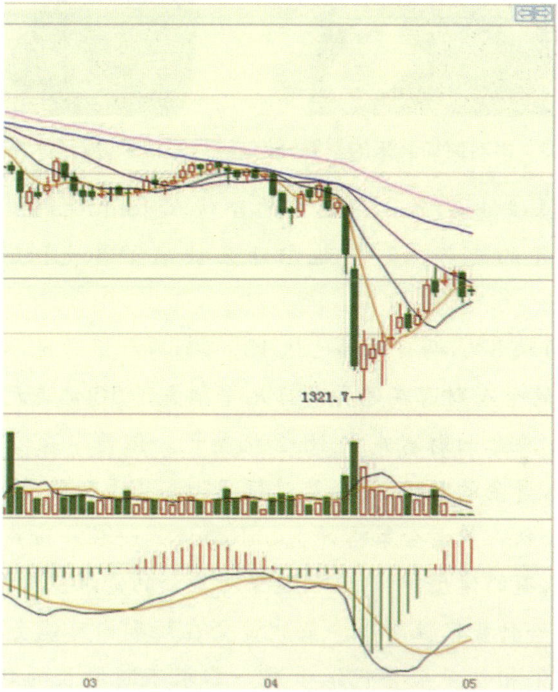

图12　“4.15”行情的实际走势

从上图我们会看到，“4.15”的实际走势与一亿“4.11”预测的最低点1307只有半步之遥。一亿系在此波暴跌行情中赚得盆满钵满，而世界黄金巨头鲍尔森却赔得凄凄惨惨（见引文及图13），原因很简单，要相信期货运行规律，而不要被黄金的金光闪闪耀坏眼睛。

鲍尔森两日亏损10亿美元再发声明继续看多黄金

2013年04月16日08:21

来源：《证券时报》

原标题[鲍尔森两日亏损10亿美元再发声明继续看多黄金(图)]

图 13　面对突如其来的暴跌,鲍尔森目瞪口呆,成了冰冻雪人

上周五黄金暴跌4%,鲍尔森公司的合伙人JohnReade接受采访,坚持看好黄金。而后两年的走势,证明:鲍尔森又被扇了耳光!(2015年10月30日一亿写)

本周一黄金再跌9%,两日跌幅已达13%,彭博社报道说,对冲基金巨头鲍尔森(JohnPaulson)的个人财富在过去两日几乎损失了10亿美元。今年以来,黄金下跌已经导致鲍尔森账面财富减少15.2亿美元。但鲍尔森依然看多,他认为在各国向经济体注入资金的时候,黄金是对抗通胀和货币贬值最好的避险工具。

鲍尔森公司合伙人兼黄金策略师JohnReade周一在一份声明中说:联邦政府将会继续以前所未有的速度印钱,这创造了对黄金的需求。对个人、机构储户,以及央行来说,这是一种替代性货币。虽然黄金在短期内可能会很动荡,但它会熬过这一调整期,我们相信黄金替代纸币这一需求不断增长的趋势依然是完整无缺的。

(《证券时报》快讯中心)

按中国人说法,这叫"死犟筋","一根筋"。

"现有[5220]人参与本主题讨论,发帖[57]条。相关帖子[101563]条下一页>1 2

1

一亿操法:黄金200万年一遇行情,一亿胜,鲍尔森败:

"周一国际黄金期货价格波动幅度超过6个标准差,如果价格波动按照正态

分布进行，那么 6 个标准差以上的波动的概率为每 5 亿个交易日发生一次，大约需要 200 万年出现一次。”有业内人士计算。近两日，黄金、白银价格的暴跌俨然成了大街小巷热议的话题，而这 200 万年一遇的“黄金黑天鹅”，摊上大事的投资者还真不少。哈哈哈哈哈哈哈哈哈哈哈哈哈哈哈从鲍尔森和一亿系的表现对比看，美国华尔街的操盘在衰败，中国|政通街|一亿系在崛起！！

作者：一亿一春秋　发表时间：2013－04－17　08：32：32[我支持][不好说][我反对]

2

一亿操法：黄金 200 万年一遇行情，一亿胜，鲍尔森败：

面对 4、15 行情前后一亿与鲍尔森的表现——行情的研判和实操结果，心态和精神状态，一亿大胜，鲍尔森大败。

此役意义非凡，孕育着美国华尔街的衰败及中国金融的崛起。

作者：一亿一春秋　发表时间：2013－4－17　08：39：00[我支持][不好说][我反对]

3

一亿操法：黄金 200 万年一遇行情，一亿胜，鲍尔森败：厉害，现在的黄金是否止跌企稳了呢？请教中

作者：59.58.241.＊　发表时间：2013－4－17　08：42：47[我支持][不好说][我反对]

4

一亿操法：黄金 200 万年一遇行情，一亿胜，鲍尔森败：

> 作者：一亿一春秋　2013－04－17　08：39：00　索罗斯表现好些，之前减少了黄金类头寸，但其资金量已经远不如从前。罗杰斯也就一大忽悠水平：此前对黄金的预测是即不买入，也不卖出。损失也不会少。而巴菲特只是一个价值投资者，对金融杠杆交易恐惧，一无建树。

作者：一亿一春秋　发表时间：2013－4－17　08：42：50[我支持][不好说][我反对]

5

一亿操法：黄金 200 万年一遇行情，一亿胜，鲍尔森败：

厉害，请教下，现在黄金是否止跌企稳了？

作者：59.58.241.＊　发表时间：2013－4－17　08：43：39[我支持][不好说]

[我反对]

6

一亿操法:黄金 200 万年一遇行情,一亿胜,鲍尔森败:

[原帖]

厉害,现在的黄金是否止跌企稳了呢?请教中
作者:59.58.241.* 2013—04—17 08:42:47

不会,短线震荡,中线下跌,长线牛市不改。跌到 900 美元,黄金还是牛市。

作者:一亿一春秋 发表时间:2013—4—17 08:44:23[我支持][不好说][我反对]

7

一亿操法:黄金 200 万年一遇行情,一亿胜,鲍尔森败:

好的,那就逢高做空的策略不变。只是这两天亚盘反弹那么强,有点意外。

作者:59.58.241.* 发表时间:2013—4—17 08:46:34[我支持][不好说][我反对]

8

一亿操法:黄金 200 万年一遇行情,一亿胜,鲍尔森败:

看鲍尔森盯盘的状态、形态,你就知道他已经失去了底气,面临跳楼。哈哈哈哈哈哈哈哈哈哈哈哈哈哈哈

作者:一亿一春秋 发表时间:2013—4—17 08:47:39[我支持][不好说][我反对]

9

一亿操法:黄金 200 万年一遇行情,一亿胜,鲍尔森败:

10

一亿操法:黄金 200 万年一遇行情,一亿胜,鲍尔森败:

9 楼的,觉得是忽悠,不看也罢。至少我要说一句,楼主的观点,让我躲过了这次的大劫。我的朋友好几个爆仓的。那种滋味无法言说的。

作者:59.58.241.* 发表时间:2013—4—17 08:52:29[我支持][不好说][我反对]

11

一亿操法:黄金 200 万年一遇行情,一亿胜,鲍尔森败:

[原帖]

好的，那就逢高做空的策略不变。只是这两天亚盘反弹那么强，有点意外。
作者:59.58.241.* 2013—04—17 08:46:34

跌的出人意料，反弹依然。按一亿操法，灵活应对之。哈

作者:一亿一春秋 发表时间:2013—4—17 08:57:26[我支持][不好说][我反对]

对"4.15"历史性暴跌行情精准预测的点评:

(1)行情预测坚持了唯物主义的观点，坚决反对唯心的黄金崇拜。

(2)遵循了期货规律，特别是物极必反规律。美元的超常规宽松已经走到了极致，作为货币政策必将走向反面，美元紧锁预期具有确定性，而不是像鲍尔森想象的那样："联邦政府将会继续以前所未有的速度印钱，这创造了对黄金的需求。对个人、机构储户，以及央行来说，这是一种替代性货币"。"死犟筋"，倔驴，不撞南墙不回头。

(3)遵循了顺势而为的基本原则，美黄金06(GLNM)自2012年10月5日创出盘中高点1803以来，一直运行在波浪式下跌的通道当中，到4月初黄金面临着下轨的击穿，以及1520的破位。这是"4.11"精准预测的主要技术依据。

(4)技术上4月10日(见图)，一根中阴线击穿了10日和5日均线支撑，4月11日，小阳线确认均线系统压力成立，并形成了"五线散花"的暴跌征兆，此时，我们提出，一举击穿长期大底1500的暴跌行情即将发生，技术根据成熟。

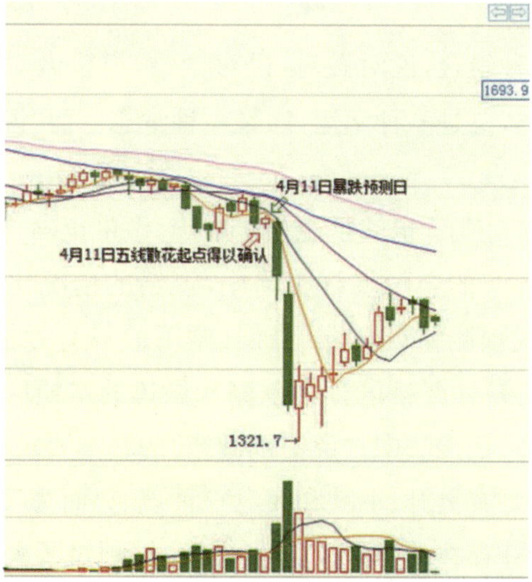

图14 4.11预测日"五线散花"暴跌征兆

(5)辨析重大利空消息的真伪,方能下定正确的决心:在4月11日之前,高盛突然调低黄金价格预期,“金投网4月27日讯,今年以来,高盛两次调低金价预期,第二次就在大跌前的4月10日。12日,纽约黄金期货市场盘中出现高达1000万盎司的抛售单。据海外投行相互指认,这个大空单出自美林交易部,当天黄金价格跌破1500美元/盎司。美林因此与此轮金价大跌扯上了关系。”

凡从事资本运作的都知道高盛不是单纯的预测机构,它自身就是投资者,在黄金波浪式下跌面临向下破位前,突然调低金价预期是有利益要求的,事后的各种消息也印证了这一点。

第四节 说错别做错,做错别赔钱

不管是一亿三位一体预测法,还是其他预测法,说到底,都是根据已有的历史资料来预测未来,未来总具有不确定性,所以,所有预测都只能作为做单的参考。预测属于参谋的事,而做单是司令的事,不可同日而语。“说错别做错,做错别赔钱”是流传极广的太公语录,是至理名言。

一、关于“说错别做错”

预测与做单有四种组合:说对做对,说对做错,说错做对,说错做错。一是一种境界,二是一种遗憾,三是一种幸运,四是一种常态。而“说错别做错,做错别赔钱”则是一种艺术。

如果我们“说对做对”了,也就是说预测准确,做单正确,剩下的只有盈利或盈利多少的问题了;但现实的金融杠杆交易中,说错的情况比例非常高,如果我们“说错做错”,也就是说预测错误,做单错误,剩下的只有亏损或亏损多少的问题了。可见,“说错别做错”才严格区分了预测和做单的本质区别,才是我们交易者的根本追求之一。在一亿操法中,“说错别做错”的基本要领有如下几点:

行情的主趋势主要有上升、下跌和横盘三种,顺势而为又分顺大势、顺中势和顺小势三种。在无杠杆存在的股票交易当中,我们顺对了大势就有可能盈利;在低杠杆内盘的期货交易当中,我们必须既顺对大势又顺对中势才有可能盈利;在

100倍至400倍的高杠杆外盘领域，回旋余地很小，我们必须顺大势、顺中势、顺小势，才有可能立于不败。在100倍的杠杆领域，反方向波动1%，我们的进场保证金就会全军覆没，在400倍的杠杆领域，反方向波动0.25%，我们的进场保证金就会被全部吃掉，反之，也就翻倍了。可见，在外盘高杠杆领域，“说错别做错”就显得十分重要。

对常规止损的扬弃：预测错误、进场错误，常规的操作方法就是止损重来，这种做法有其正确的一面，也会把我们带入反复止损的恶性循环当中。一亿操法主张，长枪击敌，短枪护身。先行对锁保护，而后伺机解单，把止损单淹没在盈利单的汪洋大海之中。

如果大势做错，一定要加重反向单的分量，以求使盈利淹没亏损；如果中势做错，一亿操法坚持全面对锁，等待极限位解单；如果小势做错，一亿操法主张反复操作逆向单，直到小势结束。

仓位控制是“说错别做错”的前提条件，如果满仓操作出现错误，神仙也救不了你。所以，一亿操法的仓位控制是铁律，内盘低杠杆上限为“442”结构，外盘高杠杆上限为“226”结构。“442”是指40%的资金进场，40%的资金用于保护，20%的资金用于机动；“226”是指20%的资金进场，20%的资金用于保护，60%的资金用于机动。

二、关于“做错别赔钱”

上述四条“说错别做错”的要领，已经含有“做错别赔钱”的内容，这里突出强调的是经过轮动操盘，因粮于敌，锁定做错产生的亏损不再扩大，通过机动资金逐步做大盈利，当盈利额超过锁定的亏损额度时，迅速或逐步平掉所有的仓单，已求实现不赔钱的目的。

“说错别做错，做错别赔钱”属于做错后的应急处理办法，它追求的目标不是盈利多少，而是“不赔钱”。

太公曾说，也许需要30万字来解释“说错别做错，做错别赔钱”。想见这是一种哲学，是一种操盘理念，就像巴菲特的三条做单原则：一是保住本金；二还是保住本金；三是记住前两条。这些需要大家认真领悟，此不赘述。

小结："三位一体＋N"的预测法十分重要，忘了它，做单就容易陷于被动，缺失某一部分，亦会使预测不准，特别是基本面关乎大趋势的预测，缺失了一个重要因素，就会使预测失准。如 2021 年 11 月的黄金，（如图 15）下面的 1、2、3、4 是黄金大趋势预测。根基于一亿操法"只有做对一波大趋势才能赚大钱"的原理，一亿系经常注意捕捉哪个品种，什么时候才能形成大趋势，2021 年末我们选择了两个品种：美股纳斯达克指数做空头，黄金做多头。

一、黄金的预测分析：图 15 中技术面趋势向上，但短中线技术向下，到 2021 年 12 月 3 日三周线连跌，已经跌倒了 1761 低点反弹收在 1783.8 美元一盎司。目前看，建立长线趋势单做多黄金，条件仍不成熟，"三位一体＋N"的分析原理如下，大家可参照练习：

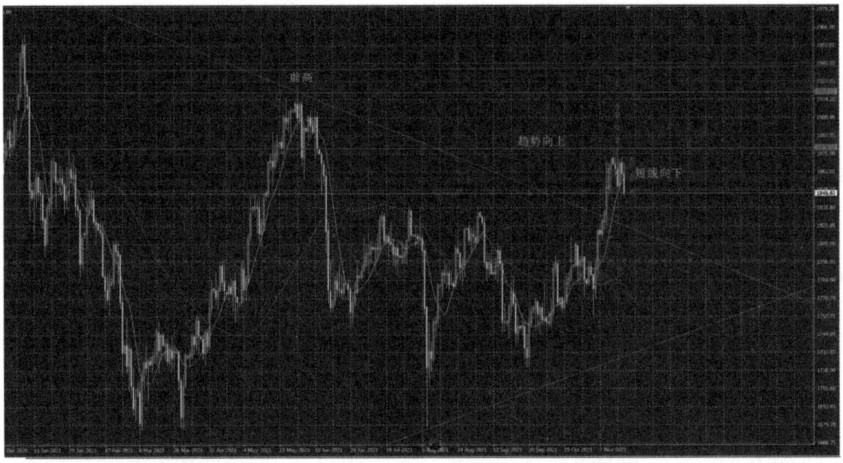

图 15　2021 年 11 月 21 日黄金的大趋势预测

1. 基本面：通胀预期强烈，且有长期化倾向，这有利于黄金上涨；但新冠疫情快两年了，美国已经开始按月收回流动性，并有"加息"预期，一旦进入加息周期，黄金中短期很难上涨。

2. 技术面：黄金自新冠肺炎疫情创出 2088 点新高以来，一直运行在下降通道里，月线、周线级别都不看好，有试探或击穿 1750 和 1670 两个前低的可能（这是 2021 年 12 月 5 日的周末预测，大家可测）。距 1520 一线并不远。

3. 人气面：2088 点以来，似有机构把黄金变成了"都吃机"，中线脉冲走势，来回割散户韭菜，人气已经极度涣散；新兴比特币等虚拟货币行情火爆，也吸走了大量热钱。

4. N 易经测及其他：略。

结论：在加息周期黄金中线走熊具有确定性。果然，到 2022 年 9 月 21 日，黄金触底 1678 美元/盎司，才大幅反弹。

二、纳斯达克指数的预测：纳指已回落 12280 点了。是就此打住，继续牛市，还是形成熊市，继续下滑。这是个需诊断的问题。“一亿四位一体预测法”展示（基本面＋技术面＋人气＋N 易测，2021 年 12 月 6 日预测，可未来复盘检验）：下面是用一亿“三位一体十 N”预测法升级“四位一体预测”，对纳指走势的预测范例（供大家学习参考）。

1. 基本面：新冠疫情爆发以来，美国释放宽松大量印钞，到 2021 年 12 月 6 日债务上线已达到 28.9 万亿美元，致使纳指在资金推动下，克服疫情熔断暴跌局面，由疫情熔断暴跌创低 6500 点，急速连创新高，一举震荡拉升到 2021 年 11 月的 16750 点最高点！纳指十二年涨了 16.75 倍强，已严重泡沫化，到了极度高危区域。目前美联储已按月回收流动性。狂印钞票和全球供应链紧张，已导致全球通胀，美国十月通胀高达 6%以上，由此引发加息预期。上述基本面已不利于美股继续疯涨。

2. 技术面：技术面上已展现出牛尾熊头转市形态，发出不甚明确的牛熊转势信号（见图 16）。

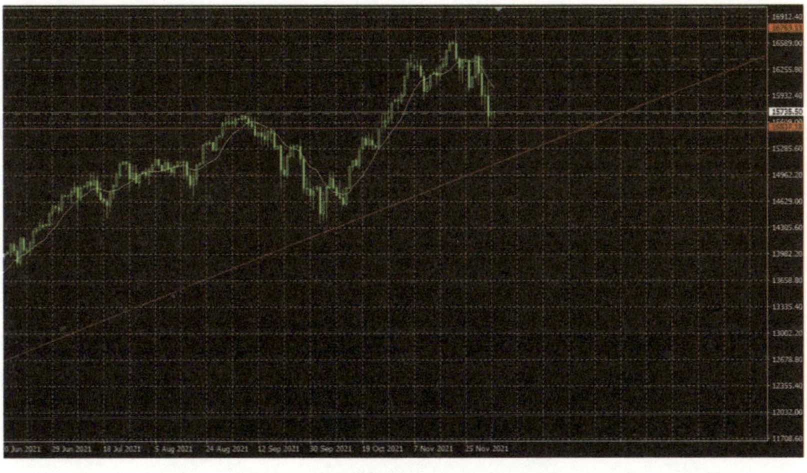

图 16　不很明确的牛熊转市信号

3. 人气面：随着特斯拉老总马斯克高位抛售股票套现，纳指人气已大不如从前。一有风吹草动，就草木皆兵，犹如惊弓之鸟，人气涣散低迷之景已初露端倪。

结论：中长线做空美股唱衰美国，条件基本成熟。基本满足充分必要条件。但仍需导火索，图 17 是纳斯达克指数 12 年涨了 17 倍的疯狂月线图。

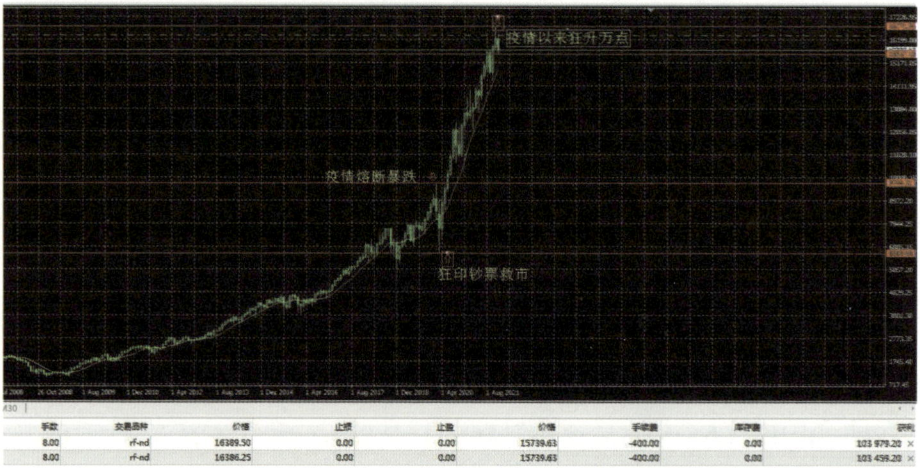

图 17　纳斯达克指数 12 年涨了 17 倍的疯狂月线图

结果(2022 年 8 月 4 日)：纳指果然跌到 11068 点，跌去了近 5700 点。目前，在反弹过程中的 13300 点。

一亿预测学精准可见一斑。

第五篇
要害篇

第一节　避　　害

任何操盘系统都讲究趋利避害，常规的避害方法主要是通过及时止损来规避市场对资金的伤害，而一亿操法强调避害重于趋利，操法上讲求巧妙避害和科学避害。如果我们能够通过巧妙而科学的操作，彻底规避掉市场带来的风险和资金损失，剩下的就是趋利盈利了。这是避害的重大意义。

按确定性规律建立趋势单，按不确定性规律进行反向保护性操作。顺势单也称为正单，当正单进场点位不佳时，需采用同样单量的反向单进行锁仓保护，并反复操作反向单，要快进快出，灵活机动，直到正单重新进入盈利状态，此时，要果断清理逆势反向单。

按期货价格的反复性规律，在震荡势中要勇于进行反复的高抛低吸，用短线获利来淹没正单不利带来的损失，直到行情归于趋势。

当大势判断失误，正单变为真正的逆势单时，要加重反向单的单量，并反复操作开始的正单，直到整体盈利，重新布局趋势操作。

在趋利避害的一亿操法中，避害是出发点，从分析预测到进入实战；从战法设计到资金管理；从进场，到多空循环操作，直到盈利离场，其出发点是避害。只有稳健避害，才能自然实现趋利的目的。

一亿操法的资金管理原则，是规避风险、避害趋利的法宝。特别是在正单做错方向的恶劣情况下，低杠杆的“442”资金配比和高杠杆的“226”资金配比，是救市保命的根本密码也。更保险的是“334”或“118”配比。

避害操法案例：

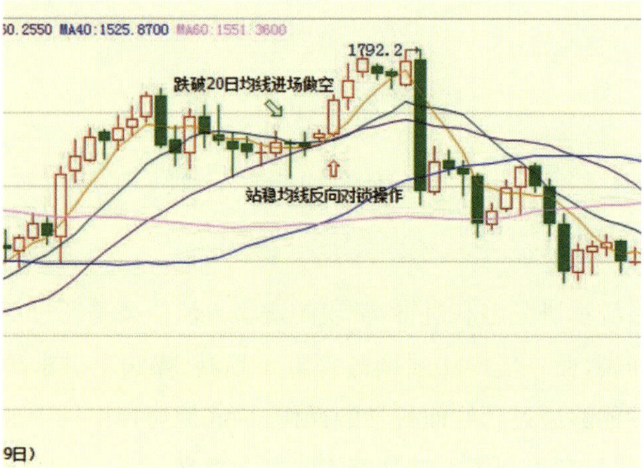

图 18　黄金的避害操法案例

一亿操法的避险功能彰显：通过图 18 我们会看到，在 2012 年 2 月 16 日价格击穿 20 日均线 1722 后，A 客户在 1720 处进场 4 手做空，当日跌到 1706 低点，没有获利平仓，行情迅速逆转，在 2 月 20 日，价格站上所有均线，已经形成继续上涨之势。此时，A 客户按一亿操法采取保护性操作，在 1735 处买开 4 手新单，在 23 日 1785 处平仓，并继续进行短多的保护性操作，直到“2.29”暴跌行情发生，在避害的前提下，获得了巨大的收益。

如果按 4 手空单计算，不进行短多保护性操作，上涨 50 点此户 20000 美元资金早就爆仓了。恰恰由于一亿操法的避害功能，使得 A 客户，最高浮亏到 30%。经过礼拜五的操作已将浮亏减少到 26.5%，出现好的迹象。在“2.29”行情中，4 手空单实现了 32000 美元的盈利。这是比较典型的趋利避害的成功案例。

第二节　趋　　利

在趋利避害的一亿操法中，趋利是目的：而达成盈利的目的，是通过从进场到平仓离场的一轮操盘控制实现的，是一亿操法的自然必然结果。通过上述避害章节的要领及案例，我们充分地看到这一点。避害是趋利的前提、基础和手段，趋利是避害的目的。以下篇章重点探讨一亿操法是如何趋利的。说到底，个人做股票期货目的只有一个：利益。一亿操盘法通篇就四个字：如何趋利？且看以下各章节。

第六篇
口诀篇

一亿操法的避害趋利的口诀只有四句话，即：

顺对势最重要，

进场点最关键，

管好钱最致命，

意志坚最根本。

这四句话很简单，但哲理深刻，从实操角度讲，基本囊括了金融杠杆交易的趋利避害全部秘诀。一亿操法如果简单归纳，就是这四句话加上独步武林的纵横捭阖锁仓保护术了。

第一节　顺对势最重要

一、顺势顺势再顺势

顺势而为是做股票期货的常识，其重要性如何强调都不过分。但真正“顺对势”并不易。

仍以黄金为例，当2008年金融危机前美黄金连（GLNC）创出1033.9的高点后，由于金融危机爆发，黄金随着大宗商品的大幅走熊，也进入调整，最低到了2008年10月24日的681.7的最低点，调整结束，而后便进入了波澜壮阔的一轮大牛市，直到2011年9月6日创出1922.6点的历史最高点。通过图我们会看到，尽管大势走牛，如果我们在A点进场做多，不仅不能盈利，在低杠杆情况下会损失惨重，在高杠杆情况下会接连爆仓。如果，我们在B点进场做多，常规技术指标并不配合。可见，顺势而为难，顺对势更难。因此，一亿操法十分讲究趋势和节奏，也就是说趋势明确了，做单的节奏和节拍非常重要。是慢三的节奏，不能跳成快四，是探戈的节拍，不能跳成伦巴。

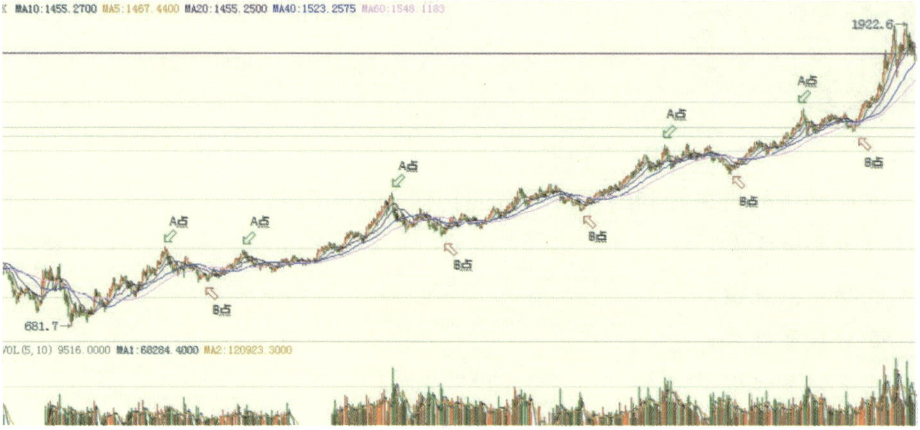

图 19　顺对势最重要

从图 19 中我们看出，在牛市确立的情况下，逢大幅回调，均线系统出现反指标现象时，B 点反而是进场的最佳时机。也就是说，在牛市背景下，逢大幅回调，一定要敢于进场做多；在熊市背景下，逢大幅反弹，一定要敢于进场做空。反常规指标操作，成了制胜法宝。

下面两段文字，是不同时期太公和一亿对黄金顺势交易的提示，大家可以参照提示的时间对照当时的图表，体会它的含义：

“进入回调，顺对势最重要：目前在黄金三位一体条件跌势成熟之际，不管你理念上是多头派拟或空头营，顺势只能走空者也。

但并不否定短线做多。或持有中长线空单情况下的做多掩护性动作，此乃高手做多。

作者：姜太公钓金鱼　发表时间：2011—12—18　08:29:33

市场永远正确：按技术走，反技术行，你别生气；按基本面走，反基本面行，你不要指责；控盘主力耍花样，你顺其自然不要骂娘。一切顺从，不咬市场主人，你就一不挨棍子的长命狗幸运狗。

作者：一亿一春秋　发表时间：2013—02—07　00:00:48”

二、抄底摸顶要不得

图 20 是纳斯达克指数月线，美股纳指由低点 1000 点 12 年涨了 16 倍强，涨到了 16500 点！已经严重泡沫，疯狂犹如当年荷兰的郁金香。空头垂涎欲滴，一亿也一样。一亿系在 15300 点一线陆续建仓空头，且保护持有。教训来了：见图

21，是纳指2021年11月18日夜美盘5分钟K线实况。

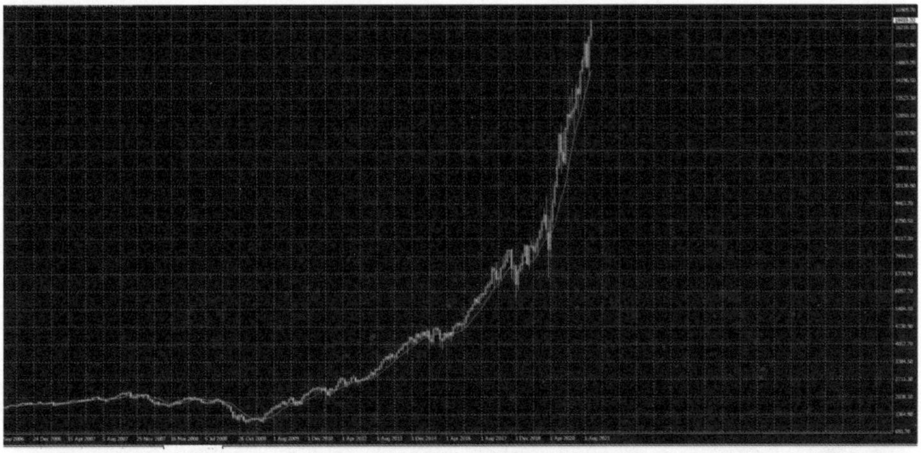

图20 空头垂涎欲滴挨闷棍

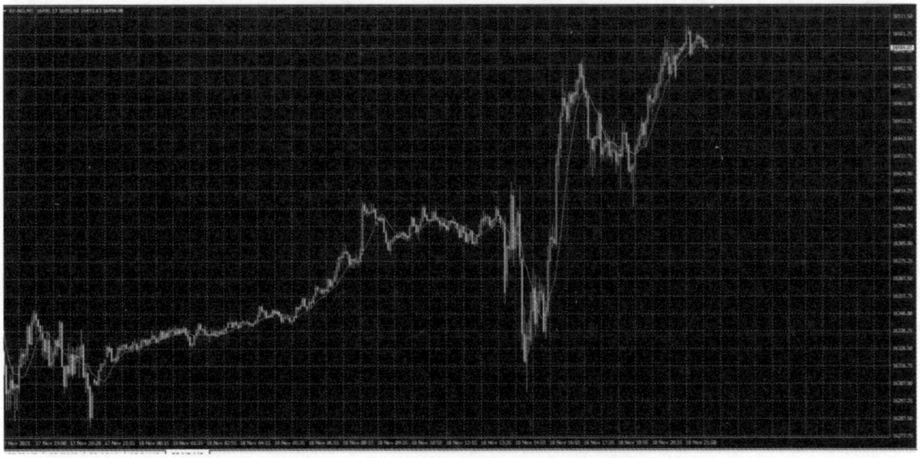

图21 纳指犹如当年荷兰的郁金香

图20纳指2021年11月18日5分钟K线图创出新高16500。

纳指摸顶的教训：图20中一亿早就布局了空单，亚盘欧盘一直慢长，一亿在不断加仓空头，按照物极必反的规律，在纳指涨了16多倍，极度泡沫疯狂的情况下，一亿不得不试探空头，因为1000点的跌幅就有20倍的盈利！这之前经常有1000到2000的跌幅，疫情时，它快速暴跌了3000余点。前高是16446，盘中冲击到16420，形成双顶并快速跌到16300，回补了早盘亚盘的跳空缺口，形势对空头极为有利，此时，我适度锁仓，敞口空单。期望纳指会暴跌到16200点附近。结果，早盘打开手机，赫然醒目：创新高16500！四个账户赚到的100点跌幅2倍的盈利回吐回去，且资金大幅回撤。其中的先头部队“侦查户”险些爆仓！

一亿操盘法创始人一亿，竟然忘了一亿操法规律篇的“理性与非理性”规律！纳指目前在非理性疯狂涨，是有规律可循的，那就是“非理性”规律！美国狂印美元，非理性的贪婪资金推动的疯狂非理性上涨！还会涨，直到崩溃！“小纳指”实际崩盘在 2022 年 11 月 22 日 10765.38 点，有点“三八”。

因此物极必反规律少用，少用，再少用！熊市抄底，牛市摸顶，害死人，要不得，做不得。马克思说，我创造了马克思主义，但我不是一个马克思主义者。一亿说，我创始了一亿操法，但操盘经常违背一亿操法！这不行。

理论上，做转市，成功概率 1%都没有。做顺势千次对，可能错误只有一次，那就是巧遇了“转市”。一亿经业 30 年来，虽然见到多次多品种转市，但做对的只有一次，就是十年前黄金自 1923 点大幅回落到 1044 点那一次，说对做对了。因此建议大家勿寻转市，勿逆势做单。顺势而为是真谛！按一亿操法“三位一体”的分析方法，寻找顺势品种，顺势做！

第二节　进场点最关键

在顺对势的前提下，进场点的好坏就成了股票期货盈利的最关键因素，本节重点探讨一亿操法是如何把握进场点的。一亿操法非常讲究进场必赢点，进场必赢点既是一个极限位，又是一个进场必赢点区域。进场必赢点时时有、天天有、周周有、月月有。但必赢点只是一个极限位，在那里即便成交，单量也会极少，对资金量大的操盘，把握必赢点区域进场，才是胜算的根本。

一、如何把握必赢点进场

按基本面、技术面和人气面确立了大趋势以后，盈利的关键就在于把握必赢点进场了。

把握必赢点进场的方法很多，常规的方法有 K 线形态、价格运行形态、均线系统分析和各种技术指标提示等，这些方法有些已经经过了上百年的实践检验，是可以参考的。一亿操法还通过如下几种精微方法来把握进场必赢点。

1.“天骄美眉”黄金线理论

“天骄美眉”是一亿理财部的要员，自1997年从事期货交易以来，主要凭一根“黄金线”打遍天下无敌手，在橡胶期货上赚得盆满钵满，移植到黄金、白银、外汇、美股、三大指数期货上，亦是屡试屡爽，成功率很高。天骄美眉黄金线理论，口诀如下：

“线上买，线下卖，五线走平就观望，五线开花就重仓。多头市中，日内高点不做空，空头市中，日内低点不做多。”

解释：“黄金线”是指十日均线。中长线操作主要看月线的十日线、周线的十日线和日线的十日线；短线交易或日内交易主要看4小时十日线、2小时十日线、5分钟十日线等。

价格运行在黄金线上就买开做多，反之就卖开做空。但要结合K线形态，看是否配合，如果价格上线，且配有W底或三重底等做多形态，做多信心就足，反之就观望或轻仓；如果价格下线，且配有M头或三重顶等做空形态，做空信心就足，反之就观望或轻仓。

所谓“五线”是指5日、10日、20日、40日和60日等五条均线。当五条均线缠绕走平，说明多空力量均衡，战况胶着，方向不明，适于观望。当五条均线扭头向上，价格上线，此时是开多的最佳时机；当五条均线扭头向下，价格下线，此时是卖开的最佳时机。

为确保操作是顺势而为的，是顺对势的，在多头市场中，日内高点不要做空，以免行情继续上行而受伤；在空头市场中，日内低点不要做多，以免行情继续下行而亏损。也就是说，要过滤掉一些机会，在多头市中，只选择逢低做多；在空头市中，只选择逢高做空。不追高不追空。

注意均线共振：一亿左侧行情运行中，如果出现5分钟十日线、2小时十日线和4小时十日线同时上线的情况，行情往往会迅速加速上行，利于加多；一亿右侧行情运行中，如果出现上述同时下线的情况，行情往往会迅速加速下行，利于加空。这种情况出现的时候，往往给你的建仓时间很短，如果错过了，就不要再追多追空。因为，一般加速后，短线就见顶或见底了。提示：一亿左侧行情是指盘中上涨，一亿右侧行情是指盘中下跌。这于一般的西方说法正好相反。

买开卖开如此，卖平买平亦是如此。

图 22 “天骄美眉”黄金线理论

2. 日内“极限脉动现象”

这一现象往往出现在日内一波涨势或跌势的末端，此时会出现每上涨下跌 1 个点、0.5 个点、0.1 个点都非常困难的情况，并面临短线转势，称谓“日内极限脉动”现象。当这一现象出现后，你就应该平掉盈利单，考虑反向操作了。如果在极限脉动后出现了底部或顶部形态，就可放心反向操作。

月有极限，周有极限，日有极限：比如上月(2013 年 7 月的黄金)上极 1349、2，下极 1208、4；上周上极 1338.9，下极 1282.4；上日上极 1317.7，下极 1282.4. 各收在：月 1322.3，周 1312.9，日 1312.9。

做极限脉动，前提是顺势：多头市，顺多头找低点；空头市，顺空头找高点。(见下图 23 和图 24)：一是多头市的极限脉动进场点位；二是空头市的极限脉动进场点位。

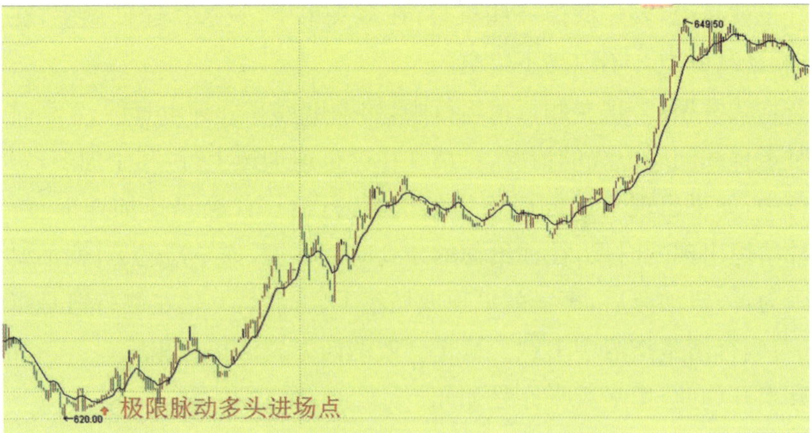

图 23 贵州茅台多头市极限脉动进场点

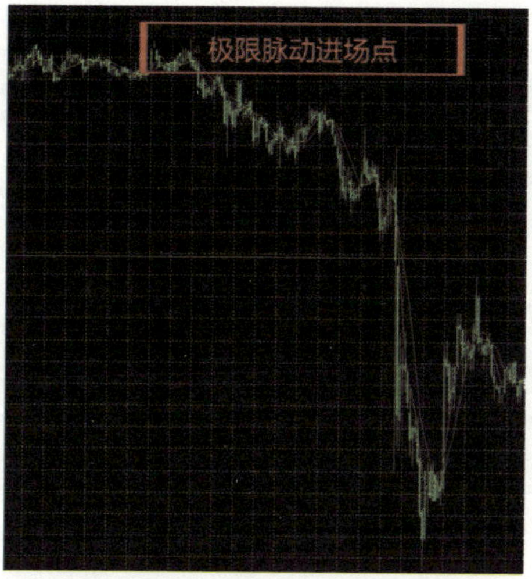

图 24　黄金空头市极限脉动进场点

3. 短线的“5210”进场法

5210 不是“我爱你奥”，而是指 5 分钟均线上穿 10 分钟，10 分钟线上穿 20 分钟均线的形态，此时开多；反之开空。见图 25。同时注意三点：一是需灵活变通，将 5210 变成 7320，变成 9430 等，随机应变，让对手丈二和尚摸不着头脑。亦可拓展 5210，放慢节奏用 5210 小时线、日线、周线等等。三是注意 5210 的复合形态，可靠性更强，如卖时配有 M 头，三重顶，买时配有 W 底或三重底等等。

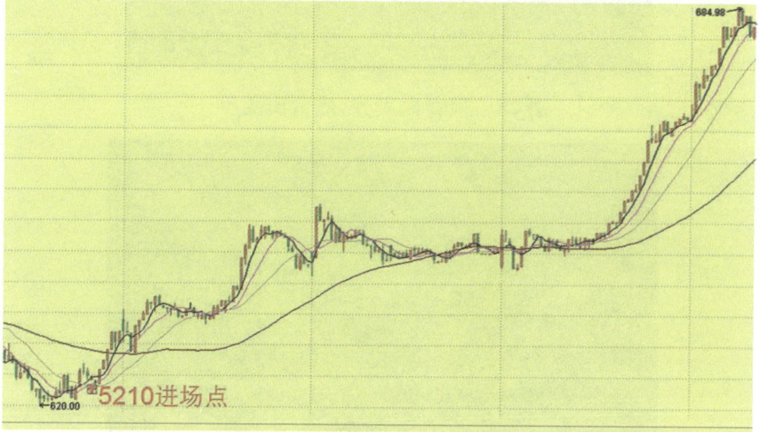

图 25　贵州茅台 5210 进场点

4 指标背离进场法

各种指标都有背离的情况，一亿操法主要选择 MACD 指标，做指标背离进场。请参考图 26、27、28 和 29 的情况。

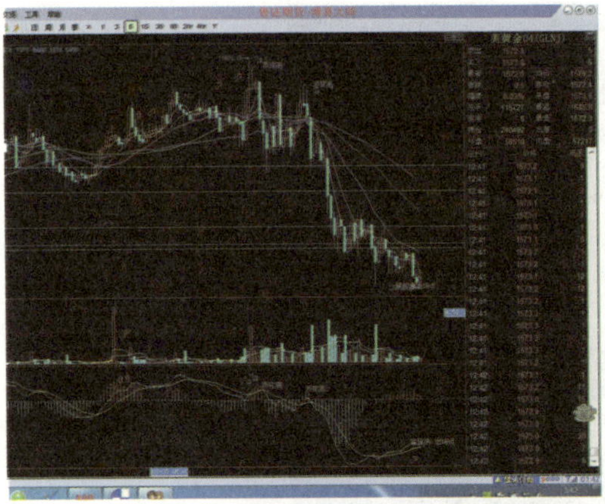

图 26　顶背离进场点，中空

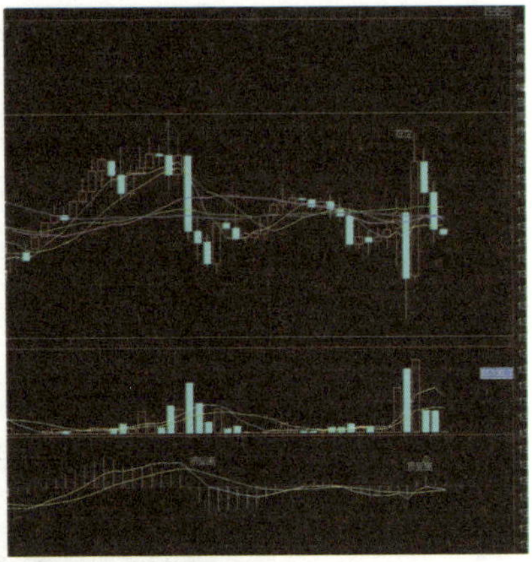

图 27　1 小时线 MACD 顶背离，短空

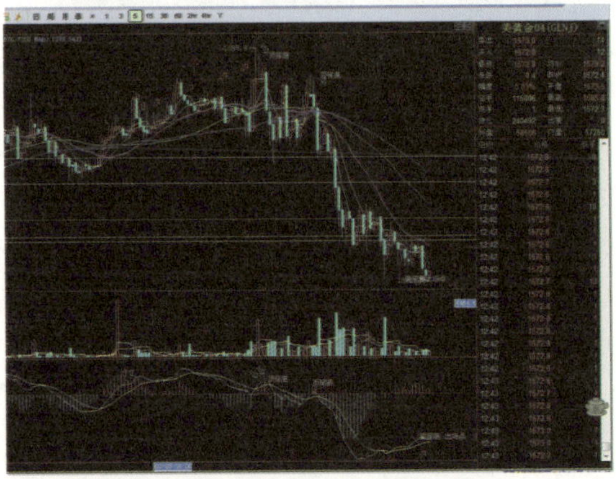

图 28　顶背离卖开，底背离买平

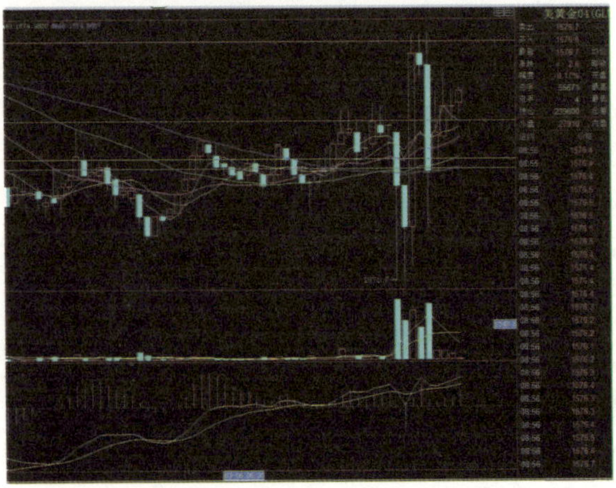

图 29　MAVD 底背离买入平仓

5. 反弹、回调极限位反指标进场法

大势转市这种情况“百年不遇”，顺势而为“百年一错”。在一波牛市中的回调低点极限位或在一波熊市中的反弹极限位，一般情况都是反指标的，此时一亿操法主张反指标进场。（见图 30）

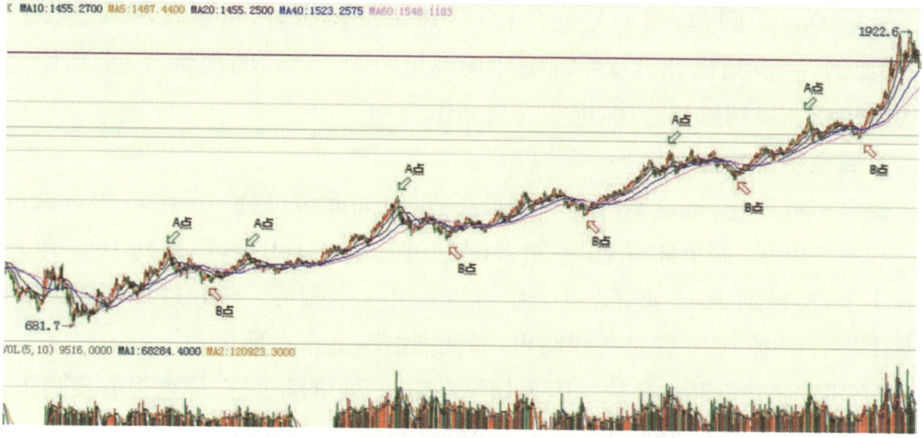

图 30 反弹、回调极限位反指标进场法

6. 短线敢于极限位高抛低吸

在此说的是日内短线操作，要敢于极限位高抛低吸。上面已经谈到何为极限位，出现极限位特征时，短线或超级短线操作，要潇洒自如行云流水般快速高抛低吸。

7. 黄金机构美丽骗线多头进场法：

图 31 是黄金机构美丽骗线多头进场法，机构为在低点将散多吓跑，先用急跌的方法恐吓，而后再用慢跌吓唬。这恰恰为我们进场做多提供了绝佳机会。

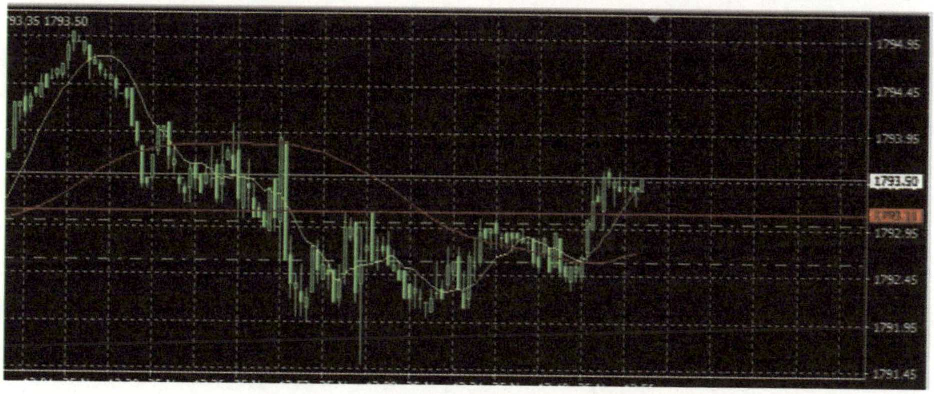

图 31 黄金机构美丽骗线多头进场法

二、必赢点区域的四种建仓方法

1. 一步到位建仓法

这里的一步到位，指的是仓位比例，如果点位极好，可以按照外盘高杠杆“226”比例，一步到位建仓 20%；按照内盘低杠杆“446”的比例，一步到位建仓 40%。注意一步到位建仓法，绝非满仓操作。

2. 倒金字塔式建仓法

倒金字塔建仓：谁也不可能卖在最高点，譬如此波反弹，在 1600 附近就可卖开了。举个例子，如果你有 20 手能力，在 1595 可卖开 1 手，反弹到 1605 附近再卖开 1 手，反弹到 1615 卖开 2 手，到 1625 卖开 3 手等等。建仓过程也要灵活，如果盘中综合判断 1610 就是反弹高点，那就把空军全布在那里。

“吾不主张建仓超过 5 成。因为如果在 1625 处继续上涨，你就没有救兵了，难以实施短多战术救援者也。”作者：姜太公钓金鱼发表时间：2011－12－1809：03：57

倒金字塔建仓的弊端是在建仓的过程中要承受一定的浮亏，不可使其不可控地扩大。

3. 多空轮动盈利建仓法

此等操法，必须在操盘非常熟练的情况下，才能实施。因为在建仓时一般情况很难抓到顶点或低点极限位，往往买了继续跌，卖了继续涨。如何应对？一亿操法中的“多空轮动盈利建仓法”，灵活机动地解决了这一问题。如顺势做多（见图 32），正单趋势单做多 A，负单或锁单做空 B。当行情发展到 Z 点时，买平所有空单 B，任多单盈利而去，择机按一亿操法在 Y 点附近卖平所有多单 A 获利出场。

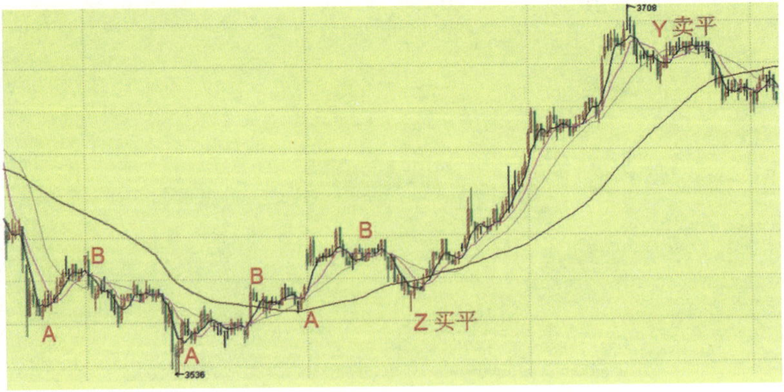

图 32　多空轮动盈利建仓法

4. 靠意志取胜的建仓法

靠意志取胜的建仓法，是指在顺对大势的情况下，进场点不佳的保护性建仓法。但它不是“鲍尔森式”逆势而动、撞到南墙不回头的战略性错误操法。它的两个要点如下：一是仓位控制，在高杠杆的情况下，要坚持“226”持仓；在低杠杆的情况下，要坚持“442”持仓。这里指的是最高极限持仓比例。建议：高杠杆仓位最好控制在总资金量的 5～10％为佳。否则，在进场不利的情况下就只有止损平仓了。只有坚持“226”或“442”的持仓标准，才有足够的腾挪空间。二是锁仓保护，逆向单不断轮动，直到行情反弹或回调到位。这也是后章详解的一亿操法的“鬼谷子纵横捭阖术”。见图 33，两个 A 点做多，B 点锁利，C 点锁亏，而后买平 B、C，任 A 点买盘顺势盈利而去。如果行情继续下跌，要继续空头保护性操作，直到行情真正上涨，最后伺机获利了结。

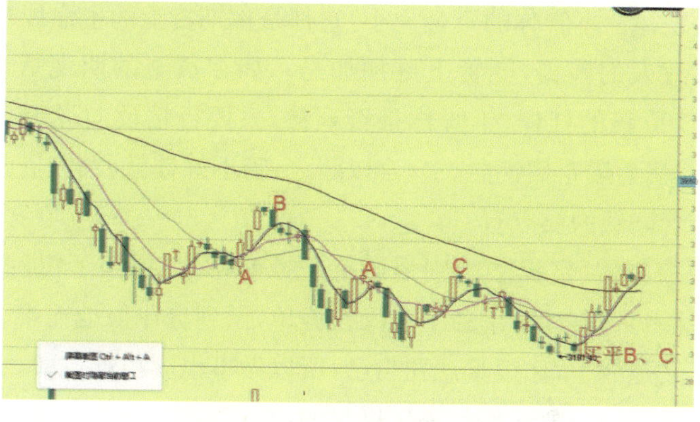

图 33　靠意志取胜的建仓法

小结：进场点最关键：顺势重要，点位关键。熊市中大家易犯的毛病是空位太低，以至于一个不大的反弹就被震仓出局；牛市中大家易犯的错误是买点太高，以至于一个不大的回调就被扫地出门。一亿操法的进场点讲究精准进场，但更注重保护性建仓，这是一亿操法的科学性。

进场点十分关键，黄金尤其如此，十二年的黄金牛市、金光闪闪的黄金自然属性和挥之不去的金融属性，往往会迷惑一部分死多头和实物定投者，牺牲的往往就是这些人。因此，不管是黄金还是棉花，是茅台还是大蒜，顺对势最重要，进场点最关键！

第三节　管好钱最致命

一亿操法的避害趋利的口诀只有四句话，即：

顺对势最重要，

进场点最关键，

管好钱最致命，

意志坚最根本。

这四句话的核心是“管好钱最致命”。管不好钱就没命，管好了钱，就保住了命。在商品经济的最前沿阵地，在金融杠杆交易领域，管好自己的钱如何强调都不过分。这是铁律。不管你的资金大小，它都是你期货上的生命线！战场上保护好自己是战胜敌人的前提，期货上更加如是。如在黄金的期现货交易上，有10倍、20倍乃至100倍的杠杆，不管你是否顺势，只要行情反向运行1%，100倍杠杆满仓进入的，就会爆仓牺牲矣。一言以蔽之：管不好钱就要命，资金管理是战场上铁的纪律。管好钱的要点有二：

一是持仓控制：一亿操法特别强调持仓控制，并且提到了“最高纪律”层面。但是，纪律是就团队而言的，单独个人操盘做单，做到自律很难很难。你自己既是司令又是参谋又是战士，你很难惩罚自己，所以做事也就很难自律。但是，你必须自律，不然，市场会加倍惩罚你！一亿操法的控制要点有两个：

对内盘：10倍左右的杠杆，必须坚持“442”持仓底线。也就是说，40%的资金进场，40%的资金保护，另外20%的资金用于机动。对外盘：20倍以上或100倍的杠杆，必须坚持“226”的持仓底线。也就是说，20%的资金进场，20%的资金保护，另外的60%的资金用于机动保护。这样在实施一亿操法保护性操作的时候，就会游刃有余，机动灵活。不然，就会出现捉襟见肘、拆东补西的被动局面，最终导致止损或爆仓。新手、次新手“段位”不高，持仓敞口应更低。

二是坚持持仓控制铁律：铁律及铁的纪律。何为纪律？一般来说，纪律有三种基本含义：

1. 纪律是指惩罚；

2. 纪律是指通过施加外来约束达到纠正行为的手段；

3. 纪律是指对自身行为起作用的内在约束力。

这三层意思概括了纪律的基本内涵，同时也反映出良好纪律的形成过程是一个由外在的强迫纪律逐步过渡到内在自律的过程。对自然人操盘而言，强调的是自我约束。国民党不守纪律，天下丢了，谁不守纪律，财富就不归谁。

策略：黄金上的成功资金管理案例可参考过去的：一亿与鬼股、跳水及小鱼的对局及天使的实盘9（东方财富网）。推荐一亿一春秋的内盘“442”外盘“226”资金模式或模型也。一句话：汝能管住自己哉？

作者：姜太公钓金鱼　发表时间：2011－12－18　16:25:56

第四节　意志坚最根本

一、两个含义

一是你能把玩期货进行到底吗？二是你能把顺势而为坚持到底吗？

现有[329]人参与本主题讨论，发帖[23]条。相关帖子[85709]条太公之意是想说，千万不可看轻了你从事的是——人类最伟大的博弈事业。博弈不同于博彩，尽管十分残酷，但她是有规律的经济博弈事业——她是经济金融的最前沿阵地！

有志者，应该绝不言弃，应该成为一将功成万骨枯的——大将军。想在某一行业脱颖而出，你必须付出较常人百倍千倍的努力。想成为期货业的完胜者，你必须具备屡败屡战百折不挠克敌制胜的坚强意志力也。顺势需要意志力；等待好的进场点需要意志力；管好钱需要意志力；坚持把期货当事业，做不好不停战，不到长城非好汉，更需要意志力。

玩军事，你要练得像毛泽东那般神话；玩歌舞，你要练得像迈克尔那样飘逸；如果你只是期货上的过客，吾劝汝赚了就走；如果你是业余爱好，吾建议汝小小资金玩玩便可；如果你想一夜暴富，吾奉劝你停止交易也，或者好好读本书第三篇。

作者：姜太公钓金鱼　发表时间：2011－12－18　16:57:49

二、一亿操法：操盘三要点

1. 顺势

2. 进出场点

3. 仓位控制

第一点顺势是前提，但可以调整，开头错了，只要仓位控制了，就便于调正方向；反之仓位重了就不好调整了。

第二点：进场点是战略问题，不可以不重视，要耐心等待，宁可错过，不可做错。出场点是战术问题，可以灵活，但也要注意有风使尽帆，百尺杆头更进一步。既要“穷寇勿迫，围师必阙”，又要“直将胜勇追穷寇，不可沽名学霸王”。

第三点：仓位控制，这是一个致命问题，在高杠杆领域往往由于仓位过重而造成重大损失甚至很快爆仓。即便侥幸迅速翻倍，也会很快灰飞烟灭。因此本书作为金融杠杆交易铁律提出来，不可违背也。一亿操法的精华有两点：一是对止损的颠覆——锁仓。对操法的颠覆——解仓。一亿操法的诀窍——持仓的控制。精华＝锁仓的灵活应用（这是由行情的来回行走现象和短中线的反复性规律所决定的）。仓位控制是一亿操法的铁律。等待＝好的进场点，是一亿操法的精准进场点的根据和前提。顺势＝一亿操法的灵魂。意志力一亿操法的根本。

作者：天天实盘展示111　发表时间：2012－11－10　21:06:39

那一点都与意志力息息相关。

第七篇 一亿操法精髓篇

“顺势单静如初女，短线单动如脱兔；倒金字塔慢建仓，正金字塔快出货。”这四句话即概括了一亿操法的操盘过程，也是其精髓所在。

第一节　顺势单静如处女

顺势单是战略单，也是盈利单，要有风使尽帆，持仓到底不动摇，犹如处女那样安静（见图 34）。当你在极限脉动多头进场点进场后，你要有耐心一直持有到右上角的最高点出场。

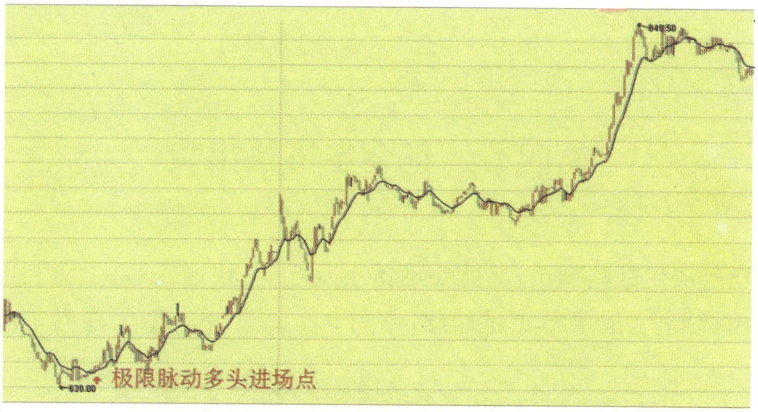

图 34　多单顺势持仓到底

第二节　掩护单动如脱兔

仍如上图 34，在每一个波段高点都要进行逆向操作，掩护单速度要快，适可而止。留下盈利的顺势单，有风使尽帆，不到长城非好汉。

第三节　倒金字塔慢建仓

在顺势建仓过程中，多头市，往往抓不到最低；在空头市中，往往抓不到最高。因此要小单量试探进场，像倒金字塔那样，自下而上，由少到多，逐步建仓，直到符合持仓要求。金字塔或倒金字塔，都是从下往上说的（见图 35）。

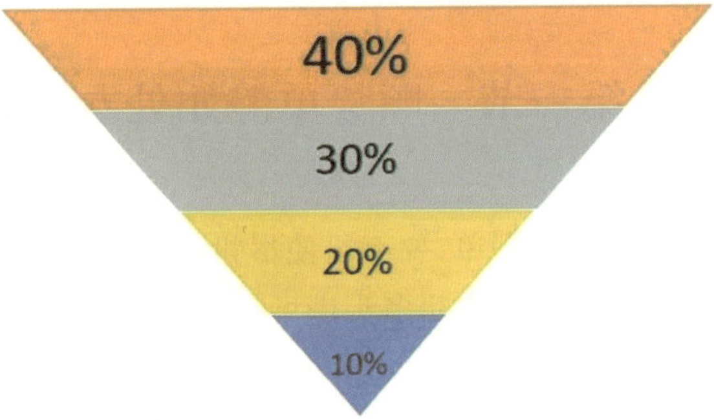

图 35　倒金字塔慢建仓形象图

第四节　正金字塔快出货

既然已经决定战略撤出，那就要迅雷不及掩耳，快速完胜，干脆利索，按金字塔式快速出货平仓，战术单更是如此，见图 36。保护单一般为逆向单，更要逃如脱兔！

图 36　正金字塔快出货

21 世纪初“911”事件后，美国发起了阿富汗、伊拉克两场战争，导致了 2008

年的全球金融危机，美张冠李戴，嫁祸为“两房”引发的次贷金融危机。此间美联储持续释放宽松，导致黄金由300美元/盎司，十年就窜高到1923美元。2009年9月黄金冲顶回落进入下降通道。随着美联储开始回收流动性，一亿系此间做空黄金风生水起，赚得盆满钵满。

以下是2011年12月31日的实况记载，仔细研读，会有所收益（有话则长，无话则短，这是本书对内容的要求。语不惊人死不休，这是对文字的要求。）

“反弹到位。十日线附近不知各位空否？倒金字塔式慢建仓否？短线多空快出否？长线持稳否？反正我一亿短空单在1555—1577的随进随出空单共44.5手（有的，像55处的单随小点回落获利走了，69到77的单，凌晨3点一觉醒来已获利几万美金，当然正金字塔式几秒钟快平了）已全清。随机逆向多单无数，随时跑了。目前还持稳原来的1614共13手和1640的7手长空单未动。盘中的短多单早就溜之乎也了，当然全获利。知道“神魔”叫“顺势单静如初女，短线单动如脱兔；倒金字塔慢建仓，正金字塔快出货”了吧。其实像我们这些“老油条”（小鱼言），不怕行情大，就怕没行情，方向如何无妨呀。

可见赚快钱靠空头；赚大钱则靠多头。

作者：一亿一春秋　2011—12—31”

第八篇
一亿操法的三种盈利模式

做商品期货、外汇、股票、现货黄金白银、美股指数期货、虚拟货币盈利模式无非三种：一是赢取大级别行情，这是奠定博弈事业成功的基础；二是赢取波段行情，这是你阶段性的目标，是攫取你第一桶金的方法；三是日内短线进出，博取短差，积少成多，积沙成塔，这似乎成为目前黄金吧金鹏吧友在无趋势行情中的无奈的首选方法。

目前的行情(2011 年前后)进入了一个十分复杂的阶段，如果你能够找到"制约目前大势的"基本面的根本因数，那么，你就找到了那个神秘的"取款机密码"。

制约目前大势的关键词——你找到了吗？要灵活运用，活学活用。

第一节　短线盈利的捭阖术

5 分钟 K 线与黄金线复合型态进出场与掩护：

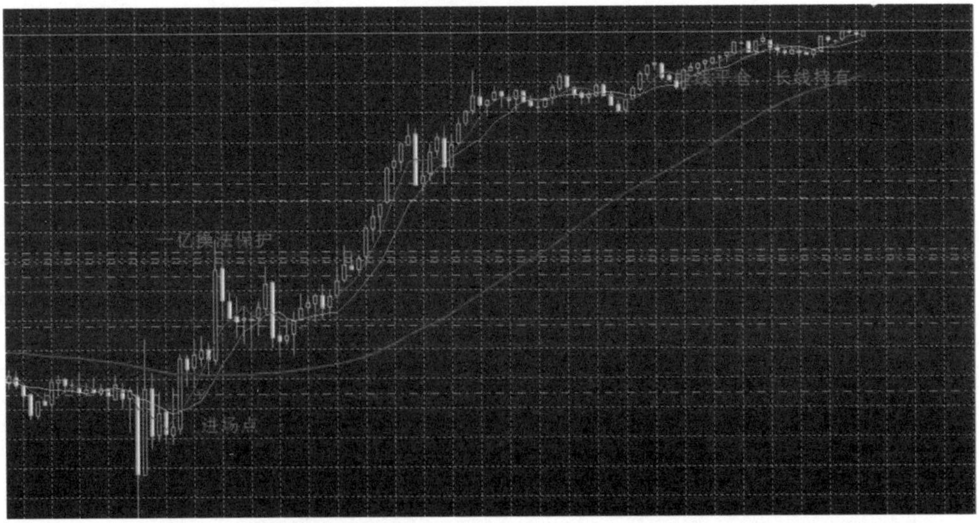

图 37　参考五分钟 K 线的十分钟均线进出场

见图 37，2021 年 11 月 5 日周六预测，昨天周五黄金无视大非农重大利空消息，震仓到 1785 点后，迅速拉起，黄金线（十日线）提供了进场信号，尾盘收到 1820 没有提供有效的出场信号，短线可平仓出场，长线可持有。结合基本面的通胀主题词，黄金可尝试长线持有。目标：前高 2088 或 2100，振荡后，未来 3000 美元一盎司大牛市亦可期。实际（2022 年 11 月 11 日写）此波干到了 2077，借“加暴力息”推震回落到 1618 而后又升。

第二节　赢取波段的纵横术

1 小时线、日线与黄金线复合形态进出场与掩护：

见图 38，黄金形成典型的 W 底，同时站上十日黄金线，进场。在长期下跌压力线处，出现明显出货信号，黄金线被有效击穿，出货。

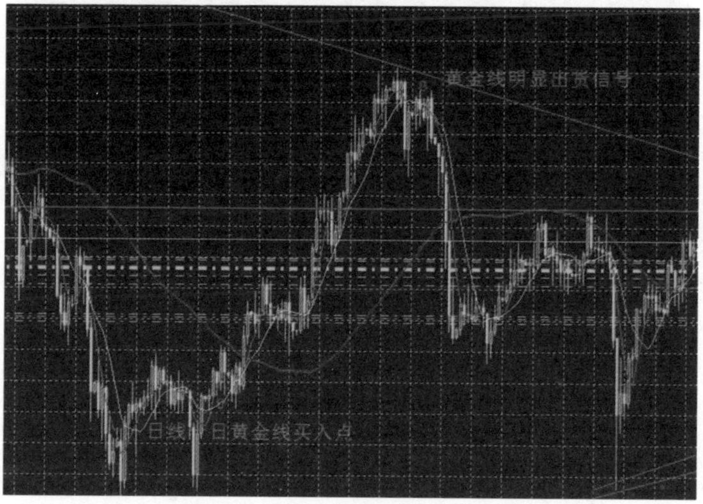

图 38　中线的黄金进出场机会

第三节　不战而胜的暴利获取法则

周线、月线、季线分析，基本面分析，获取暴利的不战而胜与掩护：

见图 39，一亿操法讲究“做对一波大级别行情才能赚到大钱”。2020 年春，新冠肺炎疫情爆发，黄金跟随美股暴跌 300 点，而后拉起，并创出 2088 点的新高。一亿系有的账户 1485 进场，2000 点以上平仓，账户实现了 30 倍盈利，进场资金获利 61 倍。创出了一亿系 2012 年以来的倍数业绩新高(见本书第三章“一亿系双百倍增奔亿计划”详解)。

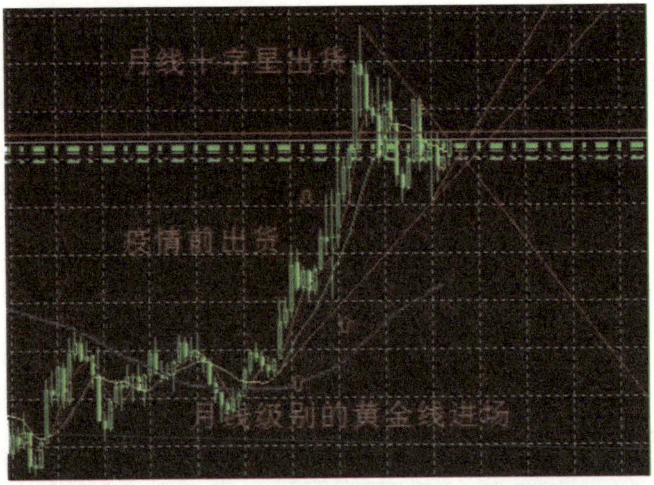

图 39　做成功一波大级别行情是一亿操法的根本

大家注意上述两图(图 40 一亿系倍增奔亿计划)：新冠疫情爆发，此户持有 1485 和 1486 的单子，到 1675 没平仓，到 1952 仍然持有。1485 的单子到 1952 进场资金已经盈利 46.675 倍！黄金到了 1952 以上，实际持仓到了最高点 2088 点，1485 和 1486 的单子仍然持有，这就是一亿操法的趋势单，顺势单静如处女，掩护单动如脱兔。一波新冠肺炎疫情，600 点黄金牛市，此户 5 万美金起，总共盈利 150 万美元，令人震撼。注意上图的纳斯达克指数，9189.58 的单子，赚到 11342.02 点，43 倍多的盈利仍持有；原油 34.02 和 39.18 的单子，到 42.96 仍然持有。账户中美元指数，亦有不菲盈利，仍持有。大家知道，原油现在涨到了 80 多美元，而这个账户的底单是 34 元，赚 46 倍。

图 40　5 万变 150 万实盘展示

小结：股票期货交易已经有200年的历史，人们为了预测行情，发明了成百上千的技术指标，可以说灵也不灵，你可以择其一二，熟练应用就可以了。盘中动感方向很重要，经验丰富的，亦可反指标进场，获利往往不菲。赚钱的根本法则是：做对一波大趋势！

第四节　要提防假突破真上涨

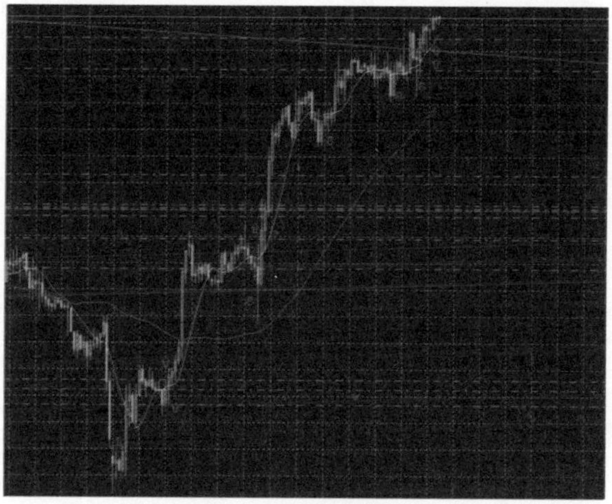

图41　向下假突破真上涨

见图41，2021年11月，黄金借通胀主题词，向上真涨，但一小时级别出现了5次向下的假跌。这是需要警惕和特别巧妙处理的。一波牛市运引中，往往伴随着这种不断的向下“假突破”，要会识别，善利用。

第九篇 立于不败的三分之二盈率

第一节 三分之二盈率及三分之一赔率的图示

图 42 价格的三种波动形态

价格的走势不外于上涨，震荡和下跌三种情况，大级别牛市、熊市或平势震荡一旦形成，它是不会轻易改变方向的。一般人使用一亿操法做单，至少可以有三分之二以上的盈率，甚或赢率更高。

牛市：是牛市，并确立，你就逢低做多，进场点不理想（这是经常发生的），你就采取一亿操法进行合理保护，而后持有正向多单，直到一波中级回落高点附近清场。其后，借回调到位继续做多，并反复一亿操法保护，直到“有风使尽帆”，风向彻底转了。

熊市：是熊市，并确立，你就逢高做空，并采取一亿操法进行保护性操作，而后波段式清场，继续逢高做空。反复为之。

顺对大势，做大级别行情，错误只有一次，就是行情真正转市的时候；作对的机会，盈利的机会是百分之九十九乃或千分之九百九十九的。那“做错只有一次”的情况一旦出现，也是可以规避的，或者叫“做错别赔钱”。

最简单的方法不断重复，恰恰是最好的赚钱的方法。

震荡市：是震荡市，并确立，你就利用波段行情多空轮动做中短线。直到新牛新熊确立，再做轮回。值得注意的是，牛市的高位震荡市及牛尾熊头市，以空头为要；熊尾牛头市，以多头为要，加强灵活性。

第二节　行云流水的操法案例

以下是纳斯达克指数的短线单。

时间	价格	库存费	获利
2021.11.03 16:06:49	15977.50	0.00	5 609.60
2021.11.04 16:00:05	16295.00	0.00	3 165.00
2021.11.04 16:32:50	16294.25	0.00	170.00
2021.11.04 16:37:44	16299.38	0.00	336.26
2021.11.04 17:15:35	16309.00	0.00	1 777.50
2021.11.04 17:33:51	16322.63	0.00	1 531.04
2021.11.04 18:33:48	16351.25	0.00	4 400.00
2021.11.04 18:39:45	16365.25	0.00	2 340.00
2021.11.04 18:43:25	16365.50	0.00	2 342.50
2021.11.04 19:10:40	16331.00	0.00	145.00
2021.11.04 19:22:24	16342.63	0.00	120.00
2021.11.04 19:33:13	16336.88	0.00	145.00
2021.11.04 19:51:13	16330.50	0.00	645.00
2021.11.05 09:16:05	16358.13	0.00	962.60
2021.11.05 10:14:39	16412.63	0.00	1 832.60
2021.11.05 10:41:02	16411.38	0.00	1 475.00
2021.11.05 10:41:06	16410.50	0.00	1 797.40
2021.11.05 14:25:45	16425.38	0.00	900.00
2021.11.05 14:38:10	16428.25	0.00	707.40
2021.11.05 15:49:33	16444.63	0.00	119.50

图 43　行云流水的纳斯达克短线单

行云流水的盈利结果，是以“动善时”为前提的，无论长中短线，进场点的时机把握是关键。

第十篇 一亿操法的止损要领

第一节　对常规止损的点评

常规的止损方法一般有三种：一是比例止损；二是技术形态止损；三是被动强制止损。

一、比例止损：较科学，提前定好止损比例，到了就止损。如总资金的 5%，或进场资金的 20%，等等。好处是损失在控制之中。不利处是，止不了多少次，钱就没了。

二、技术形态止损：好处是，只做技术，如"天骄美眉"十日黄金线操法，就是一例。线上卖，线下买，错了就按技术止损。缺点是损失额度不确定(见图 44)。

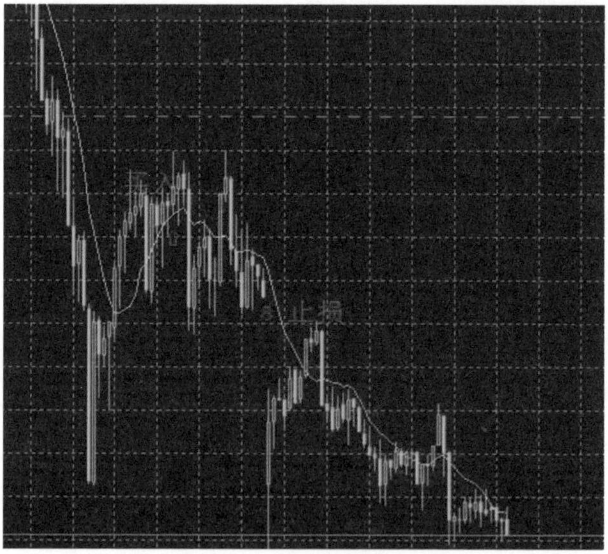

图 44　技术形态止损

三、被动强制止损：保证金不够了，被迫强制止损。这种局面并不少见，在高杠杆金融交易领域比比皆是。有百弊而无一利。建议大家按一亿操法铁律，控制好仓位，尽量规避之。

因此，一亿操法中有使用上述直接止损办法的时候，但不常用。一亿操法主张错了锁仓保护，反复保护；主张“把亏损单淹没在盈利单的汪洋大海之中”！

第二节　把止损单淹没在赢利单的汪洋大海之中

2012 年的实例：

委托记录　成交记录　盈亏记录　额度记录　优惠记录

单号：　产品：所有产品　开始时间：2012-1-20　结束时间：2012-1-29　查询

产品	类型	平仓号	买/卖	平仓手数	平仓价格	订单号	开仓手数	开仓价格	利息	净盈亏	回赠金额	开仓时间
伦敦金	市价	000504	买	0.50	1701.83	000495	0.50	1674.00	-5.58	1385.92	0.00	2012-01-23 20:
伦敦银	市价	000503	买	0.50	33.06	000497	0.50	32.50	-5.42	1394.58	0.00	2012-01-23 21:
伦敦银	市价	000501	买	0.50	32.46	000498	0.50	32.40	0.00	150.00	0.00	2012-01-23 21:
伦敦银	市价	000500	卖	0.50	32.07	000499	0.50	32.28	0.00	525.00	0.00	2012-01-23 21:
伦敦银	市价	000496	买	0.50	32.59	000492	0.50	32.44	0.00	375.00	0.00	2012-01-23 20:
伦敦金	市价	000494	卖	0.50	1674.40	000472	0.50	1656.87	-5.18	-881.68	0.00	2012-01-20 23:
伦敦金	市价	000491	买	0.50	1671.90	000482	0.50	1669.49	0.00	120.50	0.00	2012-01-23 16:
伦敦金	市价	000490	买	0.50	1673.17	000483	0.50	1669.50	0.00	183.50	0.00	2012-01-23 16:
伦敦银	市价	000489	买	0.10	32.61	000485	0.10	32.34	0.00	135.00	0.00	2012-01-23 17:
伦敦银	市价	000488	买	0.10	32.45	000486	0.10	32.34	0.00	55.00	0.00	2012-01-23 17:
伦敦银	市价	000487	买	0.10	32.32	000484	0.10	32.31	0.00	5.00	0.00	2012-01-23 17:
伦敦金	市价	000481	买	1.00	1668.18	000475	1.00	1662.67	-17.32	533.68	0.00	2012-01-20 23:
伦敦金	市价	000480	卖	0.50	1668.44	000479	0.50	1668.93	0.00	24.50	0.00	2012-01-23 16:
伦敦金	市价	000478	买	0.50	1670.71	000437	0.50	1669.71	-11.60	38.40	0.00	2012-01-19 17:
伦敦金	市价	000474	买	0.50	1660.03	000473	0.50	1659.25	0.00	39.00	0.00	2012-01-20 23:
伦敦金	市价	000471	买	0.50	1654.06	000470	0.50	1653.12	0.00	47.00	0.00	2012-01-20 22:
伦敦金	市价	000469	买	0.50	1653.14	000468	0.50	1652.03	0.00	55.50	0.00	2012-01-20 22:
伦敦金	市价	000467	卖	0.50	1652.54	000466	0.50	1652.41	0.00	-6.50	0.00	2012-01-20 21:
伦敦金	市价	000465	买	0.50	1651.53	000464	0.50	1651.34	0.00	9.50	0.00	2012-01-20 21:
伦敦金	市价	000463	买	0.50	1649.36	000462	0.50	1649.21	0.00	7.50	0.00	2012-01-20 21:
小计				9.30			9.30		-45.10	4196.40	0.00	
总计				14.30			14.30		-52.00	4392.00	0.00	

图 45　把亏损单淹没在盈利单的汪洋大海之中 A

这是一亿指导的一新生户头截图。香港金道实盘。

此新生在大年初一将持有 1656.87 的空单交给了一亿，望救她于水火。一亿不负期望，用近 20 张盈利单，终于将其错单淹没救出（止损－881.68），并总体盈利 4400 美元。

作者：一亿一春秋　发表时间：2012—1—29　04:25:29【我支持】

2021 年的实例：

时间	价格	库存费	获利
2021.11.03 16:06:49	15977.50	0.00	5 609.60
2021.11.04 16:00:05	16295.00	0.00	3 165.00
2021.11.04 16:32:50	16294.25	0.00	170.00
2021.11.04 16:37:44	16299.38	0.00	336.26
2021.11.04 17:15:35	16309.00	0.00	1 777.50
2021.11.04 17:33:51	16322.63	0.00	1 531.04
2021.11.04 18:33:48	16351.25	0.00	4 400.00
2021.11.04 18:39:45	16365.25	0.00	2 340.00
2021.11.04 18:43:25	16365.50	0.00	2 342.50
2021.11.04 19:10:40	16331.00	0.00	145.00
2021.11.04 19:22:24	16342.63	0.00	120.00
2021.11.04 19:33:13	16336.88	0.00	145.00
2021.11.04 19:51:13	16330.50	0.00	645.00
2021.11.05 09:16:05	16358.13	0.00	962.60
2021.11.05 10:14:39	16412.63	0.00	1 832.60
2021.11.05 10:41:02	16411.38	0.00	1 475.00
2021.11.05 10:41:06	16410.50	0.00	1 797.40
2021.11.05 14:25:45	16425.38	0.00	900.00
2021.11.05 14:38:10	16428.25	0.00	707.40
2021.11.05 15:49:33	16444.63	0.00	119.50
2021.11.05 16:10:09	1810.65	0.00	-1 910.00
2021.11.05 16:10:54	16426.50	0.00	33.78
2021.11.05 16:12:30	16432.50	0.00	95.24

图 46　把亏损单淹没在盈利单的汪洋大海之中 B

这是一亿操法止损的境界：止损单－1910.00 美元，盈几万。

“止什么损”？一次止损 10％，十次本金没了。将止损单淹没掉比较好。

第十一篇
鬼谷子捭阖术与灵巧的锁仓战术

第一节　纵横捭阖与锁仓解盘

鬼谷子是中国外交学的鼻祖，他的纵横捭阖术，由其两大弟子苏秦、张仪发扬光大，并基此发达。汉·刘向《战国策序》："苏秦为纵，张仪为横，横则秦帝，纵则楚王，所在国重，所去国轻。"宋·李文叔《书战国策后》："战国策所载，大抵皆纵横捭阖谲诳相轻倾夺之说也。"谲诳者，诡奇虚妄，欺诈诳骗也。

在《鬼谷子·捭阖》书中记载："捭之者，开也，言也，阳也；阖之者，闭也，默也，阴也。"捭阖者，实乃开合之道，阴阳之术也。纵横：合纵连横；捭阖：开合，战国时，策士游说的一种方法。指在政治或外交上运用手段进行分化或拉拢。战国时期，秦国通过改革，实力空前强大，并通过连绵不断的战争攻打吞并其他国家。各诸侯国对秦是又惧又怒。纵横捭阖因时代需求应运而生，张仪、苏秦通过对世态的分析，以及权衡利益心理战术的运用，凭高超的言语辞令或"连横"或"合纵"支持秦国统一六国或联合六国起来对付秦国。华夏大地时而风平浪静时而风起云涌，最终秦国灭六国统一天下。

一亿操法移植鬼谷子的捭阖术到金融杠杆交易领域，来形象化深化一亿操法，使整个操作过程如同行云流水，纵横捭阖，游刃有余，不胜不归！

阖：对进场资金进行反向锁仓操作，以避害。

捭：开锁，以趋利。对锁仓单进行平仓。

锁仓的境界：锁利则利扩大，锁亏则亏减亏。

（作者：天天实盘展示111　发表时间：2012—02—2）

第二节　少阖、半阖、全阖，少捭、半捭、全捭

汲汲骎骎，月异日新，用古善变。

阖则避害，捭则趋利：顺势建仓后，会出现两种情况，一是浮盈，二是浮亏。一亿操法讲究“长枪击敌，短枪护身”，及时随时进行锁仓、解锁的保护性操作，直到获利巨大或浮亏消化。阖则避害，捭则趋利：锁仓的目的是避免损失，并不断扩大盈利；开锁的目的是敞开盈利，减少损失。一亿操法中的锁仓术有多种情况，如锁利润，锁亏损；主动锁仓，被动锁仓；恐慌性锁仓，愉悦性锁仓，等等。要在交易中，根据实际情况灵活运用。

一、锁盈

一亿操法讲究“做对一波大趋势，才能赚到大钱”，做对了一波大趋势，底单是不可轻易出手的，要有风使尽帆，赢到底，这是“长枪击敌”！那么如何对付盘中大大小小的反方向波动呢？这就需要随时逆向锁仓保护，并获取逆向的短线利益，这就是“短枪护身”！一波行情下来，你赚取的不是从 A 点到 B 点的直线距离，而是拿到了从 A 点到 B 点的“路程”长度。有时，逆向的总获利，甚至超过底单的总利润，等于一波行情下来，盈利扩大了数倍。有百利而无一害，何劳而不为呢？

二、锁亏

会有两种情况，一是做对了趋势，但进场点不佳，浮亏了。二是做错了趋势。一是做对了趋势，但进场点不佳，浮亏了：必须进行锁仓保护，直到底单开始获利，再进行正常的锁利性保护操作。二是做错了趋势：如确定做错了趋势，那就需要加大反向单，直到总体盈利，而后双向平仓，救出错单，再进行重新谋划。

三、灵活机动的战略战术

顺对势，战略正确是根本前提，一亿操法的锁仓捭阖术是战术，必须灵活运

用。锁仓要根据需要，并非时时处处全锁。要根据不同情况少阖、半阖、全阖，少捭、半捭、全捭。锁仓时，有时需要试探，那就要少锁。有时需要半锁或全锁，要行云流水，灵活机动，让敌人眼花缭乱，摸不着头脑。敞口开锁依然，要少开，半开，全开，全凭市场的千变万化，依变对变，千变万化皆天机，万变不离其宗：因粮于敌，赚到钱！而不是相反。要加强个人心理素质的训练，战胜恐惧和贪婪，结合大势分析及一亿操法，避免捭阖中的追涨杀跌，高水平做到高抛低吸，强化适度锁仓保护，避害趋利，赢取胜利。

第十二篇
一亿操法的系统化、程序化、复制与升级

一亿操法也需要系统化、程序化,并可复制、可升级。

系统化:便于交流;本书就是一亿操法的理论化系统化的过程,并需要后人不断完善。

程序化:便于克服人性、体能弱点:如 4425210 内盘数据;2265210 外盘数据。一亿也尝试过一亿操法的自动化程序化交易问题,是可能和可行的。这需要程序员与交易员共同努力。

可复制:便于新手、次新手学习提高,少走弯路。便于操盘手迅速完成两个突破,达到三段或三段后水平。

不断升级:与时俱进,便于适应变化了的客观行情。此书起草于 21 世纪,开头就是一提纲挈领的讲稿,2010 年后充实为 PPT,并逐步成书,2020 年后又根据实战经验教训的总结进行了完善修订。以后还会不断修改,以使《一亿操盘法》,成为东方金融杠杆交易领域的经典名著。一亿操法里的一些原则和纪律,貌似非常简单,但她确是一亿系爆掉上百的账户,用血与泪换来的经验,也是他人用巨额损失甚至身家性命买回来的教训。一亿操法必须不断升级,与时俱进,常用常新,活学活用。用则大有裨益。

第十三篇
实盘演绎、布道解惑答疑、顺道无为而为

这部分很重要，因一亿操法是实战方法，须在实战中展示其娴熟操法，才更有说服力。

第一节 实盘演绎

一亿操法实例 1：此户净值已经翻倍。

定单	时间	类型	手数	商品	价位	止损	获利	价位	佣金	利息	获利
454910	2012.04.13 03:12	sell	1.00	lls	32.245	0.000	0.000	31.010	-53.00	-125.42	6 175.00
454915	2012.04.13 03:16	sell	1.00	lls	32.245	0.000	0.000	31.010	-53.00	-125.42	6 175.00
456270	2012.04.13 18:13	sell	1.00	lls	31.445	0.000	0.000	31.010	-53.00	-122.24	2 175.00
468166	2012.04.24 09:14	sell	1.00	rf-si	30.7800	0.0000	0.0000	30.9900	-50.00	0.00	-1 050.00
470643	2012.04.25 17:14	buy	1.00	lls	30.400	0.000	0.000	30.970	-53.00	-8.44	2 850.00
470644	2012.04.25 17:14	buy	1.00	lls	30.400	0.000	0.000	30.970	-53.00	-8.44	2 850.00
470647	2012.04.25 17:16	buy	2.00	lls	30.460	0.000	0.000	30.970	-106.00	-16.92	5 100.00
余额：49 703.32 净值：73 150.44 已用保证金：15 000.00 可用保证金：58 150.44 保证金比例：487.67%											23 447.12

图 47 净值已经翻倍

一亿操法实例 2：

时间	类型	手数	交易品种	价格	止损	止盈	价格	手续费	库存费	获利
2021.10.21 08:52:52	buy	8.00	rf-nd	15844.25	0.00	0.00	16166.63	-400.00	0.00	131 580.80
8 000.00 可用预付款：684 040.00 预付款比例：8630.50%										131 180.80

主做纳斯达克指数，多空均赚。一亿操法实例 3：

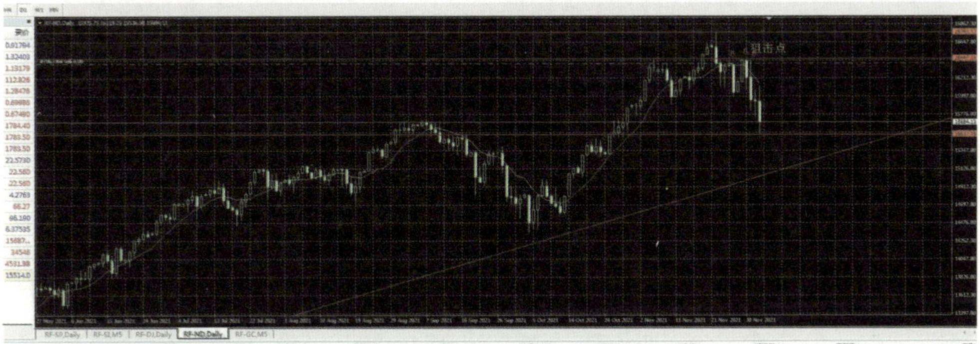

时间	类型	手数	交易品种	价格	止损	止盈	价格	手续费	库存费	获利
2021.11.30 05:09:21	sell	8.00	rf-nd	16389.50	0.00	0.00	15687.63	-400.00	0.00	112 299.20
2021.11.30 05:11:15	sell	8.00	rf-nd	16386.25	0.00	0.00	15687.63	-400.00	0.00	111 779.20
净值：987 377.60 已用预付款：16 000.00 可用预付款：971 377.60 预付款比例：6171.11%										223 278.40

图 48 盈利 16—20 倍展

中线纳指进场资金已获利16倍。

中线持仓单空头纳指获利四天近20倍。小资金追求倍增，大资金讲究稳健盈利。这是一亿操法的信条。各有各的道道。一亿系为客户设计的“一亿操法倍增奔亿计划”目前最好成绩是61倍盈利，正在向百倍目标稳步前行。

第二节　布道解惑答疑

布道：一亿操法的第一章就是布道，主要是股票期货价格的运行规律十三篇。大家要反复阅读理解，做到成竹在胸，灵活运用。

解惑：为何牛市来了，涨了还涨，泡沫了还涨？为何熊市来了，跌了还跌，跌破价值还跌，跌破成本还跌？为何2021年美原油会跌出负价格？读了本书，你就明白了。

答疑：1.一亿操法不搞常规止损，而是把止损单淹没在盈利单的汪洋大海里面。说起来简单做起来难。很疑惑，怎么办？好好读此书第二篇第十章。2.锁仓导致高买低卖，愈来愈高买，愈来愈低卖。怎么办？读完全书。

第三节　顺道无为而为

顺道无为而为，顺势而为，不战而屈人之兵，善之善者也。不战而屈人之兵是孙子兵法的精髓，也是一亿操法的最高境界！顺道，即遵循规律，无为则有为。

顺道无为而为：

在这波黄金牛市中，你把多头仓位建在1044附近，顺大势，做多头，行情到了2088，正好涨了1000点。你天天睡大觉，不暴富都难。100倍的杠杆，正好赚了100倍，一百万就变成了一个亿！你就成亿万富豪了！

这就是顺道的真谛，无为而治的真谛，也是“顺道无为而为”的最高境界、最好的解释和注脚。“无为”不是不为而是真为。是“动善时”，把仓位建在“天意必赢点上”。

小资料：关于“跳水爆仓法”的完善问题

爆仓法：以正确判断趋势，做对趋势为前提，但需规避高杠杆反向震荡所带来的随时爆仓威胁，因此，在400美元进场后，预留500～1000美金在账上以备震荡缓冲是否会好些。跳水哥可对照前几次牺牲在黎明前的经历，一笔笔对照算一下。仅供参考。

天娇美眉支持你

作者：天天实盘展示111　发表时间：2012—02—23　22:38:20

关于跳水爆仓操法的几点说明。这个市场太复杂，以后我会少发帖。

爆仓操法之特别说明：

1. 需要对大级别趋势进行慎重的考虑。

2. 每次参与操作的资金不能超过二十分之一，直到自己建立起稳定的信心。

3. 爆仓操法的关键是需要抓住一波大趋势，进行持有。

4. 不要做任何的保护措施，尤其是锁仓，止损，加仓等动作。

5. 不能频繁，冒险的操作。

以上几个要点是我用多个爆仓提出来的总结。跳水的最终目的不在于短期的输赢，而是整理出一个适合自己的模型，并为该模型用于较大规模的资金运作进行自我折磨式的研究。爆仓做为止损的替代手段. 如果账户上资金多，肯定还是需要设置程序化的止损，代替爆仓这种止损的方法。

另外，我给大家一个建议，尽量不要做TD. 因为TD天生就是为亏钱准备的。优先建议大家做纸黄金，或者纸白银。

如果确实想做杠杆，想赚大钱，需要战胜自己的恐惧，建立严格的资金管理。

说明：跳水是广东中山市一亿理财部老总。富可敌国。

第三章　一亿一夜暴富操盘术

“暮色苍茫看劲松，乱云飞渡仍从容。天生一个仙人洞，无限风光在险峰。”

——毛泽东

一夜暴富是指短时间内获得巨大财富。其要点有二，一为时间短，二为财富巨。我国改革开放30年就赶超日欧，“逼疯”美帝，成为世界老二，其实亦属“一夜暴富”之概念。迅速富起来自有道理，并非坏事。

成功细中取，富贵险中求，一夜暴富非鸿运，勤奋聚智乃基础。货无常主，能者辐辏，一夜暴富，一夜成名，并非交了“狗屎运”，一夜中彩头，而是一种厚积薄发笃行致远之集腋成裘聚沙成塔。莫言获诺奖，赢瑞典克朗800万，名利双收一鸣惊人，靠的是几十年的文学苦耕。一亿系一夜崛起，财富增速令鲍氏汗颜，超越巴索，比肩比特，靠的是锲而不舍百折不挠的坚强意志力；靠的是一亿操盘法卅年磨一剑的超人精气神！

本书第一篇太公规律十三篇（章），第二篇一亿操法十三篇（章），本第三篇亦有十三篇（章）。本篇用十章披露了部分一亿一夜暴富操法秘籍，供大家研读；另用三章涉猎了股票、数字货币和元宇宙金融。其中的股票篇可供证券类投资者、从业者、专家学者及相关管理者批评阅读参考。

第一篇

序言

第一节　美丽梦想

所谓自由民主的西方体制，给个人的发展带来了两大优势：一是在政治上可以让一介平民百姓和平实现总统梦；二是在经济上可以让一个穷光蛋快速实现一夜暴富梦。这第二点我国股票期货市场其实也能做到——内盘 10 倍左右的杠杆、外盘 100 到 400 倍金融高杠杆的设置，除了能让杀入的多数人一夜梦碎以外，更重要的是：会让一部分人实现一夜暴富的美丽梦想。人们之所以在股票期货市场上前赴后继，飞蛾扑火，不怕牺牲，就是因为这里有绚丽诱人的财富梦！改革开放后的中国，越来越有机会实现财富梦，亦越来越有工具帮助一些有志、有迫切需要的人去实现一夜暴富的美丽梦想！

第二节　歧义之所

一亿如果过分强调一亿激进操法，推崇一夜暴富的操盘术，往往会造成公众的误会，因为人们往往劝导公众不要相信一夜暴富的陷阱，要脚踏实地靠智慧和技术勤劳致富、稳健盈利。但在经济体制上、在金融杠杆的设置上，的确存在着这

图 1　访问量近 500 万

种条件和机会。在历史与现实中，这种财富神话也确实存在：美国的马佳斯以 400 美元，实现了 8000 万美元的财富目标；索罗斯对冲基金大空头，玩杠杆玩到暴富，以至于觉得玩金融不过瘾，现在开始玩全球政治，到处煽风点火，搞颜色革命。一亿在国内玩得也算火，仅东方财富网黄金吧小众市场，前几年（2019 年前）的访问量已达近 500 万人次（见图 1）。

第三节　心之所向

凡是参与股票期货等金融杠杆交易的人，所期盼的就四个字：一夜暴富！嘴上不说，心向往之；一亿一些多年的心得和经验教训亦不吐不快也。正所谓：前人栽树，后人乘凉；前人得教训，后人少绕弯；前人攒经验，后人多受益。加入“小崔”改的。

一亿为了写好这一章，做了几十年的努力：为揭示真理、总结经验教训，经常拿钱当儿戏、当数字，爆仓牺牲了上百个账户；屡战屡败，屡败屡战，经年累月地爆仓，个中煎熬痛苦可想而知；愈挫愈勇，凤凰涅磐，一亿操盘法历经血与火的锤炼和考验，终于化茧成蝶，于十年前取得了 13 场连胜连盈的战绩，多年来指导一亿系众多客户在期货战场上取得了辉煌的战果。一将功成万骨枯，残雪难当春风度。相信一亿的一夜暴富操法，会给充满美丽梦想的人们，带来较强较好的启发和帮助。残雪在消融，美妙春光还会远吗？

第二篇
一夜暴富三种操法分级

一亿的一夜暴富操法分三个级别：一级是保守操法，二级是标准操法，三级是激进操法。一亿保守操法、一亿标准操法和一亿激进操法的区别在于指导思想、持仓比例和手法不同，但它们都具有“长枪击敌，短枪护身”的本质特征。这一篇的重点在第三节。

第一节　一亿保守操法

一、低杠杆市场的保守操法

在国内的股票、期货市场，金融杠杆较低，如股票的融资融券、指数期货、黄金、白银、铜、铁、锌，及橡胶、棉花、白糖等商品的期货市场，最高也就十倍杠杆。

一亿保守操法如下：

“442”持仓：即40%的资金用于进场，40%的资金用于保护，20%的资金做预备队，用于机动灵活地出击。

二、高杠杆市场的保守操法

在国际上，有20倍、50倍、100～400倍，甚至更高的金融杠杆交易。如在美国的期货市场，就有20倍的杠杆；在英国的现货市场，如黄金、白银、外汇市场，就有100到400倍的杠杆；在香港的现、期货市场，包括黄金白银、外汇、原油、纳指、道指、标普指数等，就有10～400倍的金融杠杆，可供投机者自选。

高杠杆一亿保守操法如下：

“226”持仓，或“118”持仓：即20%的资金用于进场，20%的资金用于保护，60%的资金做预备队，用于机动灵活出击。

在美联储议息会议前，或大小非农数据公布前，为应付重磅消息的不确定性，避免被剧烈的上下波动洗盘涮出，瞬间爆仓之，一亿保守操法有时选用“118”持仓：即10%的资金用于进场，10%的资金用于保护，80%的资金做预备队，用于机动灵活地出击。待行情稳固，方向明确后，再朝正确方向加仓。试探建仓时，经常只动用账户内1%～5%的资金进场。

第二节　一亿标准操法

标准操法是介于保守操法与激进操法之间的操法，是一亿操法的量化交易（自动化与半自动化交易）的主要参考依据。本书的第一、二篇中，就有一亿标准操法的内容。一亿标准操法可以推导出很多数学模型、公式，且已被试用多年，为客户创收巨大。即使单纯用于短线刷单赚手续费，也能助人做得风生水起、行云流水。此不赘述。

第三节　一亿激进操法

激进操法是相对保守操法而言的，在没有杠杆的股票市场（除去融资融券外），满仓操作是一般激进；在十倍的杠杆市场，满仓操作是比较激进；而在百倍的杠杆市场，满仓操作，是超级激进。

以超级激进操法为例。在百倍杠杆市场，若有人以100万美金满仓操作，当行情波动1%时，标的价格就翻倍了；当价格翻倍时，他就盈利了100倍，就是亿万富翁了。这是典型的一夜暴富操法，确实能助人赌成，但其成功率只有1%！一亿坚决反对这种典型的超级激进操法，因为万一行情反了，他就瞬间倾家荡产了，这种可能性几乎是99%。

一亿激进操法倡导的是有保护的激进操法。在100倍的金融杠杆的前提下，顶格的持仓比例为“442”，也就是40%的资金用于进场；40%的资金用于保护；20%的资金用于机动。之后，须等待等待再等待，等待最佳的进场点，在精准的进场点进场。进场点必须是三星级必赢点或“一亿天意必赢点”（后面有专章论述必赢点)。

这种有保护的一亿激进操法,既兼顾了一夜暴富的梦想,也考虑到了资金的相对安全问题。还是那句话:顺对势最重要,进场点最关键,管好钱最致命,意志坚最根本。下面是“一亿操法 24 字诀”在激进操作下的详解。

一、顺对势最重要

在一波牛市中,抓欲回落高点做空也能赚钱;在一波熊市中,抓反弹起点做多也能赚钱。但在一亿激进操法中,这种思维都被摒弃。一亿顺势而为的根本原则是:必须在牛市中逢低做多,在熊市中逢高做空;必须顺对大势,顺对中势,且顺对小势。

例如,在前些年的黄金十三年牛市,只能等待低点企稳,顺势做多;在 2009 年黄金 1923 美元一盎司后的熊市环境,只能逢高顺势做空;2020 年,疫情导致美股四次暴跌“熔断”,在当时的黄金市场,只能逢低做多。只有老道稳健的高手,方可在“必赢点”逆势操盘。什么是必赢点? 如何捕捉必赢点? 必赢点出现后如何操盘狙击? 这些技巧是一亿一夜暴富操法的重头戏,此后将有专章描述。

要想做到顺对势,应多看看本书的第一篇太公规律十三篇,特别是主题词规律和确定性与不确定性规律,并密切注意美国的美联储议息会议及每月的大小非农数据。这些对顺对大势中势小势,十分重要。说起来容易,做起来难,大家要慢慢体会。特别在清淡市况下,可能只有你一人在做,此时,提供流动性的做市商会只针对你一个人,你做多,他就跌,你做空,他就涨。当你被“针对”了,就没有“最好进场点”了。一亿系经常被“针对”,因为我们指挥的做单总量比较大,一不小心就成了做市商的“猎物”。因此,进场点的价位重要,时机更重要。比如做小纳斯达克指数时,在亚盘和欧盘,特别在亚盘段,在距离美盘还有很长时间时,机构做市商最容易控盘,它可以肆无忌惮地“针对”我们。此时,非极限位不可轻动,不然很容易被“针对”。一亿系建仓一般选择在美盘段,因为美盘段纳指有股票实盘抛压及影响,做市商对此往往无能为力。做市商有能力与你做对,但它没本事与华尔街和全世界做对。最终让做市商为你“打工”,这是可以实现的较高境界。如果你能揣摩透美联储的意图,美联储就会成为你的“打工皇”,这是可以现实的“最高境界”了。

二、进场点最关键

老子讲:动善时。

司马迁讲:既饶争时。

孙子讲:不战而胜。

一亿讲:把仓位建在“天意必赢点上”。讲得是“战机”。

2020 年 1 月(见图 3),黄金这波操作是按月线级别来选择多头进场点的,这十分老到、成熟、稳健可靠。可见选择了激进操法,就要有耐心,而后要中长线持仓,以便获取最大利益。大家注意这个时间点——黄金在 1550 附近时,正好是中国武汉新型冠状病毒性肺炎疫情的爆发期。到 3 月 8 日,原油爆发了 30 年未遇的当日大跳水,黄金冲上了 1700 美元的关口。我的一个账户之前的进场单,原油空单获利 22 倍,黄金多单获利 39 倍! 这就是一亿操法,这就是一夜暴富! 3 月 10 日,美股大跳水,引发熔断机制四次熔断暴跌,黄金的“小人性格”此时表现得淋漓尽致,跟随美股和原油系统性暴跌。一亿系恰恰抓住了这一机会,在 1480 附近建仓多头,逮到了历史性趋势性“一亿天意必赢点”。当行情冲破前高 1923 到达历史新高 2088 时(至 2020 年 8 月 15 日,部分底部多单仍未清场),在此战役中,一亿系取得了刷新纪录的辉煌历史战绩:仅仅 5 个月,有的账户总盈利就达 30 倍,单笔进场资金盈利达 61 倍! 之前一亿系的最好纪录是当日单笔进场资金盈利 33 倍(见图 2:2013 年黄金系统性暴跌)。

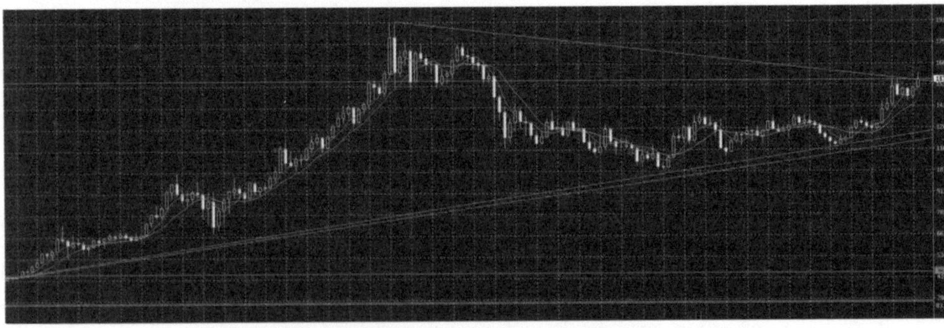

图 2　2013 年黄金系统性暴跌

除去黄金外，美股指数——全称也是一亿一夜暴富操法的重要标的：美股超级牛市自 2009 年至今涨了 11 年；纳斯达克从 1000 点涨到了 16446 点（2021 年 11 月），涨了 16 倍，史上少有，它到了转熊的时候了，但需要一个导火索。此后实盘走势，完全验证了上述精准预测：纳指泡沫到 16750 就转市了，一直跌到 2022 年 6 月 16 日的 11068 点，转升。

图 3　黄金进场点

小纳指在涨到 9600 点时，恰遇新冠肺炎疫情全球大流行，点燃了美股熊市的导火索，四次熔断，暴跌 3000 余点。在快速暴跌中，当然就应逢高做空，这是快速实施一亿一夜暴富操法的最佳时机。

不过，大家一定要清楚，美国股市不像我们的 A 股那么幼稚，它经过 200 余年的改进、淬炼，已经很完善、很科学、很尊重并符合经济运行规律，代表着美国股东、股民、上市公司、总统及选民的利益，代表了美国的民族及国家利益。大家一定要记住美股“长牛短熊、慢牛快熊”的本质特征，在迅速完成“短熊快熊”空头后，踏稳美股的节奏，进入“长牛慢牛”的多头操作。像纳指，在新冠疫情引发的急速暴跌 30%后，迅速拉起并恢复牛市，仅用几个月就超过了疫情前的 9761 点，并创出万点以上新高（2020 年 8 月 14 日，盘中运行在 11199 附近）。2021 年 11 月，其最高点是 16765 点，已经严重泡沫化。即便如此，由于美盘的资本主义特色、惯性及非理性规律的支配，泡沫不会轻易破裂，做空美股、唱衰美国做转市时亦须特别谨慎！但，在纳指 12 年涨了近 17 倍的“风光无限的险峰”上，大家千万不要在险峰上看风景，不要去做多，不要去接烫手的山芋！否则，将会被永远抛弃在珠峰上忍受饥寒交迫。此文后，纳指仅用 6 个月就大跌了 5700 点，见证了上述预言。

三、管好钱最致命

资金管理问题在一亿一夜暴富操法中十分重要、致命。这是因为，激进的暴富操法讲究稳准狠快地重仓出击，打狙击战和歼灭战。“重仓出击”暗含了满仓操作,孕育着瞬间的巨额收入、本金倍增,同时也孕育着瞬间爆仓!一亿的经验教训是:只要轻仓,逆势也不会爆仓,有时还可能盈利;如果重仓,顺势也可能爆仓;经常重仓,随时爆仓。因此,暴利来自资金管理,爆仓也源于资金管理。成也萧何败也萧何,一亿操法的"稳准狠快、重仓出击、打歼灭战"的激进操法,不可多用,不可不用,不可常用。

(一)"保本、保本、再保本"

是一亿常说的一句口头禅,也是一亿系最笨和最基本的操法。只要本金保得住,暴富的机会时时有,天天有,周周有,月月有,年年有。

(二)注意锁仓与止损。"盯着净值做单",严格资金管理,总资金回撤 10%时就保护性锁仓或止损,是一亿操法风控的根本方法和原则之一。违背了就被动,何时违背,何时被动。

(三)要打阵地战、游击战、狙击战、歼灭战、协同战、总体战和陆海空太空立体战。本书涉及的博弈术,主要是弱旅战术,不属于大集团作战的机构操盘术(以后一亿会有专书论之)。弱旅必须坚持毛泽东的军事战略战术思想,必须坚持毛泽东的"井冈山思维",只有这样才能打好一亿一夜暴富操法的财富争夺战!这在本第四篇《必赢点作战秘籍专章》中,将被详尽描述。

四、意志坚最根本

意志坚强是做成大事的必备品质。没有百折不挠的精神,没有必胜的信念,就甭想在金融杠杆交易上成就一番事业。在经济的最前沿阵地,在加了杠杆的金融交易这个最难的领域,只有意志最坚强的佼佼者,才能获得最伟大的胜利!

加点最前沿科研成果,强调一下意志力:在量子力学领域,在物质的极小领域,发现"意识决定存在"!这在我们这些打小注入"唯物论"细胞的人群而言,简直不敢相信,但这确是实验的结论!

因此,当你有坚强的意志力一定要做成某事时,某事就一定成功。当毛泽东用一生的坚定意志力,坚信中国共产党一定能解放全中国,结果,红旗就插遍了全国!

相信自己,一定能在金融交易领域玩得风生水起,赚得盆满钵满,胜利最终肯定属于你!

第三篇 低杠杆国内期货及股票指数期货的激进操盘术

为了降低风险，我国期货或 A 股的各种指数期货的杠杆倍数一般设定在十倍左右。按一亿操法分级，激进操法持仓比例不能超过 40%。国内期货不像外盘，它往往双边收保证金，锁仓也要收保证金。如果持仓过高，往往就没有多余资金去锁仓，并会被动强制止损。因此，“442”的持仓方法必须坚持：即 40%的资金用于进场；40%的资金用于保护；20%的资金做预备队，用于机动。

第一节 期货品种的选择标准

一、黄金和铜

黄金相对美元而言，是个牛品，我们最好在它走牛时，去做多头。铜具有“君子”的风范，与有“小人性格”的黄金恰恰相反。经济向好，铜就涨，反之就跌。黄金是有好事就跌，有坏事就涨。建议多研究这两个品种，去做趋势。对农产品也可以深度研究，精选品种去做趋势。如遇战争、灾荒，美俄乌战争，做多粮食就是首选。

一、炒黄金期货的风险小知识

任何投资都存在风险，这是毋庸置疑的，尤其是收益较高的投资种类。瞬息万变的市场有时难以捉摸，这是投资中风险的来源之一。学会在各个风险点巧妙规避风险是非常重要的。那么，在黄金期货投资中有哪些风险呢?

(一)经纪委托风险

投资者要想进行期货投资，首先要选择一家靠谱的期货经纪公司。在选择期货经纪公司时，应对期货经纪公司的规模、资信、经营状况等进行了解，挑选有实力、有信誉的公司，签订《期货经纪委托合同》，办理开户、入金等手续。

(二)流动性风险

这是由于市场流动性差，期货交易难以迅速、及时、方便地成交而产生的风险。这种风险在客户建仓与平仓时表现得尤为突出。如建仓时，交易者难以在理想的时机和价位入市建仓，套期保值者不能建立最佳套期保值组合；平仓时，则难以用对冲方式进行平仓，尤其是在期货价格呈连续单边走势，或临近交割时，因市场流动性降低，交易者不能及时平仓而遭受惨重损失。为了避免遭受流动性风险，客户要研究多空双方的主力构成，以免进入单方面强势主导的单边市。选择有做市商提供流动性的品种及外盘，较易规避此类风险。

(三)强行平仓风险

由于期货经纪公司每天都要根据交易所提供的结算结果对交易者的盈亏状况进行结算，当期货价格波动较大、保证金不能在规定时间内补足时，交易者就可能面临强行平仓的风险。客户委托的经纪公司的持仓总量超出一定限量，也会造成经纪公司被强行平仓，进而影响客户强行平仓。因此，客户在交易时，要时刻注意自己的资金状况。

(四)交割风险

期货合约都有期限，因此，不准备进行交割的客户应在合约到期之前将持有的未平仓合约及时平仓，以免承担交割责任。这是期货市场与其他投资市场相比，较为特殊的一点。新入市的投资者尤其要注意这个环节，尽可能不要将手中的合约持有至临近交割，以避免陷入被“逼仓”的困境。“逼仓”，就是在临近交割时，多方(或空方)凭借其资金优势逼空方(或多方)，当后者无法筹措足够的实物(或资金)时，就可逼后者平仓离场。选择外盘期货，可自动转仓转月，就规避了此类风险。

二、黄金的工业用途小知识

黄金用于工业技术方面的时间，只有几十年。现代工业、农业和航天电子工业、信息技术、新能源、新材料的迅速发展，为黄金的应用开拓了广泛的领域。博伊尔在《金的地球化学及金矿床》的专著中，称1950年以后为“金的工业时期”。

黄金的商品属性的回归趋势在加强。黄金商品需求的拓展，对黄金业的发展具有重要意义。作为五金之王，黄金是少有的化学、物理、电子等性能优异的金属，应用领域非常广，在电子、通讯、航空航天、化工、医疗等部门，以及与人们日常生活相关的各类生活日用品当中有广泛的应用空间。日本黄金年消费量在160吨左右，其中工业用金就达100吨。而我国目前工业用金每年却不足20吨，在工业实力不断提高的中国生产领域，黄金的消费空间极大。

（一）金在电子工业中的应用

现代电子行业的飞速发展，对可靠性的要求越来越高，而黄金具有其他金属无法替代的高稳定性，更具有良好的导电导热性能。同时，随着电子产品日益微型化，单位用金量会很小，对产品成本构不成威胁。因此，越来越多的电子元件使用金作原材料。另一方面，随着宇航技术的发展，愈来愈多的无线电电子元件被要求有较高的稳定程度，如高级真空管的涂料，特种用途的电力接头，特种精密电子仪器中用的拉丝导线，电镀金的高频导体，高频焊接用的金合金，以及在计算机、收音机、电视机、收录机等方面用的涂金集成电路等。

（二）金在化学工业中的应用

如果将黄金加热到近于溶点，黄金就可以像铁一样被熔接，细细的金粒可被熔接成块，而金粉在温度较低的情况下，必须靠压力方能熔接在一起。黄金可与其他金属组成合金，如金银合金、金铜合金、金银铜合金。此外，还有所谓的金汞合金。在化学工业中，黄金有独特的用途，如核化工厂用的材料、人造纤维类工厂用的合金喷丝头等。

（三）金在宇航工业中的应用

金由于具有耐高温、耐腐蚀等特性，在航空航天领域也被大量应用。随着大量航空航天技术应用于民，黄金在这些方面的市场前景被看好。例如一种镀金玻璃，在航空航天中用于防紫外线，现在可应用于建筑，能起到很好的防太阳辐射和隔热的作用。

在航天工业中，金的用途也在发展与开拓之中，如飞机和其他空间运输工具所用的镀金红外装置和热反射器，喷气发动机和火箭发动机所用的涂金防热罩或热遮护板，以及飞机、汽车、轮船等交通工具所用的涂有薄层金的隔热玻璃等。

（四）金在传统工业中的应用

在镶牙业、照相业和制笔业等传统工业中，黄金仍被大量应用。金在科学技术上的应用，正在被不断开发。日本某大学原子能研究所的秋洪良三发现，金晶体堆积，可构成超导薄膜。预计，随着科学的发展和新技术的不断出现，黄金的应用领域将不断扩大。

金还可以用于日用品，如镀金钟表、皮带扣、打火机、钢笔等。钟表王国瑞士国度不大，但其饰品业每年用金量达 40 吨左右，其中 95%都用在制表业上。在日本，仅一家手表厂一年就能消耗 1 吨金盐，相当于消耗黄金 680 公斤。随着我国人民生活水平的提高，电镀用金前景也会十分广阔。黄金具有极高的抗腐蚀的稳定性，还具有良好的导电性和导热性。金的原子核具有较大的能捕获中子的有效截面；对红外线的反射能力接近 100%；金的合金具有各种触媒性质；金还有良好的工艺性，极易被加工成超薄金箔、微米金丝和金粉；金很容易镀到其他金属、陶器及玻璃的表面上，在一定压力下很容易被熔焊和锻焊；金可制成超导体与有机金等。正因为金有这么多有益性质，它才被广泛用到现代高新技术产业中去，如电子技术、通信技术、宇航技术、化工技术、医疗技术等。

（五）黄金的开采

黄金常以自然金的状态存在（单质状态）。含有银和铜杂质的自然金与这些金属的合金有本质上的不同：合金是金属熔化后又凝固的产物，故具有均质的结构，自然金则是从水溶液中析出的。自然金有时会覆盖一层铁的氧化物薄膜。在这种情况下，黄金的颜色可能呈褐色、深褐色，甚至是黄色。这种金一般都有一个包裹层，这种包裹层不只是铁的氧化物，有时还可能是一些附着在金粒表面的细粒脉石。这种包裹层不仅影响对金的识别，还会使选矿（混汞或氰化）处理变得比较困难。

世界对黄金的开采及冶炼已有很长的历史，黄金的冶炼方法很多，包括常规的冶炼方法和新技术。冶炼方法的改进，促进了我国黄金产业的发展。大体来说，全世界黄金冶炼的方法分为物理方法和化学方法两大类。

物理方法有混汞法、浮选法、重选法，主要特点是利用了金比其他物质密度大的特点，通过反复淘洗，液体悬浮，把砂等杂质从金中洗走，留下金子。这种方法一直沿用到今天。为了增加效率，提出更高纯度的黄金，往往将物理方法和化学方法一起使用。

化学方法是用一些活泼金属在酸中置换黄金的技术，目前被金矿企业广泛使用。具体流程是：用含有氰化物的水溶解各种带有杂质的金粉，生成溶于水的NaAu(CN)2，再采用0.03%～0.08%的氰化钠溶液冲洗金砂，使金溶解，然后把所得的溶液用锌等活泼金属处理，活泼金属就会把金置换出来，于是制得金。化工对人类环境的影响不可忽视，在提高效率和增加产能的同时，必须得严格保护环境。用化学方法提纯黄金往往有剧毒氰化物排出，必须严格采取安全措施以保证对周围环境不造成影响。随着科学技术的发展，黄金冶炼正朝着循环利用、绿色生产的方向迈进。

随着露天金矿及一些开采难度系数比较小的金矿遭到连续快速开采，各国已勘探并向外界公布的比较容易开采的金矿越来越少。在黄金开采及冶炼技术发展较快的今天，所勘探的金矿，只要砂中含有千万分之三的金，或岩石中含有十万分之一的金，就是值得开采的金矿。

人们对黄金的实际需求更为重要一些。抛开黄金的金融属性，如果使用的手机用黄金做壳，使用的筷子和碗用黄金制作或镶边，汽车内部用金箔装饰……我想，人们对黄金的需求就会大到不可想象。我们无法这样普遍地使用黄金，是因为黄金的产出有限，得到黄金的成本非常高，而不是因为黄金没有用。

二、沪深300指数

有股票的人可以选择它，对冲股票下跌的风险。对做投机投资的人来说，这个品种也值得深入研究。中国的股市早晚会规范起来，那时，还是应以多头思维对待它。

国内期货品种很多，且不断出新，关键是要精选适合的品种，研判它目前的趋势和位置，看看有没有低点做多的机会品种，有没有高位做空的品种。对在牛市趋势中的品种，应低点做多；对在熊市趋势中的品种，应高位做空。

第二节　必赢点的选择技术：精准的进场点、最佳的出场点

关于必赢点，在后面的第五篇里有专章论述。这里重点探讨精准的进场点和最佳的出场点。

一、精准的进场点

（一）引子

“精准”是军事用语，如“精准打击”；也属于医学用语，如“精准靶向治疗”。美国可以隔洋“精准”打击伊朗的将军（见图 4），它是如何做到的？据说，该将军身边有美军的奸细，美军因此获得了该将军的车队的准确位置，继而用导弹做到了“定点清除”。

图 4　袭击伊朗将军现场被炸毁的车辆

这里的关键因素是“奸细”，他能提供将军车队的准确位置。移植到金融交易领域，也就是说，在一般情况下（特殊情况下不行），若做市商或控盘机构身边有我们的“奸细”，那么我们就能够拿到精准的进出场点，从而赚得天翻地覆！但这显然属于商业间谍行为，是一亿系所不齿的。

通过数学方法，例如用大数据匡算、用程序化交易，也能接近真相，但数学毕竟算不出来人性和人气，算不出基本面。数学方法肯定是片面的。

（二）必赢点

一亿系精准捕捉进场点的方法是：找到必赢点！图 5 展现的就是三个级别的必赢点的可信程度及性质。

必赢点的分级及可信程度如下。

一亿一星级必赢点：属于火力侦察的试探性进场点。其特点是可信程度低。单向的股票市场只有多头必赢点，期货市场有多头必赢点和空头必赢点。

一亿二星级必赢点：一亿的倒金字塔进场单首单进场点，可靠程度六成。

一亿三星级必赢点：一亿的倒金字塔进场单的第二单，可信程度八成。

一亿天意必赢点：一亿的“足额”进场单落单处，可靠程度九成。为什么是九成而非十成？因为“天意”也有意外。天外有天，因此，一亿操法才有“长枪击敌，短枪护身”之说。

(三)如何捕捉“必赢点”

见本书“一亿一夜暴富操法”的第五篇“必赢点作战秘籍专章”等章节。

二、最佳的出场点

选择出场点是门学问，但没有必要做到太“精准”，只需做到两点：一是“有风使尽帆”，按照均线系统或其他常用指标出场；二是把握“最佳”，选择一个出货区域陆续或快速出货，尽量避免“煮熟的鸭子飞了”。

超短线要快进快出；短线要适当持有，按短线指标平仓；中线要有耐心，中线持有，按中线指标平仓；趋势长线单，一定要做成一波大趋势，这样才能赚到“大钱”。在主题词及确定性因素没有实质性变化的情况下，要敢于长期持有，并按波段、中短线震荡进行不断保护，长枪击敌，短枪护身，真正做到“有风使尽帆”！

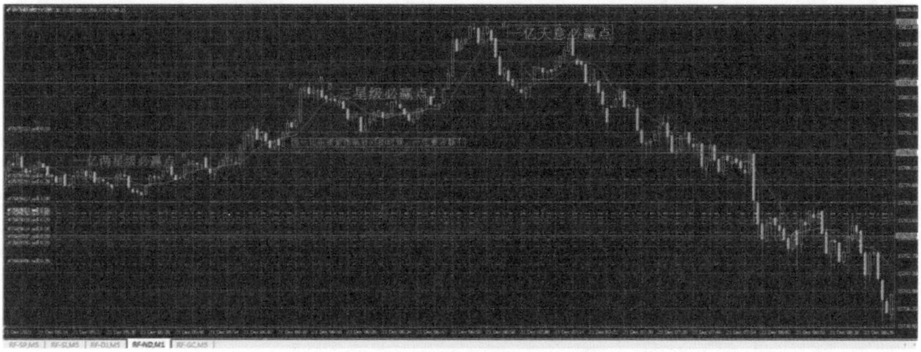

图5　必赢点分级及特点

第四篇
高杠杆外盘的激进操盘战法

本篇将概述一亿激进操法的特性、操法及系统。

第一节　一将功成万骨枯，残雪难当春风度

一、一将功成万骨枯

金融交易作为一种社会活动，其残酷程度仅次于政治、军事，而高杠杆金融交易更是经济活动的前沿阵地。它就像古代战争一样，会为成就一代名将、帝王而牺牲很多战士的生命。一将功成万骨枯，这是对参与高杠杆金融交易群体的最形象的描述。因此，读者在投入高杠杆激进操法“战场”时，一定要有充分的心理和财力准备，要努力成为独领风骚的名将，而不要沦为牺牲掉的“战士”。要有“踏破贺兰山缺”的劲头。

二、残雪难当春风度

当春风荡漾的时候，残雪就会消融，大地就会复苏。当你经历了金融交易的锤炼，经历了高杠杆金融交易的腥风血雨，经历了亏损的考验，经历了历次爆仓的折磨，你就会浴火重生。当你成熟了、老道了、稳健了，你就会从一段升级为二段，再升级为三段，最终升到三段后的水平：赔钱都难。一万年太久，只争朝夕。

第二节　重仓出击、精确定位、重点打击、一夜十倍

从图 6 可以看出，这是一个 10 万美金的户，目前已经是百万美元级别了。从持仓情况看，盘中最好的盈利已经达到 7 倍。这个“一亿三星级必赢点”是如何捕

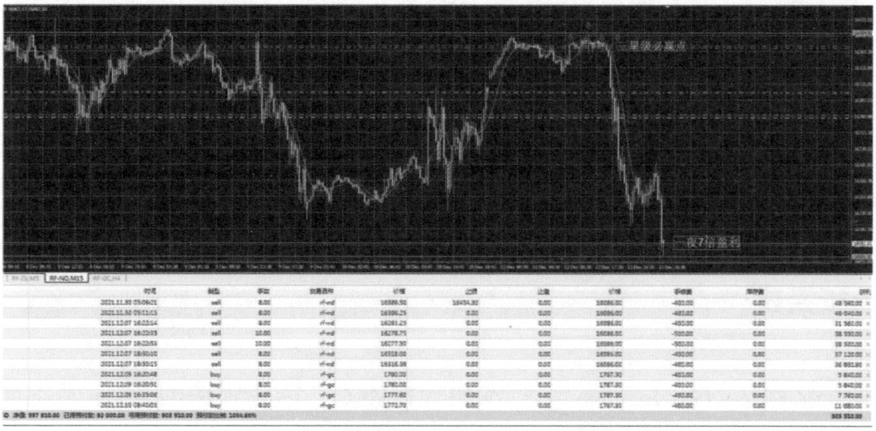

图 6　十万美金户变百万　一夜 7 倍盈利

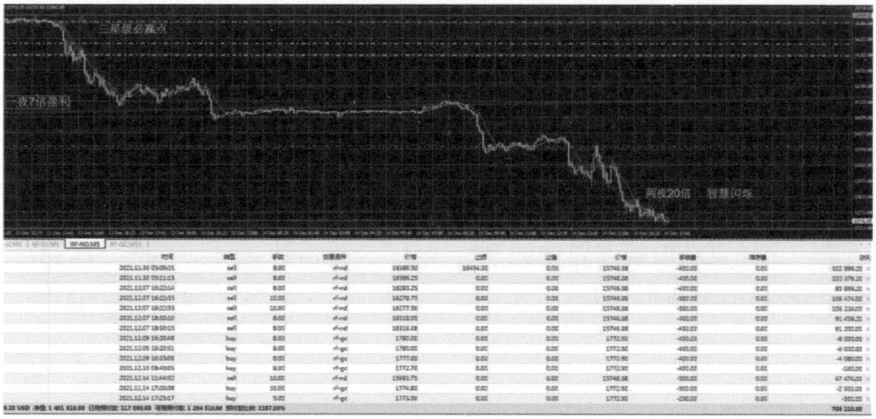

图 7　两夜 20 倍，闪烁智慧

捉到的？其实，还是运用了一亿的三位一体预测法。一是基本面：12 月 13 日，是我国南京大屠杀的纪念日；美国传出龙卷风袭击肯塔基州的消息，通胀加剧；新冠疫情肆虐；美联储议息会议即将来临，有加息预期。这些基本面消息的叠加，孕育出美股要跌的信号。二是技术面：前几日的强劲反弹到达瓶颈，很像“死猫反弹”，又似一亿说的“二百五反弹”；到了平顶 16400 一线，盘中上突困难，出现了一亿操法的“极限脉动现象”。三是人气面：在泡沫高位，美企业高管“唱好企业暗抛股票”套现，美股已经风声鹤唳、草木皆兵，一有风吹草动，就急速下跌；纳斯达克指数，只能在没有实盘的亚欧时段逼仓拉升，士气低落；亚欧段非理性跳高开，留下缺口，并形成双头，为我们提供了精准定位的好战机：三星级空头必赢点！重点打击美股纳指，是因为它太泡沫了！

此为第二夜，图 7：两夜 20 倍，闪烁智慧。持仓中，有点黄金多头浮亏，但瑕不掩瑜。

第三节　激进操法的分析系统、操作系统、风控系统

一、分析系统

即一亿操法的“三位一体＋N”预测分析体系。需要强调的是：对基本面、技术面、人气面的分析要更加用心，更加精准。“N”是易经测市，但同时又要考虑多种因素。对短线、中线及长线的分析要有所区别。特别是在做长线预测时，要运用一亿操法的各种规律进行深度研判，如主题词现象、确定性与不确定性规律揭示的确定性因素分析及不确定性因素估测，等等。

二、操作系统

还是一亿操盘法的第二篇中的系统操法“长枪击敌，短枪护身”。区别在于在这里要做到“稳准狠快”。

三、风控系统

个人操作一定要顺势而为，重仓不重，及时保护。上述第二节一夜 7 倍的案例，在 200 倍杠杆的纳指上，实际动用的资金只有 13%。机构理财一定要有指挥人员、操盘人员和风控人员，坚决按预设风控规定执行。一亿三十年的亏损教训就是：逆势而动，满仓操作。一亿三十年的盈利经验就是：轻仓操作，顺势而为。

第五篇
必赢点作战秘籍

“必赢点”是一亿操法“杜撰”的专有名词，就像武媚娘造字，必有深意！这里亦独披专章论之。本篇将涉及什么是必赢点，其特点、意义是什么，怎么发现它、怎么做等内容。这一篇是一亿操法秘籍篇的骨干部分。

第一节　“必赢点”的概念及其特点、性质

一、什么是必赢点

在股票期货价格的波动过程中，进场做多就涨、进场做空就跌的点就是必赢点。必赢点有时是一个区域，在这个必赢区域里，建仓多头必涨，建仓空头必跌。

二、必赢点的特点

必赢点的特点是时时有、天天有、周周有、月月有，短线有、中线有、长线有，多空都有，股票有、期货亦有。见图 8 中的短、中、长线必赢点 A、B、C、D、E。

1. 纳指的短线必赢点

短线一般看 5 分钟 K 线，如图 8 纳指的短线必赢点，一般在纳指当天创出新高后的次日，亚盘就会顺势高开，多头洋洋得意继续避空，空头灰头土脸不停止损，行情会出现一亿操法中的“自然升现象”，一般会升 50～100 点，此时开空大致就是短线必赢点，行情会在美盘开盘前回到昨日美盘收盘的位置附近。50 点就会翻倍，这个短线翻倍的好机会，一定要把握住！类似机会还有很多，亦可亚盘开盘短线多头，顺势做“自然升”行情。把一升一降两个小波段都抓住，盈利亦会不菲，此时重仓，资金就可能翻倍，为防不测，三分之一或半仓足矣。

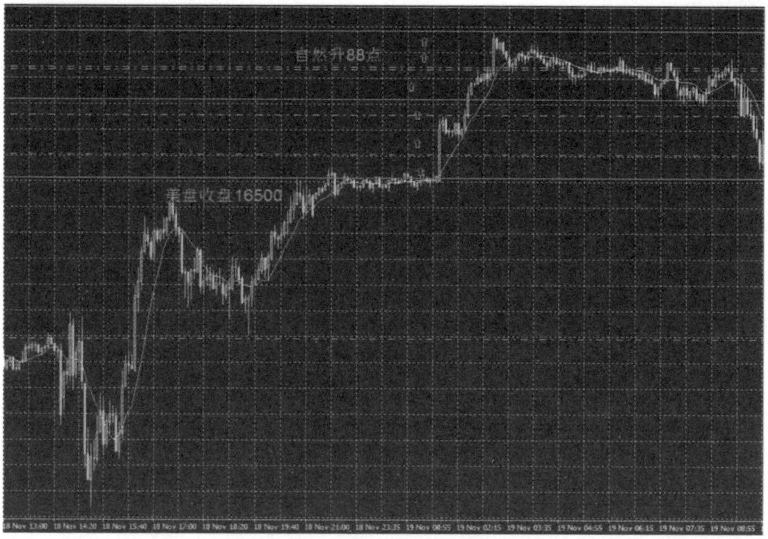

图 8　纳指的短线“自然升”必赢点

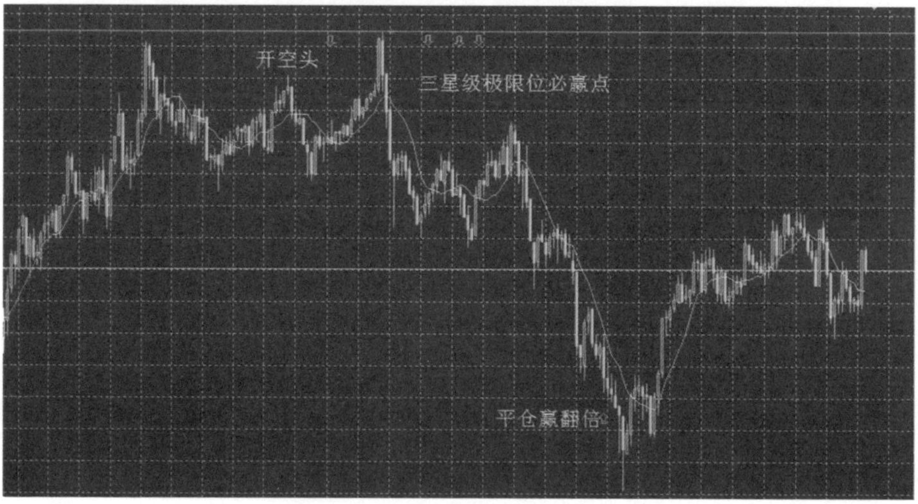

图 9　极限位必赢点一夜翻倍

2. 极限位必赢点一夜翻倍

图 9 是极限位必赢点一夜翻倍中展示的实盘，2021 年 11 月晚上，美股亚盘创出 16588 的新高位，美盘第三次创出新高 16626.55，此时已经是“极限脉动现象”了，是重仓出击、短线打闪击战的好时机，于是一亿系重仓出击，仅用两个小时，就有了近 80 点的盈利，闪电赚取 1.6 倍盈利(50 点翻倍)。

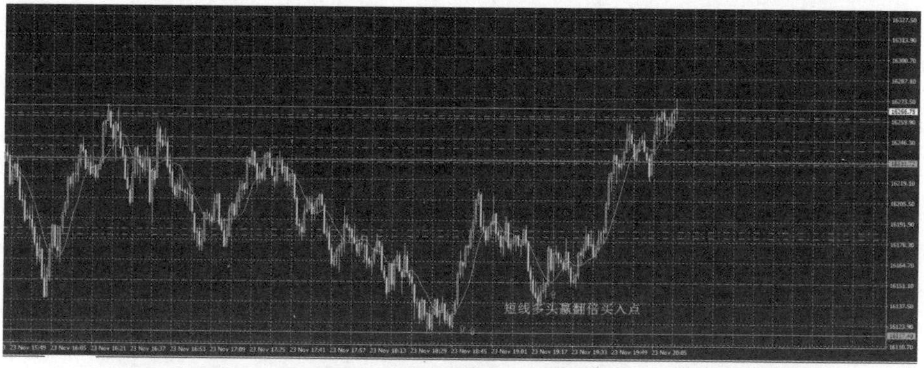

图 10　短线赢翻倍的必赢点

图 10 是 2021 年 11 月 24 日凌晨 4 点的纳斯达克指数实时走势，在 16117 形成小双底，冲高回落没有创新低，提供了短线多头进场的机会，当日收盘 16270，获利机会 150 点，进场资金 3 倍盈利！抓住战机，闪电胜利。

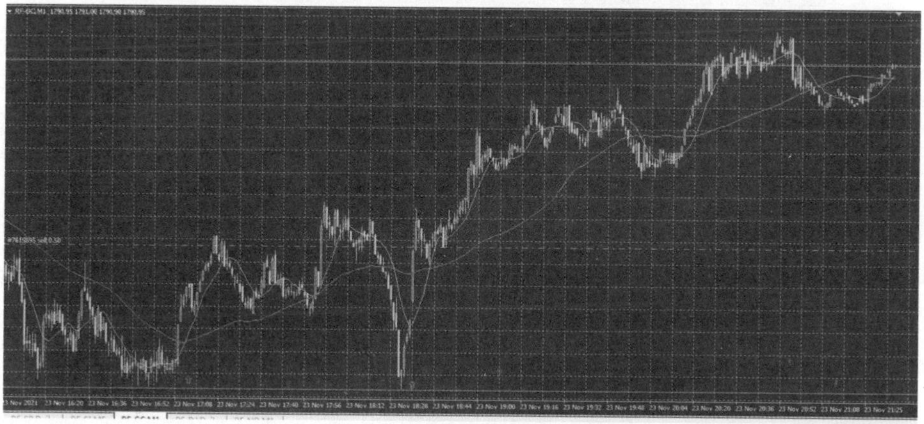

图 11　中短线黄金多头必赢点

图 11 是 2021 年 11 月 24 日出现的短中线多头必赢点。短线已经有 10 点盈利了，百倍杠杆进场的资金已翻倍了，为何还说是中线的必赢点？因为此波自 1879 大幅回落的行情，在美国通胀 6.2%背景下的近百点回落，实在有洗盘嫌疑，即便再有急跌，也会迅速拉回。在新冠疫情背景下，尽管有加息的隐忧，但前期美联储超发乱印货币的行为，已经到了极度猖獗的程度，实际上美元早就如国民党的“金圆券”了。黄金的价值价格也要重新定位，3000 美元甚至 5000 美元一盎司，都是有可能的！因此 1780 美元的黄金价格，实在是太便宜了！这是十年前的价格了。即便其有可能向下探底到 1750 或极限位 1520，也是低风险区了。按一

亿操法加强保护便是。但如果是交过夜库存费的现货金，那就另当别论了。

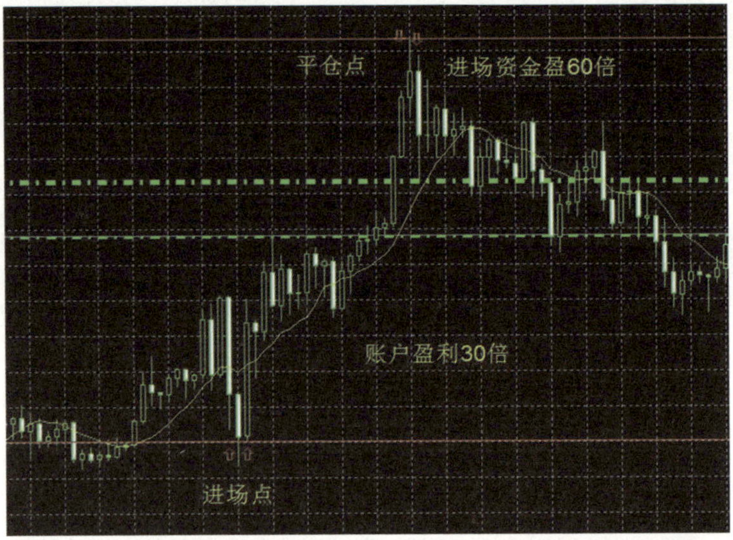

图 12　长线的必赢点

图 12 展示的是黄金的长线一亿操法。一亿操法讲究“只有做对一波大趋势，才能挣到大钱”，因此必须有意识地精心寻找这种战机，投入战斗！这个机会来了——因新冠肺炎疫情，从 2020 年 3 月 8 日国际妇女节开始，黄金跟随美股四次熔断式暴跌，由 1700 点迅速暴跌到 1450 低点。一亿系在 1480 点附近开始建立趋势多头，做长线保护性持有，有的单一直持有到黄金新高最高点 2088 美元，取得了单个账户总资金盈利 30 倍、创进场资金盈利 61 倍的历史性新纪录。图 13 中的手机交易平台账户展示，5 万美金小账户，总盈利 150 万美元，用时仅 6 个月！

一亿系下一个奋斗目标是“倍增双百奔亿计划”：即实现进场保证金 100 倍盈利、创历史新纪录的计划；实现 100 万美金户百倍盈利至一亿，创单个账户百倍盈利历史新纪录的计划！

图 13　5 万美金变 150 万，进场保证金盈利 61 倍

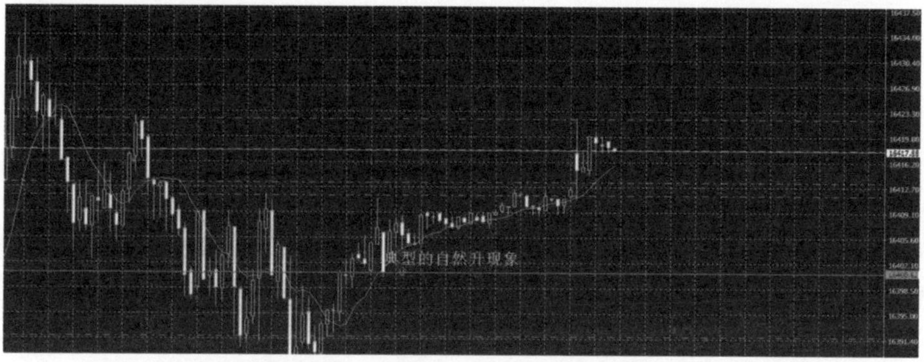

图 14　典型的一亿“自然升现象”

2021 年 11 月 26 日周五，南非发现新冠奥密克戎毒株，引发全球资本暴跌，2021 年 11 月 29 日，美盘报复性反弹，收在 16400 收盘(红线处)。次日，亚洲盘开并形成一亿“自然升现象”(见图 14)。这是纳指的习惯。原理很简单，空头在多头避空走势下不服，直到尾盘，不得不止损离场，次日跳高开，空头又被逼上梁山，继续买平，行情自然就上去了。多头也得势不饶人，在笔者写作过程中，继续“升”。(见下图 15 即时行情)

有“自然升现象”就有“自然降现象”，此不赘述。

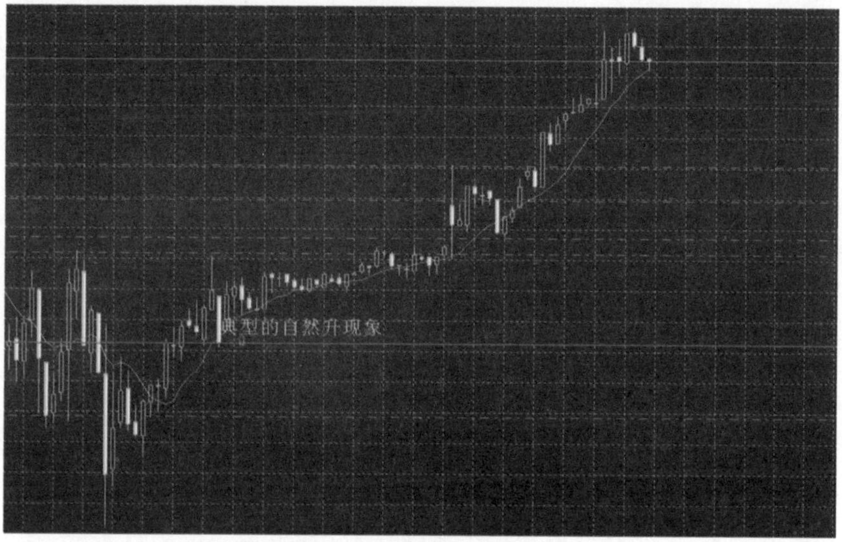

图 15　行情继续“自然升”

三、必赢点的性质

必赢点具有精准性、区域性，还具有短线性、中线性和长线趋势性。

1. 趋势性长线必赢点

长线必赢点具有趋势性。在一般情况下，它是一个区域，也叫作必赢点区域。由于“做成一波大趋势才能赚大钱”，对这个必赢点的捕捉具有重大战略意义。

2. 震荡性中线必赢点

它是大趋势的一段行情，具有战役性。它在没有趋势的震荡市中具有战略性。

3. 反复性短线必赢点

上文介绍了不少，它具有战术意义。在高杠杆金融领域，它的意义重大。

第二节　在“必赢点”做单的重大意义

必赢点与进场点有关，对减少亏损及爆仓、做单盈利赚大钱，具有十分重大的意义，对于一亿一夜暴富操法，更具有根本性的重大意义。如果不能经常地成功捕捉到“必赢点”，一夜暴富就是一句空话。

第三节　怎样发现并捕捉“必赢点”

一、一亿操法的核心技术秘籍

“秘籍”是不能公开示人的，而一亿之所以要公之于众，是因为一亿系具有家国情怀。必赢点是秘籍的核心内容。根据持仓时间，必赢点可以划分为超短线必赢点、短线必赢点、中线必赢点和长线必赢点。根据必赢点的胜算程度，其可以划分为一星级必赢点、二星级必赢点、三星级必赢点和“一亿天意必赢点”（见下图16）。

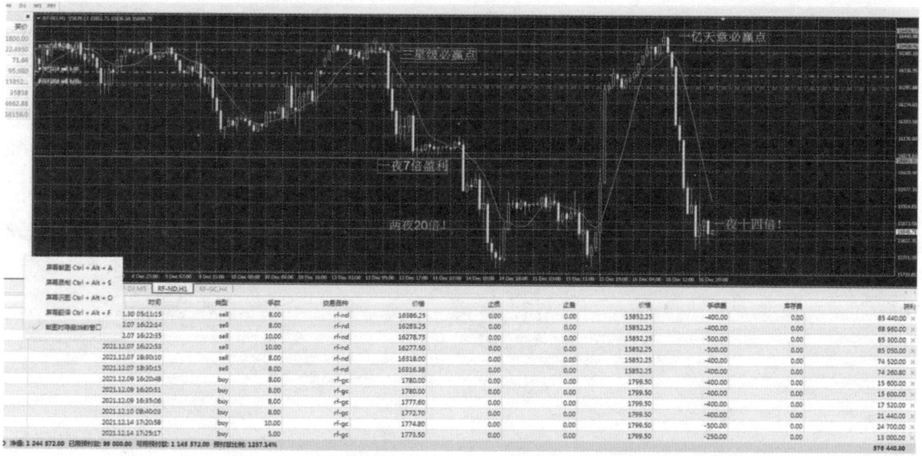

图 16　三星级必赢点和“一亿天意必赢点”实况展示

二、天意空头必赢点的案例及原理

“一亿天意必赢点”客观存在，绝非故弄玄虚，它是赚快钱、赚大钱的法宝和根本。为了解释清楚什么是“一亿天意必赢点”，以及如何发现并捕捉它我们选择以“小纳斯达克指数”为例，进行了十分成功和震撼的实盘演绎(见图 17)。

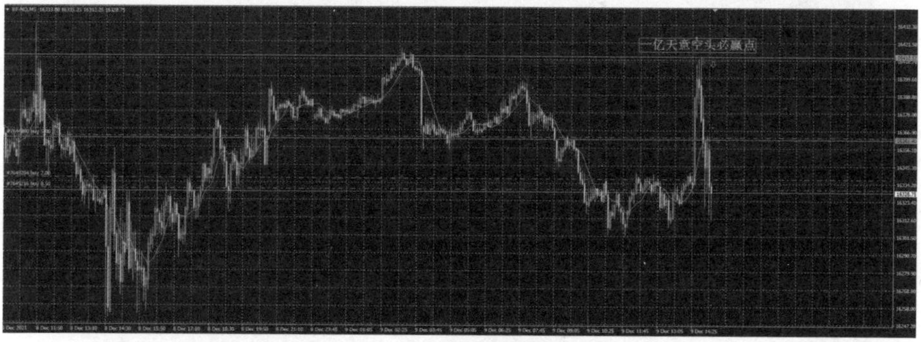

图 17　一亿天意必赢点实况演绎

“演绎”必须展示真实过程。图 17 是“一亿天意空头必赢点”捕捉过程的开头，纳指实盘点位跌到了 16325。再看图 18，点位到了 16297.50，在考验我们的耐心。

行情在朝天意必赢点的有利方向发展，点位跌破 16250，“成了”！(见图 19)点位是 16166.25。至此已经盈利 246 点，50 点为一倍，也就是此时已经盈利 4.92 倍了！

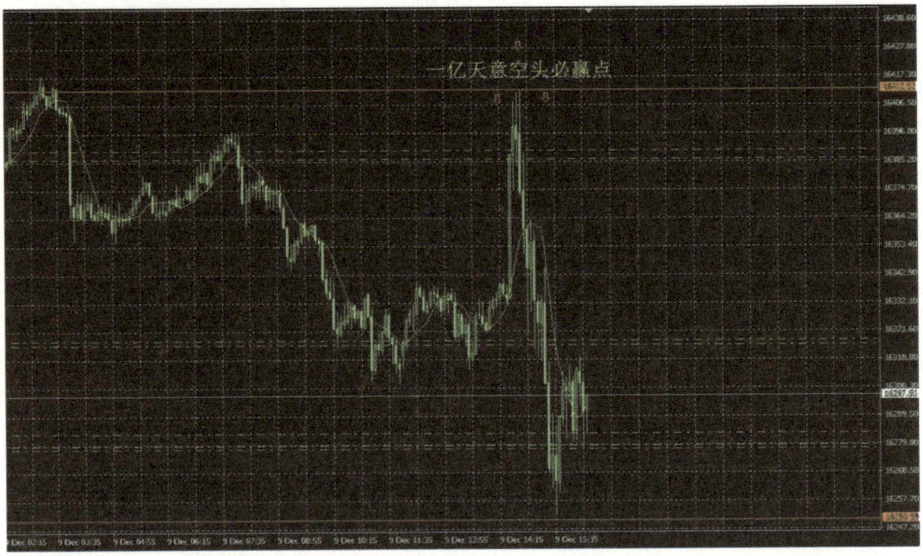

图 18　考验耐心的行情继续发展

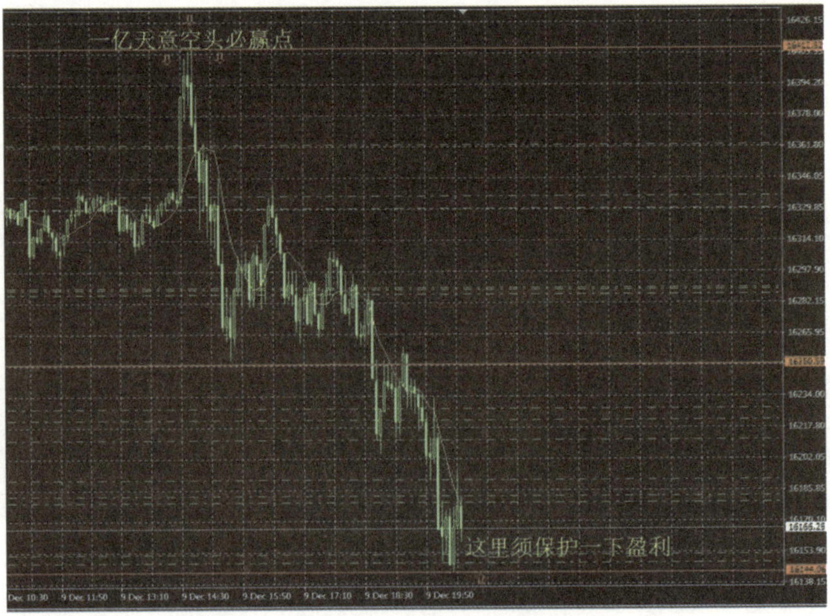

图 19　“成了”的一亿天意空头必赢点

一亿的研判过程，即捕捉纳指“一亿天意必赢点”的底稿展示（图 17）及“天书”（见图 20）。其实，美国有 4400 只股票，中国有 4800 只股票（2023 年初已突破 5000 只），但在做“沙盘演义”时，把它们看作一只股票即可。这只股票的价格为十元，是场内资金，若场外只有 20 元资金，那这只股票最多值 20 元。若美联储多印了 30 元，那这只股票就能炒到 50 元。若美联储收回流动性撤回 10 元，那这只股票就值 40 元。如它将 30 元流动性全部撤回，且加息，那么就会有人去存款，这只股票就不值 20 元了，熊市就可能因此形成。企业是创造财富的，利润可以用于增持股票，有了新增资金，股市就会焕发青春，牛市再起。如央行再释放流动性，牛市就会加速。周期循环，生生不息。

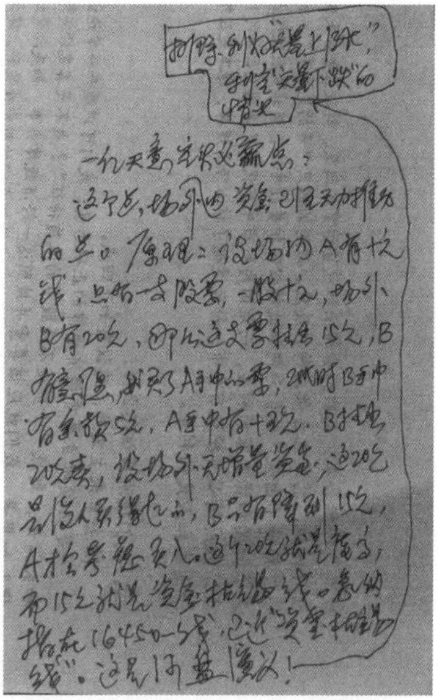

图 20　“天书”沙盘演义

纳斯达克指数在过去十二年涨了近十七倍，现在遇到了美联储收回因疫情狂印的票子且加息的情况，如果没有其他回流资金，在 16700 一线，资金枯竭，捉襟见肘有必然性，牛尾熊头的苗头已显露。这就是一亿系主张在这些位置实行“坚决唱衰美国，灵活做空美股”策略的原因。（见下图 21）

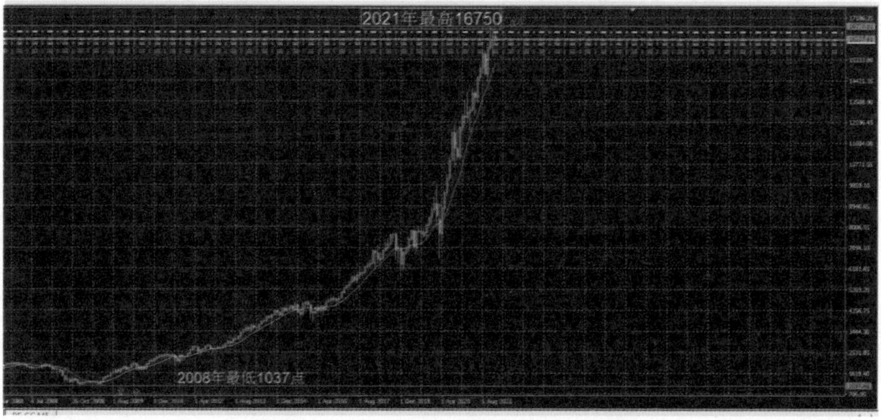

图 21　坚决唱衰美国，灵活做空美股

提醒：美股本质上是超级牛品，只能在非理性泡沫化的时候，选择熊市露头的时机做空它。在美股底部踏实后，必须确立多头思维。在 2023 年 6 月 28 日改此书时，纳指已见底 10480，且筑底四个月未下破，昨日，在特斯拉带动下，已反弹到 12300 点。一亿结论：纳指底部已现，加息尾声，长线多头机会成熟。

三、捕捉方法综述及学问

捕捉必赢点的方法很多，比如数学方法、技术方法、基本面方法、人气预测法、易经测市法、一亿“三位一体＋N”的预测方法等。图 22 是倒金字塔慢建仓的方法：从一星级建仓、二星级建仓、三星级建仓到最终的天意空头必赢点跌势爆发。大家会注意到，每一次每一级建仓都有短线获利的机会，且最终发生暴跌时，四个星级必赢点都获利了。图中所示是实际的做单过程，而非事后模拟。这里捕捉空头必赢点的学问在于“极限位的高抛”。

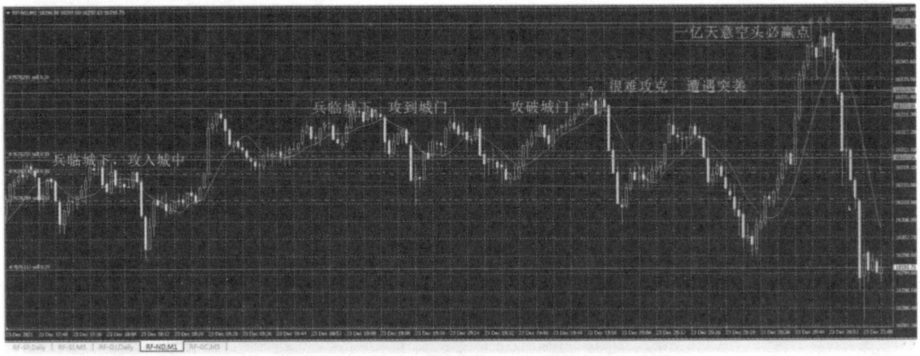

图 22　寻找必赢点是个试错的过程

四、必赢点同战争中的战机的区别与联系

1. 金融交易必赢点的捕捉相比战争要容易得多，因为它时时有、天天有、周周有、月月有、永远有、多空都有。这也说明金融是仅次于军事的人类博弈，是次级博弈，战争才是人类的顶级博弈。

2. 战争战机的捕捉时效性和易失性较强。战争就不同，要想获得胜利，我们必须要提前获得准确情报，必须提前布局埋伏，必须有足够的打击力量，必须有高水平的指挥者，等等。这些“必须”缺一不可。

3. 金融和军事的联系：二者同属于人类博弈，但金融是政治军事博弈的次级博弈；军事的博弈思想及战略战术，可以指导金融博弈。

第四节 在“必赢点”作战的具体操法

一、“稳准狠快保”的战法

稳：主要指心理准备，要稳健、老到、成熟，不慌不忙，稳如泰山，泰山崩于前而脸不变红、心不乱跳。诸葛亮空城计的稳，是稳操胜券的稳。“江国正寒春信稳，岭头枝上雪飘飘。”要有千年等一回的稳，耐心等待战机。

准：主要指进场点一定要是“一亿天意必赢点”，抓日内、周内、月内最低或最高点进场。

狠：指仓位要适当放重，重仓出击。

快：若赚了，出货要快，像闪电战。既要做到“有风使尽帆”，又要避免“煮熟的鸭子跑了”。

保：即便是“天意必赢点”，也会有意外，天有不测风云，因此要注意安排预防进场点不成功的锁仓保护，等待下一个高低点解盘。“长枪击敌，短枪护身”的信条，要时刻牢记并善用。

二、阵地战

长线趋势单，要稳健持有；短中线要加强保护，或者高抛低吸，循环持有。这里有两个概念：一是长线持有趋势单，这是盈利的根本法宝；二是坚持紧盯一两个品种不变，坚守阵地，对它进行长期跟踪和研究操作，摸透它的方方面面，彻底了解它的秉性脾气，做到知己知彼、百战百胜。

三、游击战

对短线及超短线要打游击，坚持毛泽东的游击战术——打不赢不打，打赢了就跑。日内短线不过夜，超短秒赚就跑。积少成多，聚沙成塔，小胜变大胜。

四、狙击战

注意中线的多空问题，尽量不做逆势，选择趋势多头票，逢大回调做波段多头；趋势空头，逢反弹高点做波段空头。

对纳斯达克指数的狙击战实例：

狙击战是指用狙击武器对敌人重要目标进行远程打击。十二年来涨了16.7倍的美股纳指，已经严重泡沫化。2021年12月22日，纳指创出历史新高16765的点位(见图23)，日K形成长上影线，而后几日难以突破16450一线，为我们提供了做空美股的绝佳战机。一亿系空头出击，仅用四个交易日便已经获得了上千点的收益，进场资金已经获利近20倍(见图24，这是一个账户的实盘展示)，且有继续获利的趋势空间。此波回调预计目标在14800及13400点附近。今后可复盘查验一亿预测的精准度(写此稿时是2012年12月4日凌晨5点，纳指创低15537，周收盘15684)。

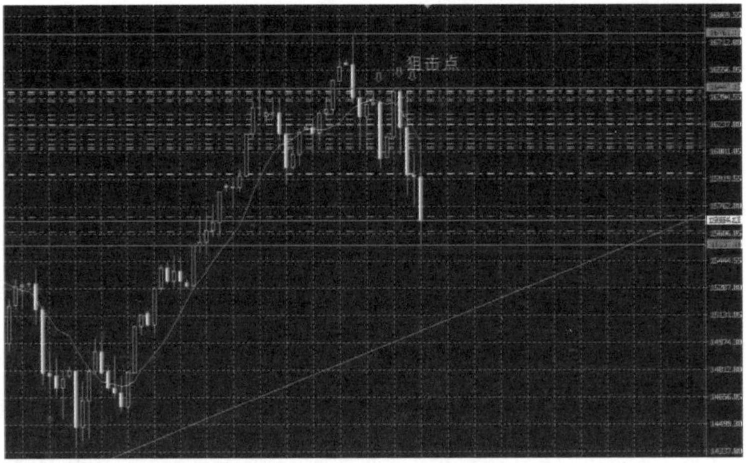

图23 空军出击狙击纳指

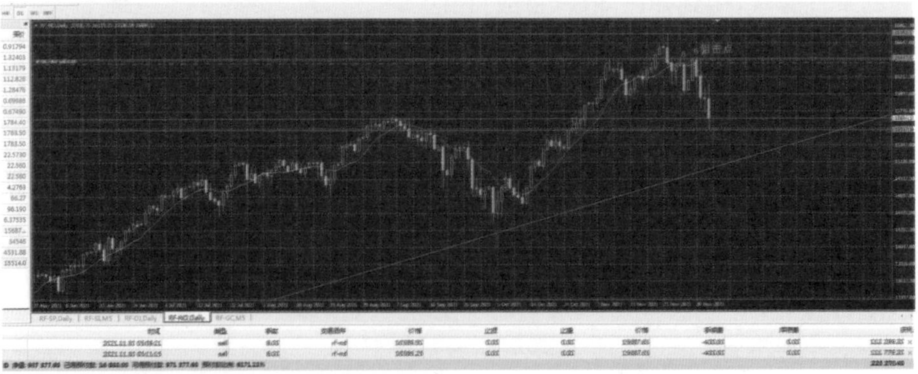

图24 20211202纳指狙击战四天获利近20倍

五、总体战

在一个品种上，既有阵地战，又有狙击战和游击战，三战配合，就构成了一亿系的总体战。实际上，一亿亲自指挥操盘的黄金、纳指，打的就是总体战。

六、协同作战

选择多品种结构性持仓，就构成了一亿系的协同作战(案例见图 25)。图中展示了趋势性做多原油，纳指，游击黄金的战略战术。

此番展示，也算家庭盈利秘籍解密。其中，阵地战趋势多头持有的是原油 39.18，持有 5 手，获利 3.78 倍不动；34.02 持有 5 手，到 42.96 不平，盈利 8.9 倍；阵地战趋势多头黄金 1486 持有 2 手，1485 持有 1 手，获利不动，已经盈利 46.6 倍，不平。其中，狙击战中线有黄金 1554 持有 1 手，盈利 39.7 倍；纳指 9189 持有 1 手，9390 持有 5.1 手，分别获利 43 倍和 39 倍。其中，游击战有 1944 的两手黄金，还有游击 10 手美元指数分别为 93.4 和 93.43 的单子，都在盈利中。后两年的走势证明，盈利更巨。

图 25　不愿示于人的家庭盈利秘籍

这是一亿操盘法秘籍，它既是总体战又是协同作战。大家如果仔细推敲上图之持仓结构，就会发现一些诀窍，就会醍醐灌顶、豁然开朗：看穿行情真相，参透事物本质，多品种协同作战，一胜百姓。

第五节　一亿金融交易游击战专节

一、毛泽东的游击战十六字诀

敌进我退，敌驻我扰，敌疲我打，敌退我追。

1930年12月，在中央苏区第一次反“围剿”时，中共红一方面军总前委在宁都县小布镇召开苏区军民歼敌誓师大会，会场两边贴着“敌进我退，敌驻我扰，敌疲我打，敌退我追，游击战里操胜算；大步进退，诱敌深入，集中兵力，各个击破，运动战中歼敌人”的巨幅对联，生动地反映了红军游击战争的基本原则和反“围剿”作战的指导思想。

初创时期的红军，人数少，装备差，物资补给困难，一开始就处于强大敌人的四面包围之中，不断遭到敌人的“进剿”和“会剿”。敌强我弱的基本特点，决定了红军的主要作战形式只能是游击战。毛泽东说，五指伸出有长短，荷花出水有高低，与强敌作战就要避实击虚。

1927年10月，毛泽东率领湘赣边界秋收起义的部队，转移到井冈山地区，发动和组织人民群众，实行工农武装割据，大力开展游击战争。1928年1月，毛泽东在遂川县城主持召开了中国共产党中国工农革命军第1师前敌委员会、遂川县委员会和万安县委员会联席会议，对几个月来开展游击战争的经验教训进行了总结，提出了“坚壁清野，敌来我退，敌走我追，敌驻我扰，敌少我攻”的原则。同年4月下旬，朱德率领南昌起义余部和湘南起义农军上井冈山与毛泽东所率部队会师，成立了中国工农革命军第4军(同年6月改称红军第4军)。5月，第4军在军长朱德、党代表毛泽东的指挥下，以灵活机动的游击战术打破了国民党军的第三次“进剿”。1929年4月5日，以毛泽东和朱德为主要负责人的中共红军第4军前敌委员会在《红军第四军前委给中共中央的信》中，将红军游击战争的作战原则，正式概括为“敌进我退，敌驻我扰，敌疲我打，敌退我追”。同年9月28日，中共中央在给红4军前委的指示信(即“中央九月来信”)中，第一次将其称为“十六字诀”。

朱毛红军的作战经验，不仅在井冈山的斗争中发挥了重要作用，而且得到了党中央的认可和推广，对全国各地红军开展游击战争产生了重要影响。1929年六七月间，中共中央将中共红4军前委的报告转发给贺龙、湘鄂西前委和四川省委，指出“这些经验很可以作你们的参考”。随后，鄂豫皖、湘鄂西、鄂西南、赣东北等苏区的红军，也相继提出了反映本地区特点的游击战争原则。比如洪湖地区提出“你来我飞，你去我归，人多则跑，人少则搞”；湘鄂赣边区提出“彼集我散，彼散我集，昼伏夜出，化整为零”等。

“十六字诀”言简意明，有十分丰富的理论内涵。它把防御与进攻、退却与反攻、保存自己与消灭敌人有机地结合了起来，其总体精神是：从敌大我小、敌强我弱的客观实际出发，利用民众和地形等方面的有利条件，扬长击短，趋利避害，灵活机动地作战，达到以小敌大、以弱胜强的目的。“十六字诀”是毛泽东、朱德等人在军事上的一大创造，它不仅适用于游击战争，其基本精神也同样适用于力量对比敌强我弱条件下的正规战争，为人民战争克敌制胜的作战方法奠定了总的原则基础，为中国人民解放军的战略战术体系奠定了第一块基石。在长期的革命战争中，中国人民解放军依靠共产党的领导和人民群众的支持，运用“十六字诀”的基本精神，实行灵活机动的战略战术，创造了一个个以弱胜强、以劣势装备战胜优势装备之敌的奇迹。

打得赢就打，打不赢就跑。这是毛泽东的口头禅，也是对十六字诀的精准注脚。

二、一亿操法游击战的 16 字诀

“敌进我退，敌驻我扰，敌疲我打，敌退我追。打得赢就打，打不赢就跑。”是毛泽东游击战的基本原则。把它移植嫁接到金融杠杆交易领域，就可得出一亿操法的金融交易十六字诀：“敌进我进，敌退我退，顺其锐势，击其惰归。”

完整的一亿金融杠杆交易游击战可概括为：

敌进我进，敌退我退，顺其锐势，击其惰归；

打得赢就打，打不过就加入他；

顺势而为，高抛低吸，极限位上布兵马；

长枪击敌，短枪护身，顺势途中出奇兵；

倒金字塔慢建仓，正金字塔快出货，金融战里胜算多。

第六篇
高杠杆外盘的品种选择

第一节　大牛品黄金及预测

一、引子

图 26 是一亿四位一体预测法在测试黄金底部，测试时间为 2021 年 12 月 8 号，测得十分精准。同年 12 月 15 日，结果就精准应验了，1753 底，一点不差！（见图 27）

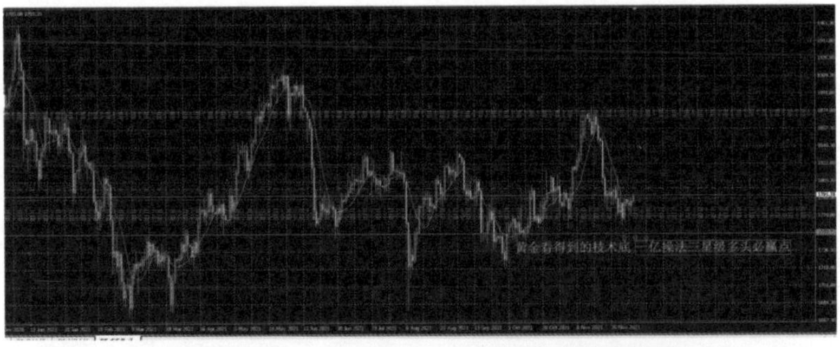

图 26　黄金大牛品 2021 年 12 月 8 日底部预测

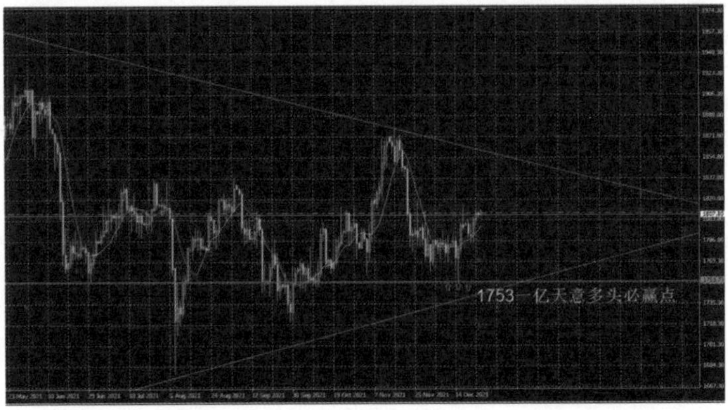

图 27　2021 年 12 月 15 日黄金走向验证了 8 日的预测

一亿四位一体预测法为何如此精准？因为黄金是大牛品，对于它，预测大方向正确、顺对势最重要；基本面上，有因疫情美元超发，有通胀现实确定性，又有加息预期的不确定性；技术面上，多次探底破 1750 就迅速拉起，1750 成了极度敏感点位；中短线资金面尚有余；人气面上，多头人心不死；做市商需要示人，底部支撑有力。其实这个点位，下一步是要破掉的。在加息预期下，在加息到来时，在加息周期，黄金没有条件走出趋势多头，必须等待下一波美联储释放宽松货币政策的周期到来。但因美元一而再，再而三地超印，美元已“毛得很”。黄金已埋下“奔三冲五”的充分必要条件。一旦时机成熟，导火索点火、黄金离实现 3000～5000 美元/盎司的“奋斗”目标，已经不远。大家拭目以待，适时参与，收益将不菲。届时，美元搜刮世界人民财富的能力将大大削弱，甚或逐步跌落世界通用货币之“神坛”。

二、2022 年黄金底部预测

一亿对黄金下一步底部的预测，就像上次黄金创高 1923 时一样准，一亿系当年预测黄金要到 999 点，实际跌到了 1044 点。这一次的预测，供金鹏亿友检验，并期待大家成就一波黄金趋势多头，赚得盆满钵满！

预言：如果 1500 或 1600 附近会见到，那么下一波黄金周期牛市的高点在 3000 美元一盎司（见图 28）！

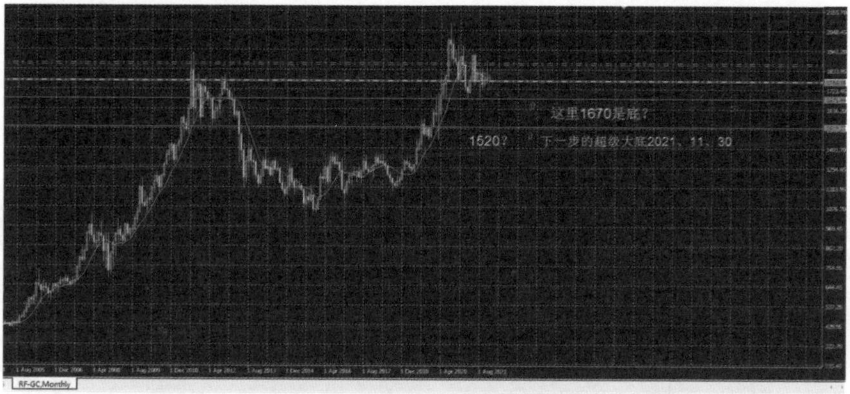

图 28　疫情后黄金的底部预测

随着美联储第四次大幅加息，2022 年 7 月 21 日见底 1678 点后，黄金一路拉升到 1824 遇阻，能否回落再见 1500 美元/盎司附近，似有难度，看主力意图。一亿系在 1678 处选择保护性长线做多，并不断“长枪击敌，短枪护身”操作，直到大底出现，建满必要多头仓位，战略性持稳黄金趋势多头，以求不战而胜。

2023 年 1 月 30 日修改此书时，黄金已冲高到 1966 点了。一亿操法预测之精准不可自夸：“此中有真意，欲辩已忘言”。

第二节　超级大牛品纳斯达克指数

一、美股 200 年，见下图 29

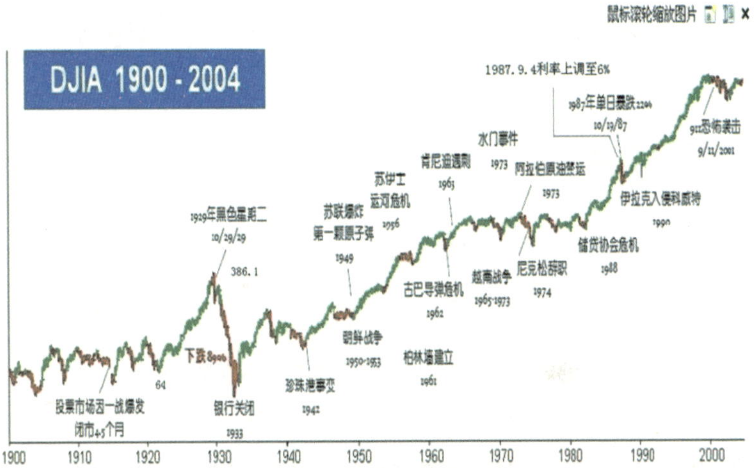

图 29　美股道琼斯 200 年走势

二、道琼斯指数这十三年，见图 30

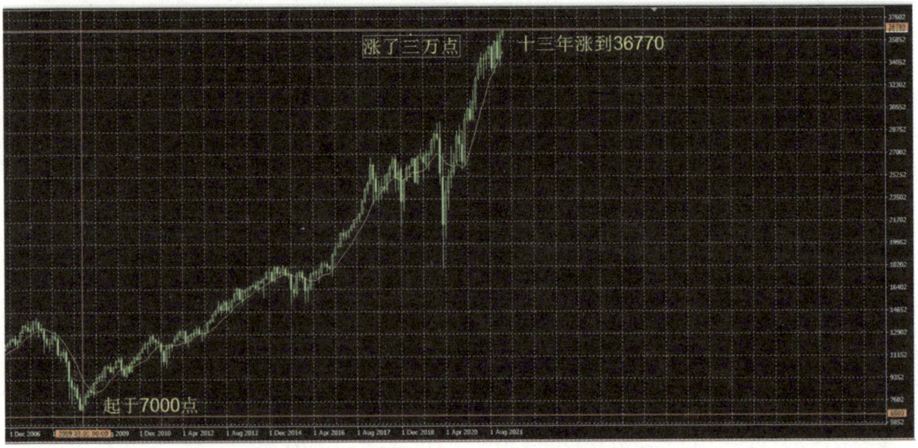

图 30　道琼斯指数 13 年涨了 3 万点

三、纳斯达克指数这十三年，见图 31

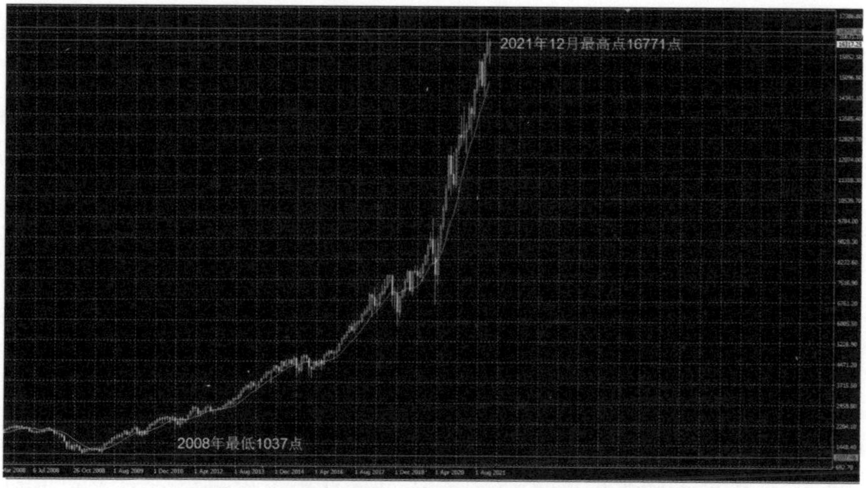

图 31　2009 年到 2022 年，纳指 13 年涨了 17 倍

四、纳斯达克指数是个超级牛品（见图 31）

美股的运行规律是“慢牛快熊，长牛短熊，常牛不常熊，波浪式前进，螺旋式上涨”。股市的本质特征是牛市，道指和标普是牛品，而纳斯达克是超级牛品。

五、纳斯达克指数简介

1. 纳斯达克（NASDAQ），全称为美国全国证券交易商协会自动报价表（National Association of Securities Dealers Automated Quotations），是美国的一个电子证券交易机构，是由纳斯达克股票市场公司所拥有与操作的。NASDAQ 是全国证券业协会行情自动传报系统的缩写，创立于 1971 年，迄今已成为世界最大的股票市场之一。

2. 建立背景：纳斯达克是美国全国证券交易商协会为了规范混乱的场外交易和为小企业提供融资平台于 1971 年 2 月 8 日创建的。纳斯达克的特点是收集和发布场外交易非上市股票的证券商报价，它现已成为全球第二大的证券交易市场，现有上市公司总计5400多家。纳斯达克还是全世界第一个采用电子交易并面向全球的股市，它在55个国家和地区设有26万多个计算机销售终端。纳斯达克指数是反映纳斯达克证券市场行情变化的股票价格平均指数，基本指数为100。纳斯达克的上市公司涵盖所有高新技术行业，包括软件、计算机、电信、生物技术、零售和批发贸易等。

每一只上市证券均拥有各自的证券代码，证券与代码一一对应，且证券的代码一旦确定，就不再改变，这主要是为了便于电脑识别，使用时也比较方便。纳斯达克证券代码多由数个(常为四个)大写英文字母构成，如：BIDU，是百度2005年8月5日在纳斯达克上市。纳斯达克股票市场是世界上主要的股票市场中成长速度最快的市场，而且是首家电子化的股票市场。每天在美国市场上换手的股票中，有超过半数的交易在纳斯达克上进行，将近有5400家公司的证券在这个市场上挂牌。纳斯达克在传统的交易方式上应用了当今先进的技术和信息——计算机和电讯技术，使它与其他股票市场相比独树一帜。代表着世界上最大的几家证券公司的519位券商被称作做市商，他们在纳斯达克上提供了6万个竞买和竞卖价格。这些大范围的活动由一个庞大的计算机网络进行处理，向遍布55个国家的投资者显示其中的最优报价(包括70多个电脑终端)。纳斯达克拥有各种各样的做市商，投资者在纳斯达克市场上任何一支挂牌的股票的交易，都采取公开竞争的方式来完成——用他们的自有资本来买卖纳斯达克股票。这种竞争活动和资本提供活动使交易活跃地进行，广泛有序的市场、指令的迅速执行为大小投资者买卖股票提供了有利条件。这一切不同于拍卖市场。它有一个单独的指定交易员，Nasdaq全球总裁或特定的人。这个人被指定负责一种股票在这处市场上的所有交易，并负责搓合买卖双方，在必要时，为了保持交易的不断进行，还要充当交易者的角色。

纳斯达克增多了交易市场中的优秀因素，并增强了它的交易系统，这些改进使纳斯达克有能力把投资者的指令发送到其他的电子通信网络中去，感觉好像进入了一个拍卖市场。该市场允许市场期票出票人通过电话或互联网直接交易，而不拘束在交易大厅进行，交易的内容大多与新技术，尤其是计算机方面相关，是世界第一家电子证券交易市场。

虽然纳斯达克是一个电子化的证券交易市场，但它仍然有个代表性的“交易中心”存在，该中心坐落于纽约时代广场旁的时报广场四号，常被称为：康泰纳仕大楼(见图32)。时代广场四号内并没有一般证券交易所常有的各种硬件设施，

图 32　康泰纳仕大楼

取而代之的是一个大型的摄影棚，配合高科技的投影屏幕，并且有欧美各国主要财经新闻电视台的记者派驻，以进行即时行情报道。

3. 所获荣誉

2018 年 12 月，世界品牌实验室编制的《2018 世界品牌 500 强》揭晓，纳斯达克排名第 176。

2020 年 2 月 20 日，入选福布斯区块链 50 强榜单(第 2 期)。

2020 年 5 月 13 日，纳斯达克名列 2020 福布斯全球企业 2000 强榜第 1163 位。

4. 纳斯达克指数：纳斯达克综合指数是反映纳斯达克证券市场行情变化的股票价格平均指数，基本指数为 100。纳斯达克上市公司涵盖所有新技术行业，包括软件和计算机、电信、生物技术、零售和批发贸易等。主要由美国的数百家发展最快的先进技术、电信和生物公司组成，包括苹果、微软、脸书、英特尔、特斯拉、美国在线、雅虎这些家喻户晓的高科技公司，因而成为美国“新经济”的代名词。纳斯达克综合指数是代表各工业门类的市场价值变化的晴雨表。因此，纳斯达克综合指数相比标准普尔 500 指数、道・琼斯工业指数(它仅包括 30 个著名的大工商业公司，20 家运输业公司和 15 家公用事业大公司)，更具有综合性。纳斯达克综合指数包括 5000 多家公司，超过其他任何单一证券市场。因为它有如此广泛的基础，所以它已成为最有影响力的证券市场指数之一。

1971 年 2 月 8 日，股票交易发生了革命性的创新。那一天，一个名为纳斯达克(Nasdaq 全美债券交易商自动报价)的系统为 2,400 只优质的场外交易(OTC)股票提供了实时的买卖报价。在以前,这些不在主板上市的股票报价是由主要交易商和持有详细名单的经纪人公司提供的。纳斯达克链接着全国 500 多家做市商的终端,形成了计算机系统的中心。

六、如果你想致富,就选择低点做多纳指吧!

财富自由在向你招手,富可敌国在向你招手!前提是美国政府不会“玩砸了”,美国不会爆发革命;美国不会爆发极端恶劣事件,美国极富阶层和极高权贵能继续掌控美国经济。

第七篇
牛市暴富操法

第一节　黄金的牛市操法

图35给出了黄金在2022年及以后可能的底部区域。低多黄金，做成一波超级牛市，是赚大钱的根本。要有“千年等一回”的耐心，耐心地等。

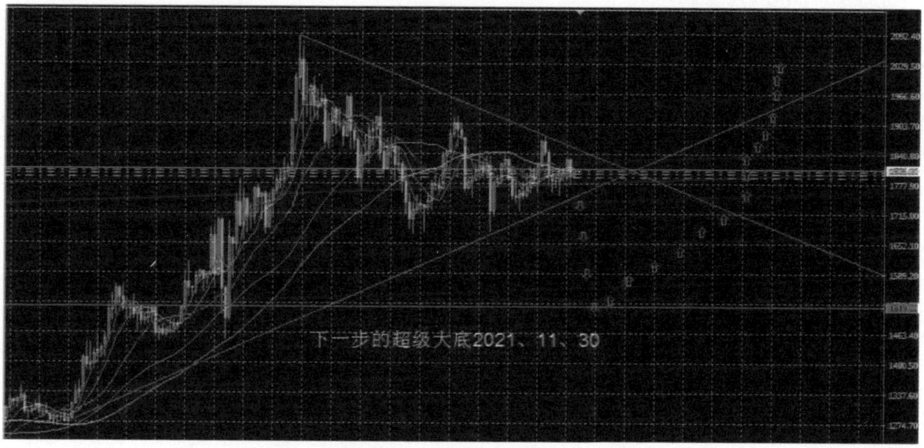

图35　等待这一波紧缩周期过后的机会

随着美元“不断超发，搜刮全球”的不断深化，美元终会自掘坟墓，自我埋葬。黄金的底部会不断抬高，1500美元/盎司及1500～1750区间将成为低风险区域及建仓区。在美联储四次大幅加息，缩表减债的情况下，黄金四落到1678点就引发大幅上涨。可见底部大幅下沉亦不易。

第二节　纳斯达克指数的牛市操法

一、推荐一篇好文：定投纳指获利无穷

一亿认为，这是一篇打破人类思维定式的好文章。

纳斯达克能跌到多少？又需多少年才能到100万点？

在2021年12月8日的文章中，火土对纳斯达克做了一个乐观的预测，原文如下：

“根据纳斯达克100指数净资产收益率趋势、最强科技公司发展趋势等因素，可以做一个乐观的预测：

2027年，纳斯达克100指数突破5万点；

2030年，纳斯达克100指数突破10万点；

2040年，纳斯达克100指数突破100万点。”

但不管多乐观，最强科技纳斯达克的发展趋势总不会是一帆风顺的，它总是在大波动中曲折向上的。

就像一个人的成长、一家公司的发展、一个国家的进步，必然会遇到一个又一个的挫折，有时候只是小的擦伤，有时候却是伤筋动骨。

最终那些愈挫愈勇者，成了伟大的人、伟大的公司、伟大的国家。

再深入一想，可以发现，前进道路上的阻碍与陷阱，并非完全有害，它们可以促进一次又一次的改善，成就一次又一次的新高。

意识到上面这一点，再把自己放在一个遥远的上空，观察事物的过去、现在与未来，一切都会明晰起来。

于是，我们就能在一片大跌与一片悲观时，多一些平和；同时，我们也能在极端情况来临之前，就做好相应的准备。

那么，极端情况下，纳斯达克100指数能跌到多少点？

悲观来看，又需多少年才能到5万点、10万点、100万点？

我们可以从比纳斯达克指数历史更久远的道琼斯指数中找到参照。

道琼斯：

道琼斯指数是世界上历史最为悠久的股票指数，最早是在1884年由道琼斯公司的创始人查尔斯·亨利·道(Charles Henry Dow)开始编制的一种股价指数。

在1896年5月26日(距今已125年多)，查尔斯·道首次发表了纯工业股票的平均价格指数，它就是一直到现在都被广泛参考的道琼斯指数，其全名为道琼斯工业平均指数(Dow Jones Industrial Average)。

我们可以看看在这125年中，道琼斯指数经历了哪些历史性大跌。

1907恐慌

1907 恐慌

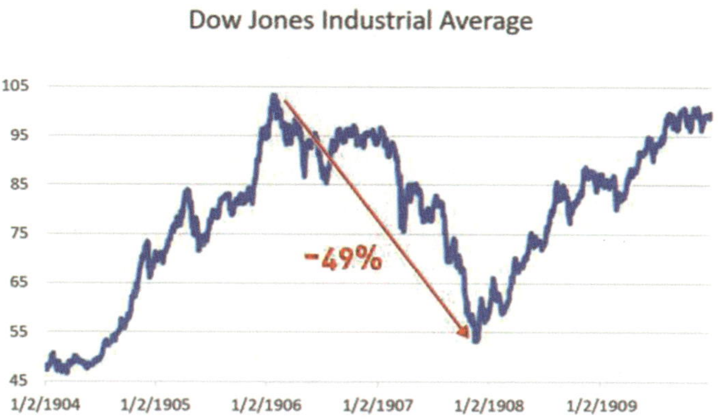

大跌前新高:1906 年 1 月 19 日,103 点

大跌后最低:1907 年 11 月 15 日,53 点

在不到两年的时间里,下跌了 49%。

又过了两年,即 1909 年末,道琼斯才差不多回到大跌前的高位。

1929 大萧条

1929 大萧条

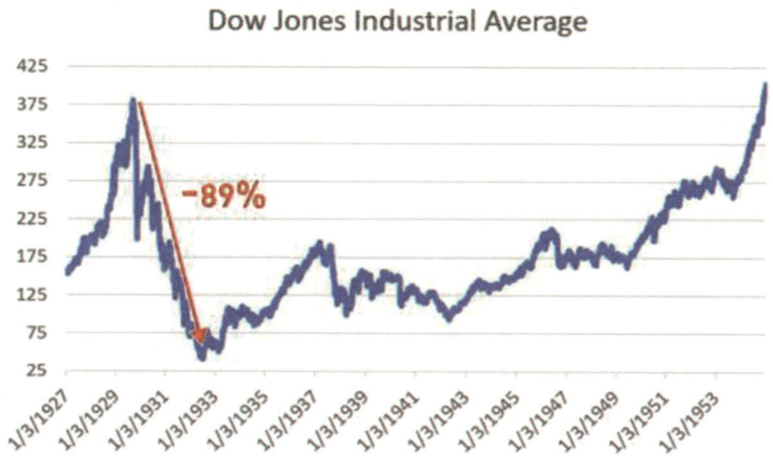

大跌前新高:1929 年 9 月 3 日,381 点

大跌后最低:1932 年 7 月 8 日,41 点

在这 3 年中,道琼斯跌了 89%!

而且,最低位比之前的历史最低点(1907 年的 53 点)还要低 22%多!

也就是说,25 年后,又创了新低!

再次涨回到 1929 年出现的历史最高点,已是 1954 年 11 月 23 日,又用了 25 年!

1987 黑色星期一

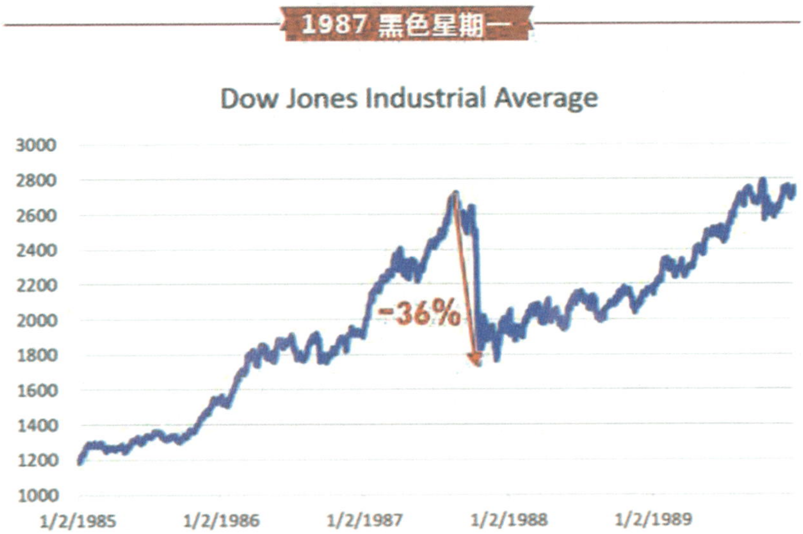

大跌前新高:1987 年 8 月 25 日,2722 点

大跌前一交易日:1987 年 10 月 16 日,2246 点

大跌后最低:1987 年 10 月 19 日,1739 点

在不到两个月里,跌了 36%。

最可怕的是,在 1987 年 10 月 19 日(周一)这一天中,道琼斯指数跌了 22.6%!

再回到前高,已是两年后的 1989 年 8 月 24 日。

2008 金融危机

大跌前新高:2007 年 10 月 9 日,14164 点

大跌后最低:2009 年 3 月 9 日,6547 点

1 年半中,跌了 54%。

4 年之后的 2013 年 3 月 5 日,道琼斯指数才又回到了之前的历史最高位。

对策:

看到这里,很多朋友一定会想,大暴跌真是太可怕了,如果不在大暴跌前卖出手里的筹码(无论这个筹码多优质),自己将陷入无尽的深渊。

2008 金融危机

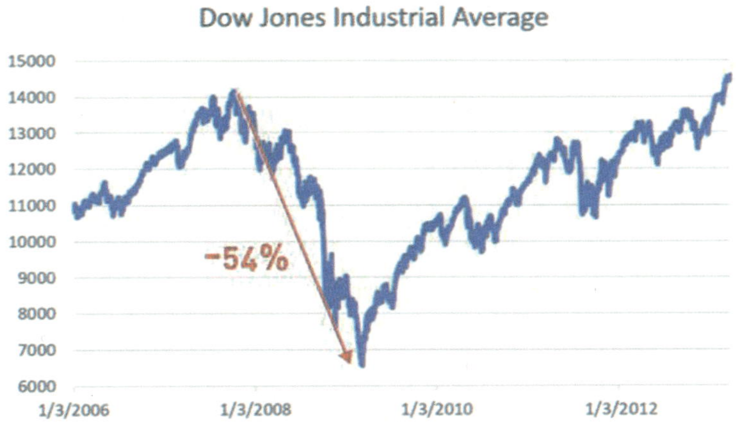

其实，这个思路错了，彻彻底底地错了。

原因很简单，对于任何一次的暴跌，凭什么预测得到？

若卖出筹码后，预测的暴跌好久都不来，后果是什么？

那该如何是好？

其实本文前半部分已给出了答案，就是那两大要点。

第一，伟大的人和事物总是愈挫愈勇。

我们要做的不是想方设法躲过大跌，而是要做好准备，无所畏惧地拥向大跌。

做什么样的准备？

就是火土一直强调的：要用不怕亏且可以亏很多的长期闲钱持续定投各类最强基金。

如此一来，任何的大跌与连跌都无法击败你，你反而还能在低位继续买入筹码，为享受到接下来的复苏与新高打下坚实的基础。

第二，要把自己的意识放入四维时空中，观察事物的过去、现在与未来。

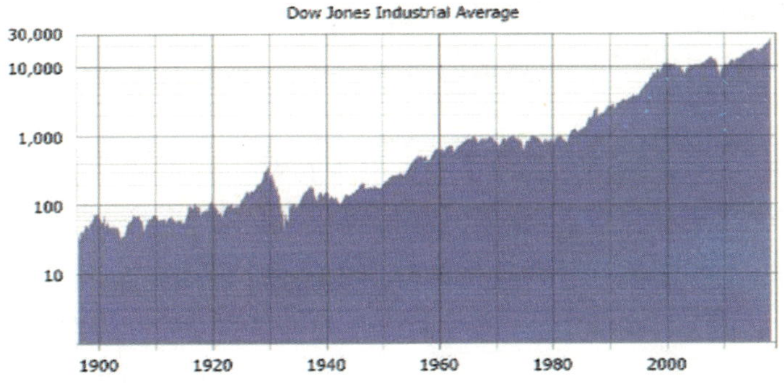

我们可以查到道琼斯指数在1896年5月26日的初始点位是40.94。

然后到2021年12月18日，道琼斯报收于35365.44。

在这125年里，尽管有多次史诗级的大跌和无数次的下跌，道琼斯还是上涨了近86300％，即863倍！

再想想未来，若125年后其增长速度与此前的125年一致，那么，到2146年，道琼斯的指数会比初始点位多多少倍？

那将会是863＊863＝744769倍！

这就是我一直强调的，真正强大的事物总是会在不断的大跌中不断反弹，又不断创出新高。

另外，我们不仅要观察一个事物的过去、现在和未来，还要放眼看同类事物的过去、现在和未来，再对它们进行一个全时间线的比较。

道琼斯的成分股中，尽管有微软、苹果，但它们的占比不大。

而纳斯达克成分股里的最强科技公司的数量和比重，始终远远大于道琼斯里的。

两强相比，肯定是更强且更有潜力的值得投资。

这就是为何我不选择道琼斯，而选择纳斯达克定投一生。

做好准备：

学完道琼斯指数的历史，我们在投资时，就要时刻准备面对以下情况。

1. 一日中跌22.6％以上（由于美股在1988年推出了熔断机制，而A股又有跌停板限制，所以指数已基本没有可能在一天中跌这么多）。

2. 两个月里，跌36％以上。

3. 一年半中，跌54％以上。

4. 两年里，跌49％以上。

5. 三年里，跌89％以上。

为什么都要加上“以上”两个字？

因为人类每一次遇到的最极端的情况，之前都是没有记录的，这才有万年不遇、史无前例的说法。

也就是说，一个极端情形若没有被人类遇上或记载，并不代表它就不会发生。

因而，更为严重的股灾，一定会在漫长的未来出现。

只有把自己塑造成一个能经受住前所未有的意外的人，一个能看到前后百年、千年、万年、几十亿年的人，才能在自己的有生之年，一直留在市场里，等到并收获到最强基金的巨大回报。

最后，回到本文开头的问题：

1. 极端情况下，纳斯达克 100 指数能跌到多少点？

回答：

1738.16 点。

（纳斯达克 100 指数在 2021 年 12 月 17 日收盘价为 15801.46，在此基础上跌 89%，即可得 1738.16。）

2. 乐观来看，又需多少年才能到 5 万点、10 万点、100 万点？

回答：

12 年后，即 2033 年，纳斯达克 100 指数将突破 5 万点。

19 年后，即 2040 年，纳斯达克 100 指数将突破 10 万点。

43 年后，即 2064 年，纳斯达克 100 指数将突破 100 万点。

（以年化复合收益率 10%计算，约为道琼斯年化复合收益率的 1.8 倍。）

二、做美股纳斯达克指数多头是伟大选择、获利根本

火土的文章，是打破常规思维的好文章，也是一亿的“牛市是股市的本质特征”的好论据。只有选择 2022 年以后纳指回落的低点，做成纳指一波超级牛市，才能赚到大钱。做美股纳斯达克指数多头，是伟大的选择和成为巨富的根本！你准备好了吗？

第八篇
熊市暴富操法

第一节 载入史册的道琼斯指数空单

一、实况播报

2022 年 1 月 6 日凌晨 3 点，在美联储议息会议纪要公布前，道琼斯指数在标普、纳指跌跌不休的背景下，执拗地创出了 36828 的历史新高（见图 36）。一亿抓住了这个千载难逢的空头机会，果断出击，空头仓位建在了 36820 和 36811 附近，这是标准的“一亿天意必赢点”，见“做单随记”（图 37）。

图 36 载入史册的最亮丽的道琼斯空单

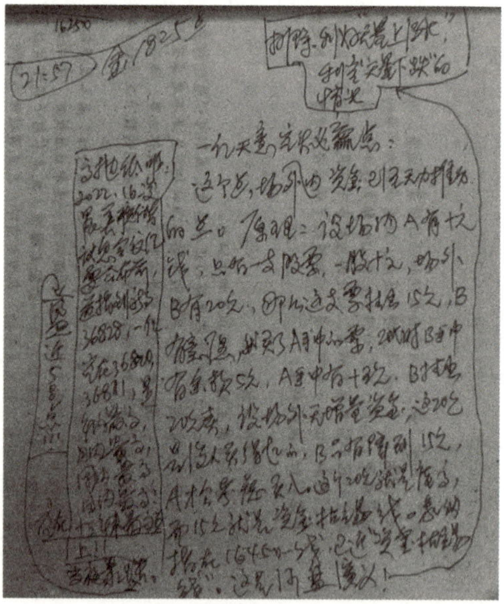

图 37 道琼斯指数空头建仓在历史最高点

左侧的记录为："高抛低吸：2022.1.6凌晨，美联储议息会议纪要公布前，道指创新高36828，一亿空在36820、36811，是年内最高，月内最高，周内最高，日内最高。空在十三年来最高点上！当夜暴跌。盈利近500点！"次日，该指数已经跌到36173，距高点短线跌去了655点。200点赚一倍，当夜赚3.275倍。到2022年6月16日，道指跌破了30000点，此单盈40倍。此种登峰造极的操盘水平，前无古人，后无来者，令鬼神臣服，马斯科叫绝。

二、精准一预测的原因与依据

1. 一亿确定性规律所决定：美股已经进入收紧银根的周期，包括缩债、加息预期及缩表，这已经具有确定性；美联储议息会议纪要朝这个方向发展，具有确定性。

2. 基本面：美国就业指标已经接近正常，经济复苏，通货膨胀。

3. 技术面：超买严重，极度泡沫化；所创新高已经具有明显逼空目的，在为而后的大跌做准备。

4. 人气面：纳指已经跌跌不休，标普也撑不住，只有道指孤军深入，此时人气必然消散。此时"唱衰美国，做空美股"恰到好处，此刻不空道指更待何时?!

5. N因素：疫情治理失败、议会大厦遭围攻，证明美国社会已经腐朽，单凭股市疯拉，是没有效果的。

因此，此时做空道指属于"千年等一回"的机会，充分必要条件全具备了，可谓睡觉"躺赢"，不大赚都难。

第二节　纳斯达克指数的熊市操法

一、实况播报

图38展现的是一个10万美金的账户用近半年的时间完成了15.6倍的盈利。这主要靠做多做空美股纳指实现的。特别是靠在纳指创高点16750以后，成功做了几波"一亿天意空头必赢点"实现的。

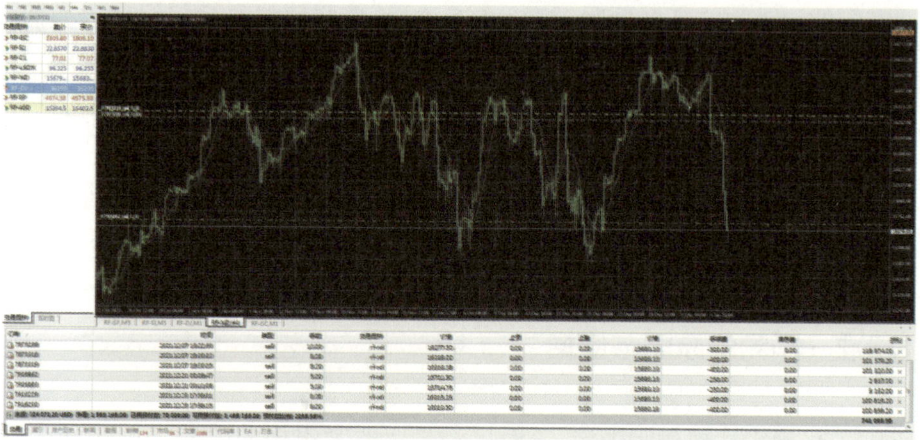

图 38　十万美元变一百五十万美元

二、"天意空头必赢点"的捕捉方法

1. 沙盘演义的数学方法：必须精准算出纳指的"资金枯竭线"——纳指的16450一线及16650一线。

2. 纳指的"七日攻势"：美国的将军李奇微在当年的朝鲜战场，发现了我军的一个规律"一周攻势"——由于后勤保障问题，我军当时准备的军事物质，只够一周的消耗。李奇微便抓住这一点，采取避实就虚的战法，待我军物资基本耗尽后，再展开攻势，使我军一时陷入被动。纳指圣诞节的"七日攻势"及之前的表现，为我们避实就虚、抓"一亿天意必赢点"创造了极好的条件。当纳指疯涨至16500，已经严重泡沫化，资金面已经捉襟见肘。

3. 一亿"三位一体＋N"的预测法也发挥了作用。此不赘述。

第九篇
震荡市暴富操法

当年，黄金吧的“鬼股先生”（上海的博士后）提出的“道路城市理论”很有意思：行情就类似于旅游，单边行情类似于道路，震荡市类似于城市；你去北京，路过天津，总得进去转一转，而后再上路去北京；在北京还要转一转，而后要去内蒙古，途经张家口，还要进去转一转。见图 39。

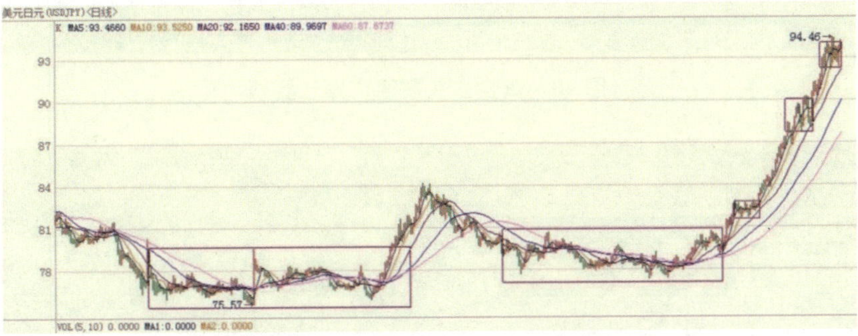

图 39　外汇美日的“道路与城市”

一、较长的震荡市往往产生在一波超级熊市的底部、转市区域；或产生在一波超级牛市的顶部、转市区域。

二、牛市或熊市进行中的震荡区域，“城市”转完了，往往继续朝原来的方向前进。

第一节　黄金的震荡市操法

一、底部区域的震荡市操法（见图 40）

要领是逢低重仓做多，避免高位做空，以免形成牛市被套。图 40 中的 A 点进场，周线级别往往是反指标。其中红 A 进入牛市拉升，长线持有。

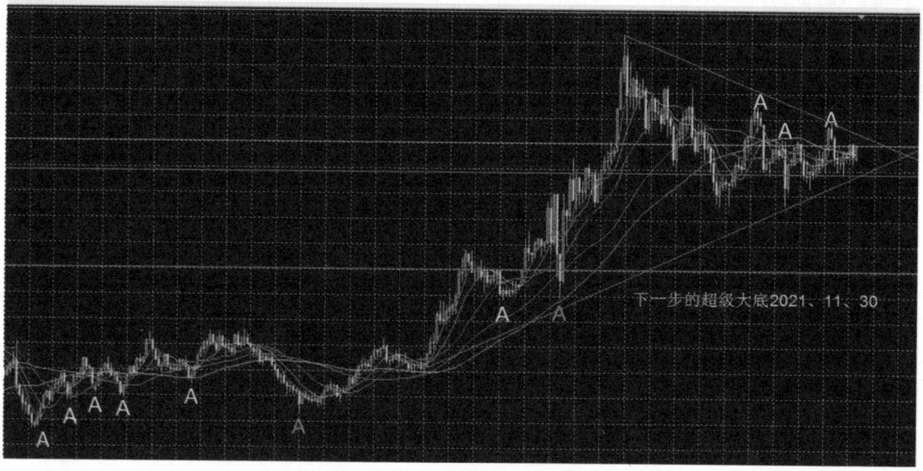

图 40　黄金多头震荡市操法要领

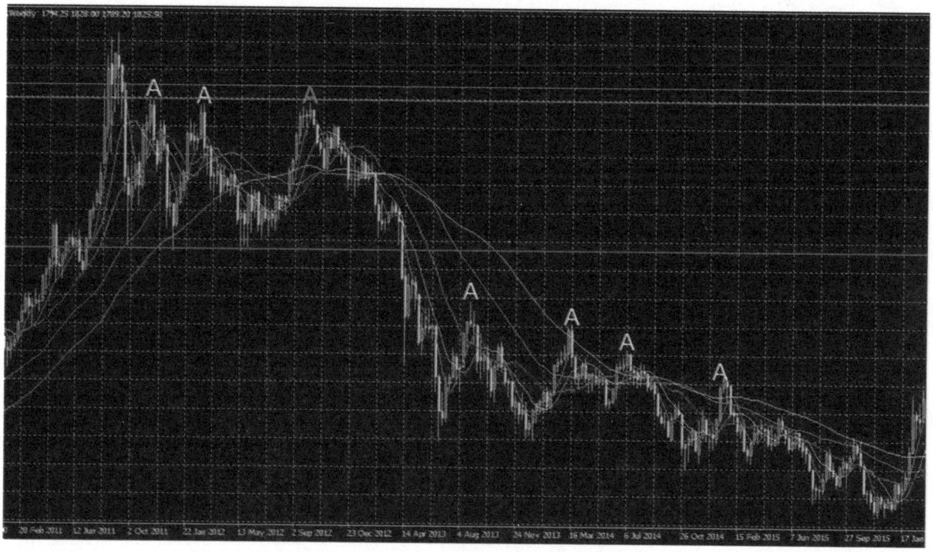

图 41　黄金空头震荡市操法要领

二、头部区域的震荡市操法(见图 41)

要领是逢高重仓做空，避免低位做多，以免形成熊市被套。图 41 中的 A 点进场，中线级别往往是反指标，待反弹孤单深突时，脉冲高点“极限位上布兵马”。其中红 A 进入熊市破位，长线持有。

第二节 纳指的震荡市操法

同黄金,此不赘述。要注意纳斯达克指数的超级牛品特质,不在“确定的运行中的”熊市阶段,千万不可做空。不可“猜”顶。

第十篇
一亿一夜暴富操法对散户的警告

第一节　散户在资本市场博弈中的不利地位

一亿为何半夜感慨，写下如下上述做单随记？真相就是：当天美股大反转（见图 46 和 47），致使一亿亲操的空头账户两度爆仓（见图 45）。这种自揭伤疤亮丑的做法，尽管令笔者十分痛苦难堪，但对大家却是最好的警示，能让大家少走弯路。双“爆仓”的教训是：主观不信会超强反弹，短线“逆势加仓，致满仓操作”！

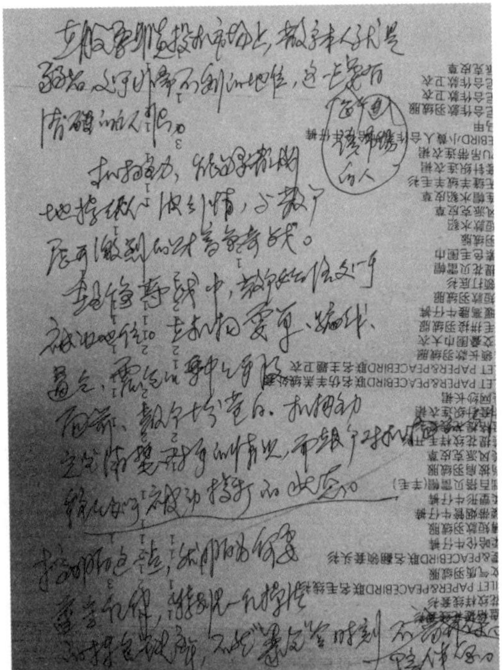

图 44　2021 年 12 月 7 日做单随笔——对散户的警告

上述随笔写到（图 44）：在股票期货投机市场上，散户本身就是弱者，处于十分不利和被动的地位，对这一点，每一位已经进入或企图进入该市场的人，都要有清醒的认识。

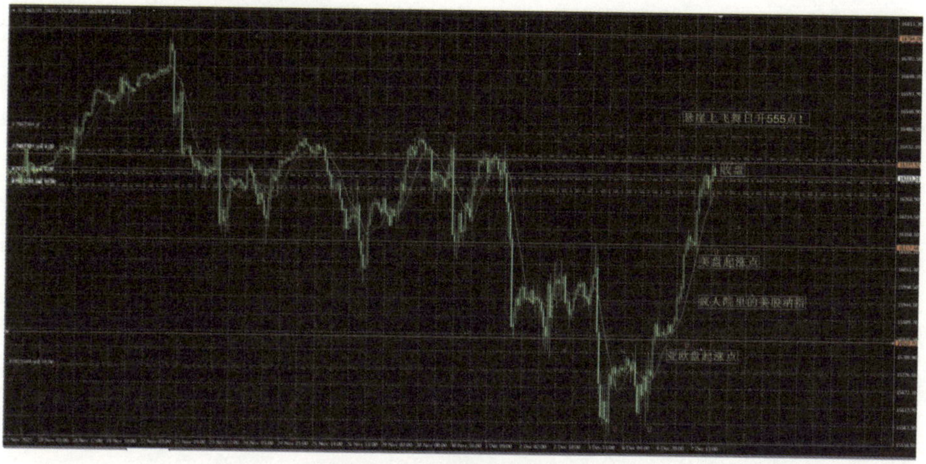

图 45 糟糕的爆仓记录

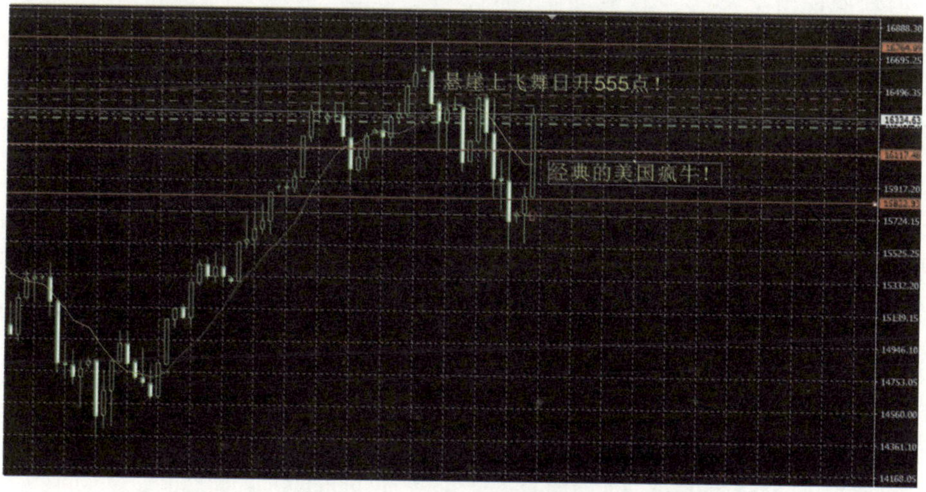

图 46 2021 年 12 月 7 日,“死猫反弹”日升 555 点

韩信是“成也萧何败也萧何”,一亿是“成也疫情败也疫情”。当年疫情初始,一亿赚了 61 倍,此次奥米克戎爆了“侦察户”。下面是对这根长阳的分析。

笔者没患奥密克戎,却被奥密克戎害得不轻!以下是美股日内暴涨的背景资料,供各位欣赏研究。

附件:美股大反转,发生了什么?

2021 年 12 月 08 日 15:24

来源:华尔街见闻

摘要【美股大反转,发生了什么?】市场对奥密克戎新变种的紧张情绪有所缓

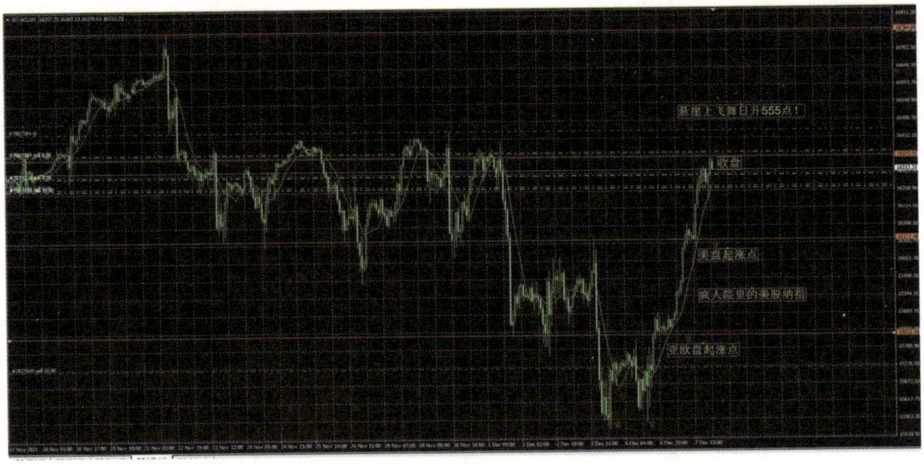

图 47　日升 555 点的过程

解，但高盛提出了警告。高盛即是“股评者”，又是“下场者”，它的话，经常须正反听。

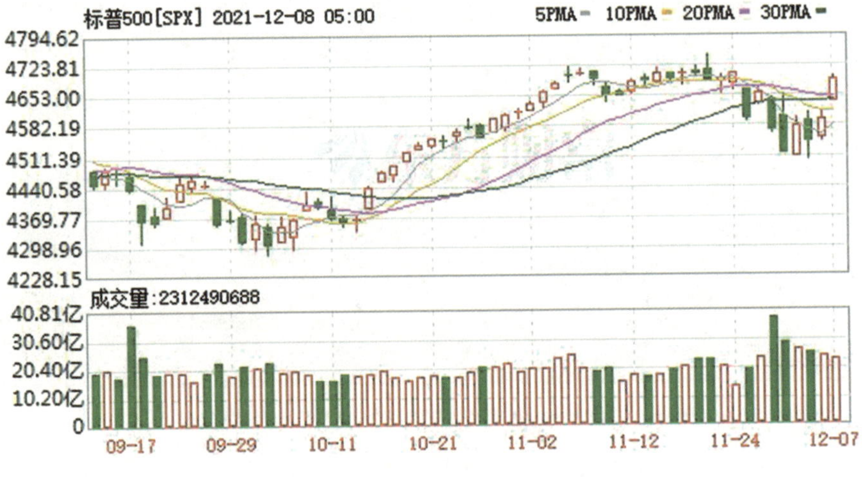

美股又反弹了，而且这次反弹得相当剧烈。

本周二，美国股市出现了今年三月以来的最大涨幅，所有主要股指都上涨了至少 2%。几乎让标准普尔 500 指数抹去一周前美联储主席鲍威尔发表鹰派言论后的所有跌幅。

新上市公司指数涨了 4%以上，SPACS 上涨了 2%以上，甚至连加密货币也涨了，比特币重新回到了 51000 美元。

芝加哥期权交易所(Cboe)波动率指数(VIX)出现自 2020 年 3 月以来的第二

大跌幅，此前该指数飙升至数月未见的水平。

市场下跌得太快太深，疯狂的抛售最终让位于反弹。

Moneta Group investment Advisors 首席投资主管 Aoifinn Devitt 认为，上周的市场动荡更多的是由于奥密克戎的变化，而非美联储对通胀本质看法的改变，尽管鲍威尔的言论加剧了市场对于疫情的消极情绪。

“但同样，我们其实都知道通胀不是暂时的。美联储不会采取激进的举措，他们只是略微提前加息。我的感觉是，这只是加剧了市场的脆弱性与变化，现在这已经被考虑在内，变化似乎没有那么糟糕，市场已经消化了。”

周二从病毒前线传来了一些好消息，葛兰素史克公司（GSK）表示，其旗下抗体疗法对奥密克戎的全部突变都有效。此前，南非实验室周一公布的一些数据显示，奥密克戎的毒性暂时温和。

Richard Bernstein Advisors 副首席投资官 Dan Suzuki 表示：

“显然，风险偏好正在反弹，因投资者似乎对奥密克戎的担忧有所减轻。”“我猜，这是正常的‘逢低买进’心态的一部分，因为拥护者们看到自己喜欢的公司股价处于低位。”

Integrity Asset Management 的投资组合经理 Joe Gilbert 说：

“在奥密克戎被发现后，市场肯定处于先开枪、再问问题的模式。他们的下意识反应是抛售所有有风险的资产，在美国国债中寻求安全。很快就出现了大幅超卖。随着更多新冠疫情的消息出现，投资者更愿意再次拥有风险，因为我们有足够的疫苗和抗病毒药物来帮助复苏。”

也有观点认为，奥密克戎目前呈现出毒性低、传播强的特性，某种程度上相当于疫苗，属于利好消息。

市场情绪脆弱

周二的巨大波动，部分可归因于对冲基金。

最近几周，对冲基金集中押注昂贵的科技股，结果适得其反，它们被迫平仓。现在，随着市场反弹，他们面临着至少要扭转部分看跌头寸的压力。

高盛大宗经纪商编制的数据显示，受空头回补推动，周一高盛的对冲基金客户四天来首次成为股票的净买家。他们在前两周以自 2020 年 4 月以来最快的速度削减了股票敞口。

不过，高盛对于重返股市的买家们发出了警告：12 月波动率的突破仍有上升空间，而风险指标尚未显示出买入信号。高盛又一次说了反话，行情证明，此后纳指暴跌到 11068 点，较高点跌去了 5700 点，跌入所谓“技术性熊市”。

高盛投资组合策略和资产配置董事总经理 Christian Mueller－Glissmann 表

示，美联储的鹰派倾向，以及奥密克戎变种的不确定性，将在短期内继续带来各种各样的交易挑战。

波动的市场表明市场情绪脆弱，投资者正在为对冲比他们经历过的更剧烈的波动而付出更多。上周的动荡是一年来最严重的，标准普尔500指数连续五天涨跌至少1%。

VIX指数目前仍然高出今年平均水平，表明投资者预计短期动荡将持续下去。

东方财富网

网友评论作者：一亿一春秋，欢迎留言　退出

提交评论

最新 最热 最早

一亿一春秋

2021—12—08 17:34:22

击鼓传花游戏，终有倒霉蛋。

一亿一春秋

2021—12—08 17:32:38

唉，富贵险中求啊！美国人已经没有更好的投资领域和品种了。只有傻玩股票，且只会做多。最后的烫手山芋，烫的不知是散户还是雇佣文人背后的黑手。

小心！历史上四次出现这一幕 美股均不幸陷入熊市。

2021年12月09日 11:55

来源：财联社

摘要【小心！历史上四次出现这一幕 美股均不幸陷入熊市】在市场行情出现回暖之际，美银策略师却最新发出了一项严峻警告：美股的实际盈利收益率已经降至74年来最深的负值水平，而在历史上仅有的四次跌入负值的经历中，美股均不幸陷入了熊市。

随着市场对奥密克戎变异毒株的担忧情绪减弱，美国三大主要股指周三连续

第三天上涨。不过，就在市场行情出现回暖之际，美银策略师却最新发出了一项严峻警告：美股的实际盈利收益率已经降至 74 年来最深的负值水平，而在历史上仅有的四次跌入负值的经历中，美股均不幸陷入了熊市……

以 Savita Subramanian 为首的美银策略师在周三报告中写道，标普 500 指数目前的实际盈利收益率为－2.9％，意味着如果公司业绩未能持续增长，那么投资者经通胀调整后将损失 2.9％。而上一次，实际盈利收益率陷入负值的程度如此之深，还要追溯到 1947 年。

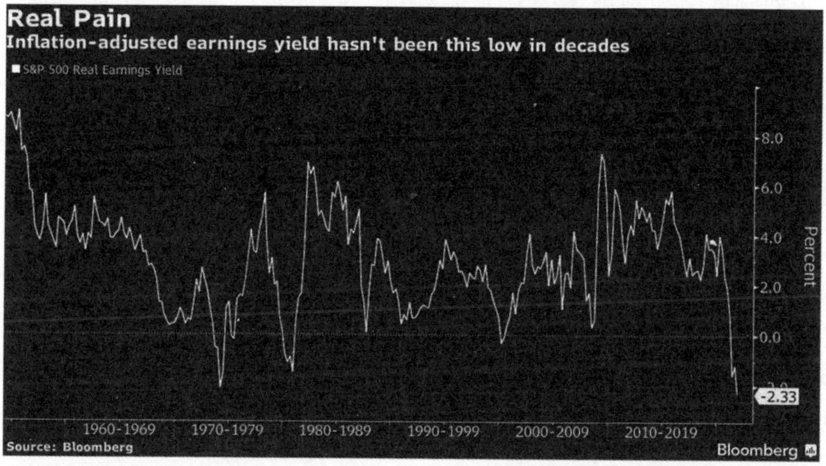

根据美银的统计，前四次实际盈利收益率为负的时候，美股均出现了熊市。

这四次经历分别是二战后的熊市、1970 年代的“滞涨时代”、1980 年代的“沃尔克冲击”和 2000 年的科技股泡沫。见上图。

机构主力能够有计划地操纵一波行情，与散户展开激烈的财富争夺战。在这个争夺战中，散户始终处于被动地位。在机构耍单、骗线、震仓、逼仓的种种手段面前，散户十分苍白，机构主力完全清楚对手的情况，而散户对机构往往处于被动挨打的状态。机构主力有时小肚鸡肠，喜欢尔虞我诈、出“老千”，包括把电脑“拔线”，称信号“迟缓”，制造紧张气氛，与平台联手“滑点”等，无所不用其极。

搞明白这一点，就能明白投资为何要遵守纪律——特别是一亿操法的持仓铁律，不然“爆仓”会时刻陪伴你。

搞明白这一点，就能明白为何一亿强调仓位要建在“一亿天意必赢点”上，这个点是任何人都左右不了的点位，这个点位是真正意义上的“必赢点”，是天意单。

第二节　做市商为我们提供流动性又是我们的死敌

一、做市商制度

做市商制度是一种市场交易制度，由具备一定实力和信誉的法人充当做市商，不断地向投资者提供买卖价格，并按其提供的价格接受投资者的买卖要求，以其自有资金和证券与投资者进行交易，从而为市场提供即时性和流动性，并通过买卖价差实现一定利润。简单说就是：报出价格，买卖双方不必等到交易对手的出现，就能按这个价格买入或卖出。

1. 发展历史

国内目前的证券期货交易，采用的都是竞价交易制度——投资者通过网络，把买卖指令传输到交易所，交易所的电脑主机根据时间优先、价格优先的原则，将买卖指令撮合成交，形成连续的成交价格。这种交易方式下价格的形成机理，又可以叫作指令驱动(Order driven)制度。国外在100年前没有电脑的年代，就是通过交易员在交易池中以公开喊价的方式来撮合买卖指令。2021年我国在创业板首推做市商制度。

一个显而易见的问题是，交易员处理指令的效率远低于电脑。为了能够为更多的投资者服务，场外柜台交易以及做市商交易制度很自然地应运而生。

与指令驱动制度相对应，做市商制度是由做市商为投资者提供买卖双边报价，进行对赌交易，通过报价的更新来引导成交价格发生变化，所以又叫作报价驱动(Quote driven)制度。由于这种方式与赌场庄家非常相似，部分人对做市商制度持有怀疑态度。

2. 类型

了解做市商制度的不同类型及其优点与缺点，对实际应用具有一定的意义。因为期货市场在引入做市商制度的过程中，针对不同品种和情况，必然面对着类型的选择。

按照是否具备竞争性的特点，做市商制度存在两种类型：垄断型的做市商制度和竞争型的做市商制度。

垄断型的做市商制度，即每只证券有且仅有一个做市商，这种制度的典型代表是纽约证券交易所。垄断的做市商是每只证券唯一的提供双边报价并享受相应权利的交易商，必须具有很强的信息综合能力，能对市场走向做出准确的预测，因其垄断性通常也可以获得高额利润。这种类型的优点在于责任明确，便于交易所的监督考核；缺点是价格的竞争性较差。

竞争型的做市商制度，又叫多元的做市商制度。即每只证券有多个做市商，且在一定程度上允许做市商自由进入或退出，这种制度的典型代表是美国的“全美证券协会自动报价系统”（NASDAQ 系统）。自 1980 年以来，该市场的平均单位证券的做市商数目不低于 7 个。最新的资料显示，平均每只证券有 10 家做市商，一些交易活跃的股要有 40 家或更多的做市商。多元做市商制度的优点是做市商之间的竞争能减少买卖价差，降低交易成本，也会使价格定位更准确。在价格相对稳定的前提下，竞争也会使市场比较活跃，使交易量增加。但由于每只证券有几十个做市商，各个做市商拥有的信息量相对分散，降低了市场预测的准确度，减少了交易利润，同时也降低了做市商承受风险的能力。

根据权利义务的不同内容，一些交易所又将做市商分为指定做市商和一般做市商。如芝加哥期权交易所（CBOE）1643 个会员中，一般做市商 1177 个，指定做市商 349 个。一般做市商是个人或公司，在交易所登记，只能自营，不能代理，没有优先权。而指定做市商都是交易所会员，作为某种证券做市商，既可以自营，也可以代理，还管理指定证券的报价工作。在股票、指数、利率类期权中，除了 SPX（S&P500 指数）和 OEX（S&P100 指数）以外，指定做市商在其中都有 30％的优先权。

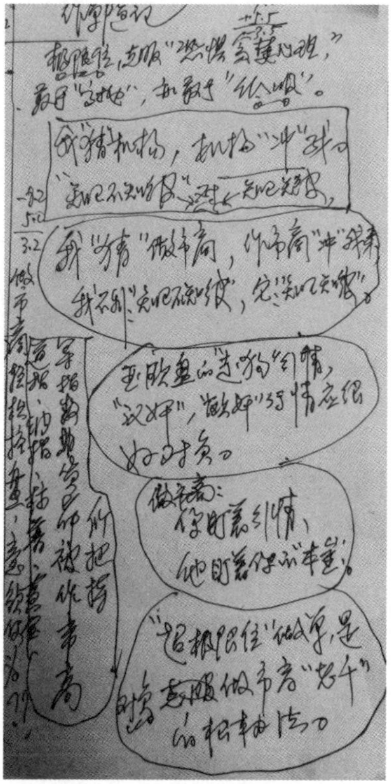

图 48　做市商是可怕的敌人

在 NASDAQ 市场上市的公司股票，最少要有两家以上的做市商为其股票报价，而一些规模较大、交易较为活跃的股票的做市商往往达到 40 多家。平均来看，NASDAQ 市场每一种证券有 12 家做市商。这样一来，市场的信息不对称问题就会得到很大的缓解，个别的机构投资者很难通过操纵市场来牟取暴利，市场的投机性大大减少，并减少了传统交易方式中所谓庄家暗中操纵股价的现象。但可怕的是，做市商可能会把持着某些品种，把自己变成了“庄家”，来回割韭菜！

3. 弊端

值得强调的是，做市商制度可以抑制其他交易者的价格操纵行为，但由于其本身具有较强的实力，受利益驱使，能够通过自身行为或者做市商之间联手来获取不正当利润。纳斯达克市场就被发现存在这种现象，这就需要通过对做市商行为的监督来防之。

二、做市商是散户的可怕敌人

1. 地位不对等

图 48 中的文字为：“我知己不知彼，做市商知己知彼，百战百胜天平倾向于彼方。我在研判行情，我‘猜’做市商，做市商直接‘冲’我来，在交易清淡时，做市商只有一个对手——我。我很不利。你盯着行情，他盯着你的‘本金’”！

2. 在零和博弈的利益面前，只有你死我活。做市商直接成了散户的对手和敌人。

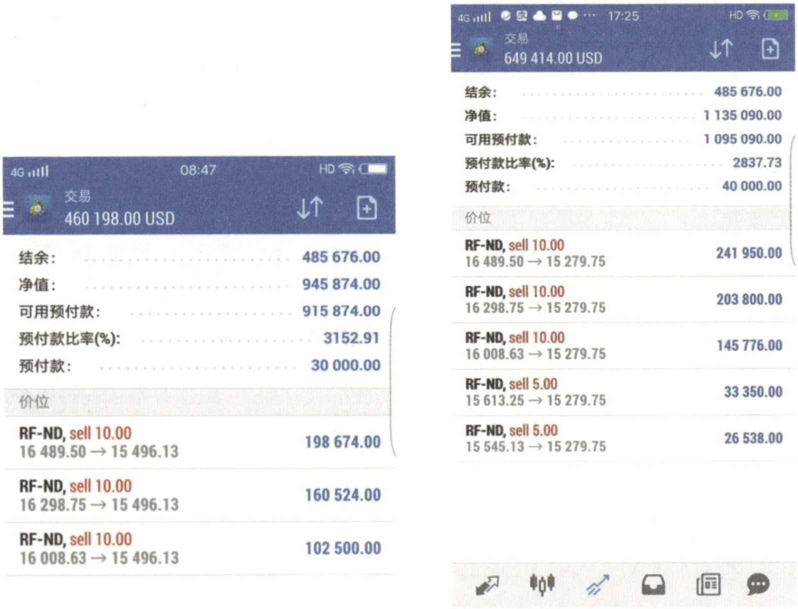

图 49　盈利 10～20 倍的天意必赢点上的单子

3. 一亿的对策

A. 把仓位建在日内、周内、月内和年内的“天意必赢点上”，在这个点位上，在这个必赢区域内，任何人都无能为力，做市商亦只有望洋兴叹，为你打工了。（见图 49 的天意必赢点，这是盈利 24 倍的单子，在持有中。）

B. 战胜不了他，就加入他。即仔细观察，按照做市商的节奏翩翩起舞，把做市商变成你的“打工仔”！特别是在亚欧段，无实盘压力，纳指的做市商可轻松达成自己的盈利目的；在美盘阶段，面对汹涌的大量社会资金，做市商也只有应付的份。

C. 长枪击敌，短枪护身。“勉从虎穴暂栖身，说破英雄惊煞人，巧将闻雷做掩饰，随机应变信如神。”要让做市商“狗咬刺猬——没处下嘴”，让“老虎吃天——下不了爪”。

当年曹操与刘备青梅煮酒论英雄时，道：“天下英雄唯使君与操耳。”然当今的英雄非刘备亦非曹操，更非做市商，而是你我散户耳！见图（50、51）要站高望远，大开脑洞，大开天眼，遵循规律，顺势而为，参破行情本质，透视主力障眼法伎俩，知己知彼，极限位上布兵马，不战而屈人之兵，必百战百胜。

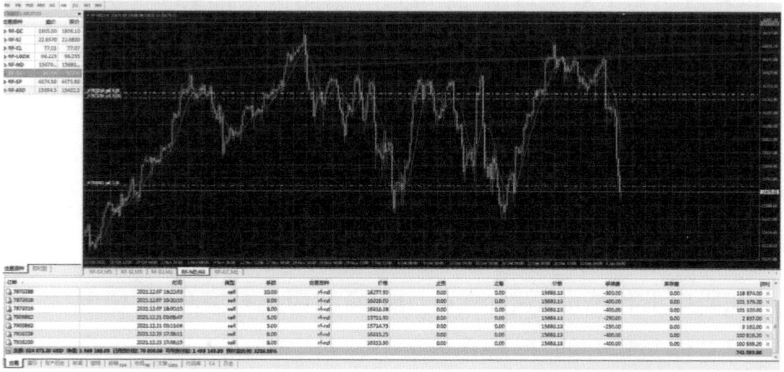

图 50　XY 十万美金户变一百五十万中线趋势持仓中

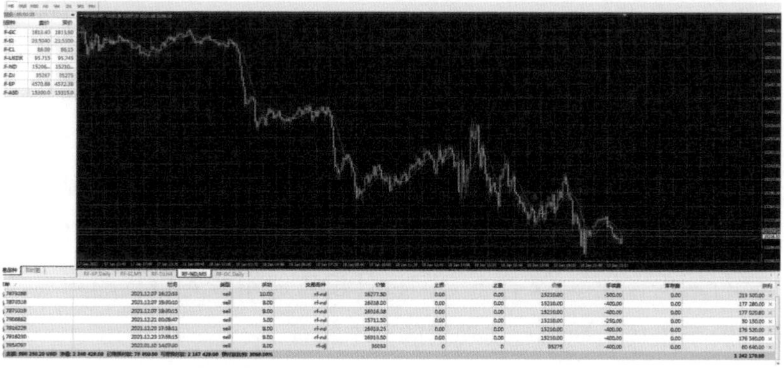

图 51　XY 十万美金户变 224 万，中线趋势持仓中

第十一篇 股票投资方法与指数基金

第一节 股票的基本特征和中国股市

一、股市的正和博弈性

股市兼具投资和投机的特点，但主要是投资的价值。人类社会中，劳动和时间的积累是价值的源泉，也是人类社会不断向前发展的动力所在，所以，长期的投资者必然会获得源源不断的价值，这也是欧美股市长期发展走牛的原因和表现。但是，不排除短期内，受各种因素的影响，造成的股价波动，甚至个股退市情况出现，成熟的资本市场，依然有大量的企业被淘汰、退市、股价清零，这是优胜劣汰的自然规律，因此，短期内，股市表现出波动性和零和性，也是正常的。但长期看，股市必然是正和性的，展现的必然是牛市的基本特点。

牛市是股市的本质特征：这是由股票的内在因素决定的，股票既有价值又能增值，反映在股票的价格上，就会保有一定高度切不断增高，价格围绕价值及增值不断波动，但总体是攀升的，反映在股市上就是牛市。因此说，牛市是股市的本质特征。熊市也会有，但那是对长牛的修正，是矛盾的次要方面，不是股市的本质特征。

长牛短熊是股市运行的内在规律：确定性与不确定性规律告诉我们，牛市作为股市的本质特征具有确定性，决定了股市长期运行的方向是向上的，是牛市，具有必然性；众多不确定因素决定股市调整走熊时有发生，但向下具有偶然性不确定性，是短命的快速的。长牛是矛盾的主要方面，短熊是矛盾的次要方面，长牛短熊的不断轮动，螺旋式上升波浪式前进，展现了股市运行的内在规律。长牛短熊既是股市运行的内在规律，又符合人们设计设置股市资本市场的初衷，同时也是欧美等成熟股票市场长期运行展现出的基本特征。

一言以蔽之,"牛市是股市的本质特征,长牛短熊是股市运行的内在规律",揭示了股市运行的真理,涵盖了股市自身运行规律的内涵和外延。见图 338 和 339。

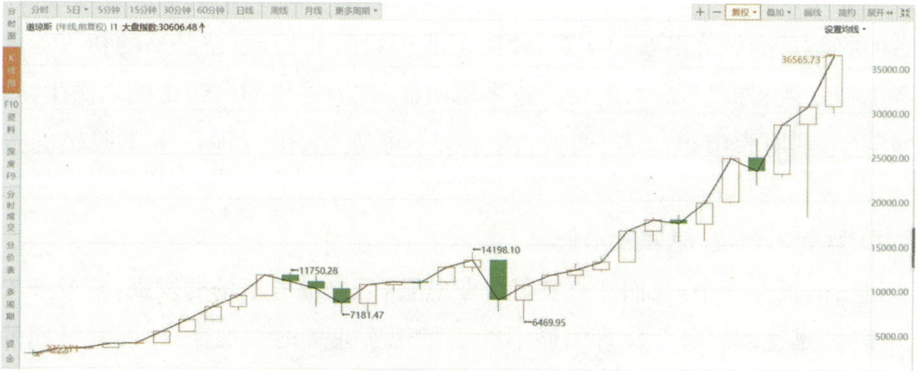

图 338:道琼斯指数 1990 年—2021 年

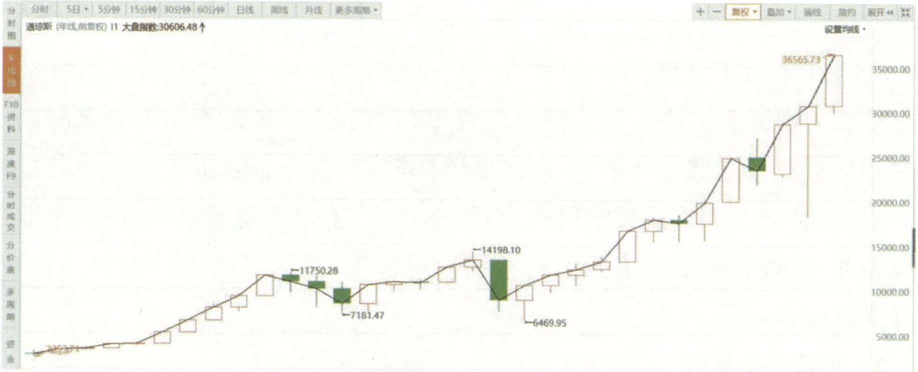

图 339:德国 DAX30,1990 年—2021 年

二、中国股市目前存在的问题

中国股市已经运行了 31 年了,从无到有,从小到大,各种制度不断完善,极大地发挥了资本市场的作用,对中国改革开放做出了极大的贡献,这些必须肯定,但是也有很多严重问题始终萦绕在市场,阻碍着股市的健康发展。上证指数多年来始终不高,与中国的实际经济地位严重不匹配!

1. 融资市畸变为圈钱市

中国股市的建立初衷是对早期的国有大中型企业实施股份制改革和直接融资，深交所设立后的一些企业，也是用来筹集资金，与成熟的市场风格完全不同，有其形而无其实。时至今日，中国股市中依然有数十家企业从来没有分过红，投资者的收益只能靠价格波动实现，背离了股市风险共担，收益共享的初衷。随着经济不断发展和扩张，股市的作用越来越明显，权力寻租和腐败也随之滋生，过去的多年中，利用股市讲故事、圈钱、割韭菜不断发生，极大地伤害了股民的投资热情。

2. 监管不到位、犯罪成本低

过去的很多年中，我们一直实行分业监管，后来随着市场的发展，新业务模式层出不穷，迅速发展分业监管明显不能满足现实业务的发展需求，同时早期的监管政策比较宽泛和宽松，违规成本太低，违法犯罪的认定门槛高，各种妖股、妖人、妖事不断出现，在股市中兴风作浪，直接伤害了投资者的热情，严重损害了投资者的利益。

3. 交易制度不合理

早期的中国股市经历了几波非理性暴涨暴跌后，形成了今天的交易制度，这些制度存在很多的不合理性，例如涨跌幅限制、国有企业定价机制问题、国有企业限售股问题、无直接做空通道，监管不到位、上市容易退市难、优质企业少、垃圾企业多等问题，限制了股市的长期稳定发展，导致了股市的牛短熊长和非理性暴涨暴跌。

4. 交易产品有限

在很长一段时间中，除了股票之外，很少有衍生品出现，后来出现的公募基金、ETF 等工具，也没有发挥应有的作用，除了收取大量的管理费，并没有给客户带来的多少实质性的收益。近年来出现的股指期货和融资融券业务，也没有给普通客户带来实际的效用，反倒是在 2015 年的那波股灾中，起到了推波助澜的作用，随后也受到了限制。中国是公有制为主体的经济结构，全社会的支柱企业和核心企业都是国有或国有控股型企业，目前的国有类型上市公司中，大部分都是这类大型国央企的子公司、孙公司，或是其中一个部分或者一个板块，也就是说，中国最好的资产和最核心的企业目前都还不在股市当中，导致了股市的核心资产质量代表不了中国实际的发展状态。

三、中国股市的未来发展方向

(一) 强监管时代来临，各项制度不断完善

2022 年 1 月 1 日，这是一个中国金融史上划时代的事件，代表了一个新的金融强监管时代的到来。从 2016 年底开始，各方讨论了 3 年多的大资管新规《关于规范金融机构资产管理业务的指导意见》(银发〔2018〕106 号，以下简称资管新规或大资管新规)终于落地了，可以说大资管新规是党中央反腐败在金融领域的主要成果，是强监管思维的集中体现，强监管又是针对 2014 年—2016 年那波股市风暴爆发出来的各种问题的应对措施，可谓一环套一环，环环相扣。

在大资管新规酝酿出台过程中，主要管理机构也从一行三会变成了一行两会，主要领导交叉任职，意在加速整合监管资源、统一监管思路，由之前的分业监管走向综合监管，在处理多年来积累的各种问题中，决策层强力使用了司法和刑事手段，重罚违法犯罪行为，先后有多家金融集团被监管部门强力接管，大量涉腐人员身陷囹圄，极大地震慑了金融领域的违法犯罪行为，起到了正本清源的引领示范作用。

证券类市场实时监管、事后监督加强，2015 年股灾之后，证监会痛定思痛，经过几年的实践和摸索，出台了数十项法律、法规、条例和管理办法。尤其是对市场的实时监控，一旦发现系统性问题征兆，或者股价异动，管理层随时随地签发问询函，及时监督和发现问题。此外，即使在风平浪静的环境中，监管层事后核查和监督职能凸显，执法过程中，极大地弥补了之前执法过程中的各项不足，查缺补漏，保护了投资者的利益，惩戒了一大批操纵市场的人。

(二)做大平台，加大产品供给

一方面，随着市场的不断扩大，产品不断丰富，金融期货、指数基金、期权、可交债、可转债、收益权互换、公募基金等以股票为基础资产的衍生金融产品层出不穷，给投资者更多的选择和回旋余地。另一方面，市场板块发展也不断丰富，各层次企业都可以找到合适的上市通道，B 股市场取消后，开通了创业板市场，运行了 10 余年之后，又开通了科创板和北交所(包括转板协议)，从各个层面给中国的企业上市提供更多的机会，供给侧改革效果明显，适应了时代发展的潮流变化，科创

板针对新兴经济体，使得以互联网起家的优秀企业可以不必远走海外，在国内也可以走上上市之路，最新成立的北交所则是给予了以高专特新见长的小型企业上市的机会，一经推出，引爆市场。

加大与港股的合作力度，扶持港股市场，产品端先后开通了港股通和沪港通，正规的官方通道给予投资者极大的便利，目前双向交易活跃，市场发展空间逐步打开。2022 年 6 月 28 日晚，中国证监会、香港证监会联合发布公告，宣布互联互通机制下的 ETF 交易将于 2022 年 7 月 4 日开始，并公布了首批纳入互联互通机制的 87 只 ETF 名单。进一步加大了两地的金融资本互联互通力度，未来还有更进一步的合作空间和产品。

量化交易走向前台，影响力持续增加。量化交易在国外兴起和流行已近 30 余年，目前国外主流的交易中至少一半以上的交易量是由量化交易完成的。量化投资是投资机构利用超级计算机技术、人工智能、数学、金融工程、仿生等手段建立策略模型，将传统的人为的操作方式，用数量化和程序化的方式去定义和描述，以协助投资者进行投资决策，并且严格地按照程序去执行交易策略（买、卖）的投资方式。量化投资是以定量化方法进行投资的各种技术综合，超越金融范畴，是金融科技的典型结合，这一范畴已经不是纯粹的投资行为。

（三）价值投资、机构投资者开始成为主流并将逐步强化

从 2014 年春天开始，监管部门发布了私募基金备案管理办法，正规的私募基金如雨后春笋一般发展起来，经过多年的灰色地带的发展，终于迎来了阳光化的时代，从此大量的资金通过私募通道进入了的资本市场（股权投资）和二级市场（以证券为主的市场），强大的资金支持给价值投资理念的正式建立带来了坚实的物质基础，促进了价值投资的发展。

机构投资人逐渐成为主流，过去的 20 多年，中国股市的机构投资者参与很少，基本都是散户的天下，近年来随着公募基金的发展，加上私募基金公司的出现，机构投资者的优势明显地发挥出来，市场上已经形成了公募基金、证券公司、国家队、私募基金、北上资金为主导的机构投资格局，在未来的很长一段时间内，将逐步取代个人投资者，这也是最近几年来的非常明显的变化趋势。

第二节　股票投资的方法选择

中国证券市场提供了丰富的可供投资的产品，但是绝大部分投资人还是会选择直接投资单一股票进行操作。因此，我们就股票投资方法做一个详细的分解，仅供读者参考。

一、操作思路

长线价值投资与中线波段操作相结合。

多看少动是很多投资市场的上佳选择，频繁操作往往会带来巨大的损失，市场是 90%的收益其实都是来自于不到 1% 的操作。因此选好赛道和企业，根据资金情况设计好仓位，分批进入市场，静待时机，是获得收益的不二法门。由于中国股市双向波动性较强，结合基本面和技术面情况，中线级别可以做一些高抛低吸动作，增加利润厚度。

二、选股原则

(一)只做确定性的个股，基本特征：

1. 国有类型企业(央企或地方性国有企业)

这类企业往往有垄断优势(资源、政策、市场)或者超强的投资强度，国有性质的管理层，受监管和教育比较严格，极少出现管理层胡作非为，侵害股民的行为，从这点讲，也是我们选择好企业重要的参考标准。

2. 管理团队能力超群的民企

民营企业是中国企业中不可或缺的力量，尤其是解决人口就业方面，可谓功不可没，尤其是新兴经济模式和科技创新领域，民营经济体表现十分亮眼，A 股的上市企业中不乏优秀的企业，这些企业有着共同的特征：管理团队素质高，能力强，可以协调各方资源和势力，在市场也具有一定的垄断地位，有些是细分行业的“领头羊”。这些企业值得长期关注和投资。

3. 拥有超强的盈利能力且持续分红

从盈利角度讲,企业一定是越多越好,强大的盈利能力才是一个企业生存和发展中的基本条件,在选股的时候要首先考虑企业的盈利能力。此外,企业在赚钱的同时,要不吝啬地给股东持续稳定分红。A股市场30年了,依然有一些企业从没有分过红或只有极少数额的分红,这类企业不是我们的目标企业。

4. 成长空间巨大,技术性强、适合未来发展方向

目前,人类社会正处在第四次工业革命的前夜,未来10到20年中,新材料(如石墨烯),基因工程,人工智能与虚拟现实(AI与脑机接口),量子科学,可控核聚变(人造太阳,永恒能源) 等领域将会实现突破,这几个领域代表了人类社会发展的未来,投资这些领域,将会带来巨大的社会效益和经济利益。

5. 以下各类股票均不参与:

st股、盈利能力差的个股、妖股、大股东或实控人爱折腾(喜欢并购),且商誉巨大,超过年度净利润的且没有核心技术的个股、市值100亿以下且无发展空间的个股。经过多年的洗礼,上述几类股票基本上已经被主流的投资机构抛弃,不适用价值投资原则,不适合长期持有。

(三)选股步骤:

1. 观察基本数据

首先观察基本面数据、PE值、市净率、市值、净利润、毛利率、roe净资产收益率,如果上述数据基本上都能在行业的中位数,表现相对较好或者有亮眼的地方,再继续看详细数据内容,仔细筛选,不断排除异常点。

2. 基本财务数据

首先看最近三年的盈利情况,是否持续盈利,盈利数字多少,净利润长期低于1个亿的话,说明盈利能力差或者管理团队有问题,淘汰。盈利稳定在1—5亿的,5—10亿,或10亿以上的,是企业综合实力的不同表现。

其次是,毛利率、roe,负债率等辅助数据,民企一般都有不上征信或报表的民间借贷或其他债务,公开数据的负债率不能轻信。盈利能力远远低于商誉的企业慎重考虑。

3. 股东情况

(1) 股东人数代表市场认可度,但是并非越多越好,太多的散户股东容易减少股票的灵活性。

(2) 是否有实控人，无实控人企业实际运营团队是哪一方面或者股东，管理能力如何。

(3) 实控人是国有的，包括国务院、国务院国资委、省级人民政府、省级国资委、大型央企、地方政府、地方性质国有企业的，相对优势明显，但是运营效率不可强求，很多时候都不高。不过有时候这些企业执行力强，资源丰厚，国家级战略型企业的投资强度和厚度可以保证。

(4) 实控人是自然人的且话语权超强的，要多维度考察管理团队的运营思路和操作手法，喜欢并购、玩弄资本手段、以套现为主要目的，没有核心竞争力和技术的企业，实控人涉腐、涉案的原则上不碰。

(5) 是否有机构投资者介入，公募基金、社保基金、私募基金，持股比例如何。

(6) 筹码分布情况，股东盈利情况及被套情况，判断股价走势是否剧烈和振幅大小。

(四)企业基本面情况

是否符合国家的产业政策、是不是国家支持的行业，是否需要牌照经营、盈利来源的多样性、持久性、可靠性、国内外的贸易环境、政治环境、是否有政治风险等基本因素。最好能够到企业进行现场尽调或者调研，也可以借助研报、专业的研究员的研究成果进行分析。

(五)技术面情况

价格与估值是否高了，上升趋势还是下降趋势，适合什么样的资金介入，散户小资金？还是私募机构长期战略性投资？还是有持仓比例限制、品类限制、赎回压力的公募基金。中国的股市属于半强势有效市场，导致传统的技术分析手段经常失效，因此，不能照抄照搬这类技术分析，要结合实际进行分析，更多的精力放在政策研读上为好，首先是基本面的研读，其次才是小范围的技术分析。基本面提供方向，技术面指导进出场。

(六)其他信息的获得

通过社交圈了解到的企业的真实信息，作为投资决策的辅助信息，方便进行投资决策。优秀的企业，通过实地走访和行业调研，很容易获得真实的信息。相反，很多烂企业，表面光鲜，形式主义功夫十足，实地调研不能了解到真实的情况，只能通过其他渠道想办法，提前或者能够深度解读行业政策、政府的政策导向，提前预判或者预知发展动态，对投资行为会起到极大的促进作用。

第三节　指数基金的优势

指数基金品种有很多，以股票市场为基本成分的叫股票型指数基金，以商品市场为跟踪对象的叫商品型指数基金，此外还有衍生品指数基金，比如债权类指数基金，利率型指数基金，还有混合型指数基金，国际金融市场发展迅速，指数类基金产品大多属于衍生品市场，规模高大数百万亿之巨，这里面有很多的技巧和投资空间。

不同于股票或者商品期货的直接投资，指数型基金属于间接、被动型投资，而且，指数永生可以一直存在，受大环境影响大，受小因素和瞬时事件影响相对较小。指数型基金产品的另一个好处是打破市场壁垒，比如新加坡富时 A50 期货，是境外投资者间接投资中国资本市场的很好的产品，同时也是国内投资人观察境外投资者情绪的一个重要参考工具。

一、分散投资，风险可控

以证券类指数基金为例，证券型指数基金基本上有三大类，大盘型指数基金，比如上证系列，深证系列，沪深综合系列。行业型指数基金，例如各种行业 ETF 基金(煤炭 ETF、能源 ETF)、新能源指数基金。专题型指数基金，例如军工、一带一路、环保、碳中和、芯片等等，专注于某一细分领域的投资机会。典型的境内指数产品包括：

上证 50 指数：这是挑选了上海证券市场规模大、流动性好的最具代表性的 50 只股票组成样本股，综合反映上海证券市场最具市场影响力的一批优质大盘企业的整体状况，同时也是中国经济和中短期市场热点的一个反应。

沪深 300 指数：跟踪沪深市场 300 支规模大、流动性好的企业编制的指数，沪深 300 基本上包含了上证 50 的成分股，总体上反应了中国自己本市场实力最强的企业的基本情况，成分股基本上都是各行业的精英型企业。

中证 1000 指数：这是中国资本市场最具代表性的指数型产品，其成份股是选择中证 800 指数样本股之外规模偏小且流动性好的 1000 只股票组成，与沪深 300

和中证 500 等指数形成互补。中证 1000 指数成份股的平均市值及市值中位数较中小板指、创业板指、中证 500 指数相比都更小，更能综合反映沪深证券市场内小市值公司的整体状况，也是国内经济的晴雨表，中国的大型企业大部分都是国有性质的，抗风险能力强，腾挪的空间大，相比之下，中小企业抗风险能较差，突发事件、疫情、经济衰退、新技术突破都会产生很大的影响。

综上所述，我们投资的指数基金，实际上投资了一系列股票，这些股票的综合变动及时的反应市场的变化，虽然我们失去了单一个股暴涨的利益，但是，极大地避免了个股爆雷后带来的巨大损失，相比中国股市的发展路径，我们认为，稳定的、持续的收益更持久，更符合长期价值投资的真谛。

成熟的投资人都知道，在中国证券市场做技术分析是非常困难的，绝大部分情况下，个股的走势远远不像指数型产品那边标准和规则，尤其是中小股，更是妖孽丛生，走势上蹿下跳。但指数型产品相对跟稳定，更规则，经过计算后，平滑了很多突发状况和个股人为因素的影响。

二、股指期货可以对冲、修正市场

股指期货的全称是股票价格指数期货，也可称为股价指数期货、期指，是指以股价指数为标的物的标准化期货合约，合约双方约定在未来的某个特定日期，可以按照事先确定的股价指数的大小，进行标的指数的买卖，到期后通过现金结算差价来进行交割。作为期货交易的一种类型，股指期货交易与普通商品期货交易具有基本相同的特征和流程。

由于国内的证券市场没有做空机制和手段，股指期货的双向交易规则，就成了一个非常好的对冲工具，合理使用可以极大地保证投资组合的安全，锁定收益和控制风险。同时，期货市场也是价格发现的最好市场，可以在短时间的疯狂中逐步纠正错误，从而使市场回归价值和健康。

三、境外市场品种丰富，机会多多

境外市场投资时境内投资者比较头疼的问题，操作起来相对比较麻烦，利用境外市场丰富的指数基金产品，可以便利的实现投资需求、对冲需求和全球性布局。境外市场发展成熟，产品类型丰富，比如三倍做多或者做空类型的 ETF 产品，就是多倍杠杆下的金融工具，使用好了事半功倍，我们常做的外汇和黄金交易，都属于金融期货范畴，也都是指数型基金的一种，市场吞吐量大，交易机会很多，获利的机会和空间也大。

总结：

指数型基金不论从基础投资的角度看，还是结合衍生品做投资组合都是很好的金融工具。不过，由于技术难度和理念的问题，真正懂得使用这类产品的机构在国内还是少数，做得好的就更少了。金融的发展是建立在实体经济之上的，又极大的促进了实体经济的发展，指数基金又是金融领域最耀眼的部分，用好指数型的产品，无论是对个人投资者还是机构投资者来说，都能起到事半功倍的效果。

第十二篇
一亿一春秋谈股论今

这是我多年来对中国股市健康走牛的一些思考，也许有益于中国资本市场战略布局，也许对解决当前存在的“需求收缩，供给冲击，预期转弱三重压力”问题，有立竿见影的功效。不知当否，仅供读者参考。2021 年 12 月 29 日

第一论　一亿《牛市论》2021 年 12 月 25 日

此论企图揭示诺奖级的股市经济学原理 2022 年 8 月 8 日

一、论点

牛市是股市的本质特征，长牛短熊、慢牛快熊是股市的内在运行规律，是真理。这一观点是一亿在长期的急股民所急，急上市公司所急，急国家所急和急消费拉动经济所急中；是在给党和国家管理者的几封信中陆续阐述和形成的观点。下面再从基本理论、历史实践和重大意义三个方面浅论之。

二、论据

1. 股票的设计初衷：股票发行能为企业迅速大量集聚社会资金，为国家办大事；能不断倍增企业创收创新能力；股票能不断增值，能给投资者及股东不断带来收益。这是股票的设计初衷，股市牛市本质的源动力。

2. 证券交易所设计的初衷：能汇集众多优质企业，通过 IPO 迅速集聚资金，为国家办大事；能通过增发股票及股票质押等手段帮助企业再融资，不断提高企业的创新创收贡献能力；能使股东获得股票增值收益，并可以随时变现。而股市上的投机者的反复炒作，就成了股市这架机器的润滑油。它们的综合作用，反应在股市的综合指数走势上，必然会体现出牛市的本质特征和长牛短熊，慢牛快熊的运行轨迹。

3. 股票的增值特点、资本的逐利特点、企业的创收创新特点和企业的贡献特点，这是上市公司的四大特点。只有股市走牛，上述特点才会形成正循环和良性循环；反之，就会扼杀上述四特点。美名人说，没有任何一个人能依靠做空自己的祖国而赚钱，谁做空美股就是叛国。尽管说法极端，但却点到了股市牛市的本质、点破了牛市对国家的重大正面意义。

4. 世界主要股市运行历史证明：下面是美国、德国及印度股市的历史走势图，不难看出股市的运行规律。

A、美国股市历史轨迹（见图一）

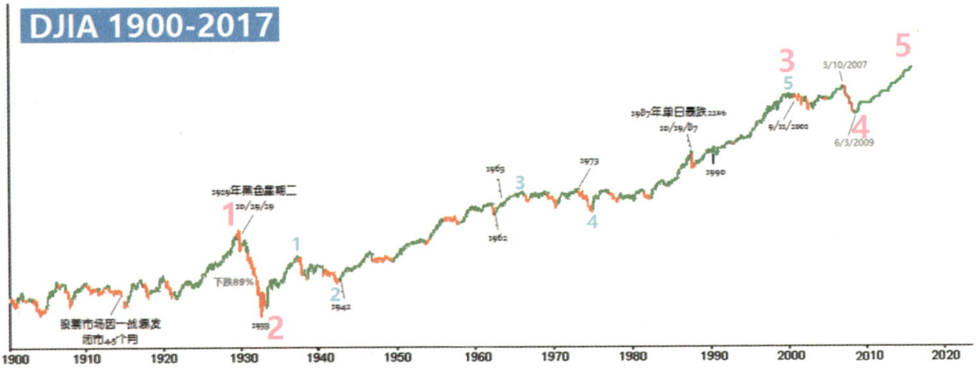

图一：美国股市道琼斯指数 200 年历史走势图

B、德国股市历史轨迹（见图二）

图二：德国股市 DAX 指数历史走势图

C、印度股市历史轨迹(见图三)

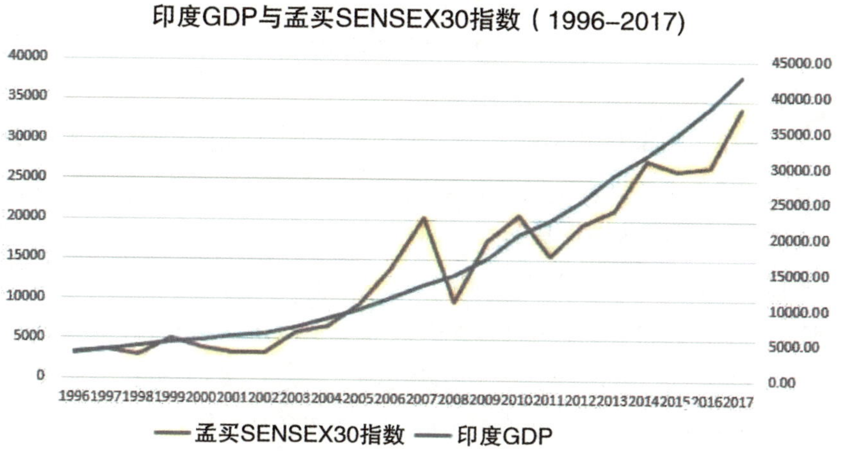

图三:印度股市 20 年走势图

三、结论

牛市是股市的本质特征,长牛短熊,慢牛快熊是股市的运行轨迹。这是股市的运行规律,是经济规律,是真理。

四、意义

我们运作管理资本市场,必须按经济规律办事,必须促使股市健康走牛。健康牛市会给我们带来良性的发展,反之必然会受到各种惩罚。按经济规律办事,上市公司就是造福人类的机器,反之很多上市公司都会被逼上梁山,变成牛鬼蛇神。股市长期走熊,必然使股民及众多中产阶层变成穷人,使上市圈钱的大股东摇身变成土豪,促成严重两极分化,形成可怕的哑铃式社会结构;必然使消费拉动经济的根本动力源枯竭,严重桎梏生产力发展,破坏国民经济。改革开放必须有开放改革的思维,改革必须符合改革的逻辑,经济规律属于生产力范畴,那些上层建筑和生产关系领域的不适合经济规律,不符合真理的政策法规必须革除。

第二论　一亿 2014 年谈股论今

关于利用政府看得见的手推动中国股市走高用消费拉动经济的建议

我是 1992 年下海的体改干部。卅年的下海经历，使我对市场经济和资本市场有了比在岸上更加深刻的认识。现就利用政府看得见的手，推动中国股市走高，通过消费拉动经济，改善民生，提点建议，供大家参考。

1. 我国现阶段主要靠消费拉动经济，而消费提升主要靠中等收入者。经过 30 多年来的改革开放，目前我国的投资达到了阶段性高点，进出口也达到相对高点，下一阶段国家经济的发展，主要靠消费拉动。一般情况，消费拉动主要靠中产阶层，20%的中等收入者，会占据消费市场约 80%的份额；80%的高、低收入者的消费占比较低。我国目前的情况也一样。目前我国股民约 1.3 亿，基本代表了中等收入阶层。由于 2007 年金融危机以来，中国股市持续走低，致使这一消费主力军的全面消费能力，一直被淹没在股市的池子里。这是我国一直较难启动消费拉动经济的重要原因。

2. 我十分赞成党的关于“看得见的手”和“看不见的手”，两手都要硬的观点。通过政府行为和市场行为配合救市，中国沪市会很快恢复到 4000 点以上，并长期走牛。那时它将启动中等收入阶层的消费力，同时使上市公司市值翻倍，促使众多优质上市企业活跃起来，推动经济健康发展。目前，美国经济的稳定复苏，主要受益于美国股市 5 年来的稳定上涨。

3. 促使股市健康上涨的方法很多，关键是想不想让它涨。国家经济部门干部成长体制决定了经济干部队伍由官变官的近亲繁殖现状，这种能出不能进的“二极管单向导电性”，使得在海中游的有体会有经验的人士很难上岸，这些人的声音很微弱，对政策的影响就更谈不上了。在经济领域不会游泳的人在制定游泳规则，这是十分可笑的。在岸上下海易，在海中上岸难，这使得有些经济政策难免不接地气脱离实际。

现在到了利用政府“看得见的手”推动我国股市稳定健康上涨，通过启动消费拉动经济的关键时刻了。

2014 年 6 月 15

第三论　一亿 2018 年谈股论今

用政府有形之手，推动中国股市走高的建议
——“牛市是股市的本质特征，长牛短熊是股市运行的内在规律”是习近平新时代中国特色社会主义思想在股市领域的新理论

改革开放以来，我国股市从无到有蓬勃发展，为国家经济建设做出了极大贡献。但瑜不掩瑕，股市多年来的长熊短牛走势，却让人十分揪心。它远离了人们设计股市的初衷，背离了股市的本质特征，违背了股市运行的内在规律。尤其可怕的是，我们的一些同志，对这种变态变病态，病态成常态的情况，长期熟视无睹，放任自流，无动于衷，无所作为。

股市设置的初衷是让上市公司迅速积聚资本、茁壮成长、干大事干好事；由于上市公司的盈利特质及股票的增值特点，让投资者有利可图愿意投资，进而促进宏观经济健康快速发展。而我国股市多年的走势，特别是近十年来的运行恰恰相反，股市长熊，众多上市公司日子艰难苟延残喘，亿万中小投资者朝不保夕亏损连连，严重制约了上市公司作为优质实体经济群体的发展贡献力，严重限制了消费对经济的拉动（上一论的着眼点），严重阻碍了宏观经济的健快发展。以中美股市比较而言，次贷危机后的十年来，美国牛市十年，较其低点涨了数倍，且迭创新高；中国股市较高点夭折了一半，且仍在跌跌不休。此间，从股市指数类比，等于美国的上市公司竞争力增强了数倍，而中国的上市公司竞争力下降了一半。美国次贷危机以来，中国股市就像没人扶的阿斗起不来，别人的错误，自己遭灾，十分可悲可笑。

此论的目的就是阐明道理，建议利用好政府有形之手和诱导驾驭好市场的无形之手，两手有机结合，两手都要硬，坚决克服长熊短牛的被动局面，推动驾驭中国股市健康走牛成熟发展。

这一论的题目是：“用政府有形之手，推动中国股市走高”。这种提法是否失于偏颇，过于极端？非也，这种提法恰恰反映了股市的本质特征，遵循了股市运行的内在规律，不偏不颇不极端，恰到好处，亦切中时弊。因为牛市是股市的本质特征，长牛短熊是股市运行的内在规律，长期牛市可以消除众多问题，长期熊市必然产生一切问题。你种了玉米，却不去除草施肥浇水，玉米怎么茁壮成长结出硕果？政府搞了股市，却任其乱草丛生歪瓜裂枣，人们难以享有长牛的好处和收益，使得

众多上市公司举步维艰，投资者苦不堪言，各种参与者灰头土脸，兔子急了还咬人，造假的骗人的操纵的等等丑陋现象不一而足层出不穷，一切歪门邪道、狐狸妖精害人精、形形色色乌七八糟的东西出来作乱，就是必然现象了。

一、为什么说牛市是股市的本质特征，长牛短熊是股市运行的内在规律？

1. 牛市是股市的本质特征：这是由股票的内在因素决定的，股票既有价值又能增值，反应在股票的价格上，就会保有一定高度切不断增高，价格围绕价值及增值不断波动，但总体是攀升的，反映在股市上就是牛市。因此说，牛市是股市的本质特征。熊市也会有，但那是对长牛的修正，是矛盾的次要方面，不是股市的本质特征。

2. 长牛短熊是股市运行的内在规律：确定性与不确定性规律告诉我们，牛市作为股市的本质特征具有确定性，决定了股市长期运行的方向是向上的，是牛市，具有必然性；众多不确定因素决定股市调整走熊时有发生，但向下具有偶然性不确定性，是短命的快速的。长牛是矛盾的主要方面，短熊是矛盾的次要方面，长牛短熊的不断轮动，螺旋式上升波浪式前进，展现了股市运行的内在规律。长牛短熊既是股市运行的内在规律，又符合人们设计设置股市资本市场的初衷，同时也是美国等成熟股票市场长期运行展现出的基本特征。

一言以蔽之，“牛市是股市的本质特征，长牛短熊是股市运行的内在规律”，揭示了股市运行的真理，涵盖了股市自身运行规律的内涵和外延。是习近平新时代中国特色社会主义思想在股市领域的理论深化或新理论；是指导党和政府制定股市资本市场有关法规政策的理论基础；是指导我们言行的指南针。

人视水见形，视民知治不。我国股市长期处于典型的长熊短牛走势中，说明我们的股市长期处在病态之中，症状典型病情严重；说明我们对股市的监管犯了典型性重大错误。这种病是人为的，不是天生的，必须纠正。

二、指导股市健康发展的经济理论必须彻底拨乱反正，必须尽快成熟

多年来，我们指导股市的理论很不成熟，对股市的认知管控只停留在“股市有

其自身的运行规律，一般情况下政府不干预股市"这一盲人摸象茫然无为的层面。在这一肤浅的认识基础上，形成了对股市只重规模不重质量，只重圈钱，不重走势，只监不管的长期被动局面。人们不去深入探究股市自身运行规律到底是什么，不按股市规律真理办事，使股市陷入长期短牛长熊的假周期逆规律的盲目运行状态中难以自拔！在这一错误的指导思想下，形成了很多不成熟不科学不尊重经济规律谬误百出的监管法规和政策，权重监管人员亦经常发出做出一些任性错误而不负责任的言行，干扰股市正常运行。特别是近几年，个别部门又在各种名义下，推出了很多不利于股市健康走牛，有背消费拉动经济的歪理邪说及陈规滥条。致使中国股市走向了一条发展极不正常，走势极不健康，中小投资者利益不断缩水，众多上市公司举步维艰的羊肠小道。

毛主席曾指出：马克思主义看重理论，因为它能够指导行动。在正确的理论指导下的实践，是事半功倍富有成效的实践；在错误或缺失理论指导下的实践是盲目的实践，是事倍功半适得其反的实践。如果有了正确的理论，只是把它空谈一阵，束之高阁，并不实行，那么，这种理论再好也是没有意义的。明白了牛市对国民经济的重大意义，懂得了牛市是股市的本质特征，看懂了长牛短熊是股市运行的内在规律。我们就要按经济规律办事，就要大张旗鼓地促进中国股市健康走牛；就要从方方面面精心维护呵护股市的长期牛市；在股市出现系统性熊市风险时，就要理直气壮千方百计地扭转熊市态势，促使股市尽快转牛，长期保持长牛短熊格局。

习主席讲过："当前，中国经济体制改革的重要方向就是使市场在资源配置中起决定性作用和更好发挥政府作用。简言之，就是'看不见的手'和'看得见的手'都要用好。"现在的中国股市，确实到了必须"更好发挥政府作用"的时候了。

指导股市健康发展的经济理论必须拨乱反正，必须成熟发展。我们指导股市的基本思想应该是："股市涨跌有其自身的运行规律，牛市是股市的本质特征，长牛短熊是股市运行的内在规律，政府必须按股市经济规律办事，要依法办事，不可不作为乱作为。

政府的职责是维护公开、公平、公正的市场秩序，保护投资者特别是中小投资者的合法权益，必须精心维护股市，精心呵护牛市，促进股市长期长牛短熊稳定发展。面对系统性熊市风险时，政府必须有所作为，有大作为，全力扭转股市熊市态势，促使股市尽快恢复牛市。"

既然长牛短熊是股市运行的内在规律，那么，政府有形之手，就要使长牛尽量长，使短熊尽量短。这才是真正的维护呵护，这才是真正按经济规律办事。要喊出“投资股市就是投资实体经济，股市牛市就是最大的‘三公’，股市长牛就是对投资者最好的保护”的响亮口号！

三、股市牛市的伟大意义和重要作用：

习主席在十九大报告中指出：“发展资本市场是中国的改革方向。”“金融要把为实体经济服务作为出发点和落脚点。”促使股市走牛，就是发展资本市场的重要改革内容之一；促使股市走牛，就是牵到了为上市公司实体经济群体服务的牛鼻子；就是抓到了消费拉动经济的要害；也是当前应对美国挑起的非理性贸易战的重要战略措施之一。

1. 对上市公司的意义：十九大对企业提出了转型升级的要求，企业要实现新旧动能转换，需要条件实力，在熊市背景下，上市公司竞争力锐减，自顾不暇，哪有精力、条件和实力去创新完成动能转换？只有在牛市背景下，在长牛条件下，上市公司群体才能发挥出优质实体效应。股市走牛，将使众多上市公司融资力、竞争力成倍增加，这对企业的投资能力、创新升级、新旧动能转换和供给侧结构性改革，都有十分深远的意义，对推动国民经济发展作用重大。

2. 对消费拉动经济的意义：今年的政府工作报告中指出，经济增长要实现“由主要依靠投资、出口拉动转向依靠消费、投资、出口协同拉动，由主要依靠第二产业带动转向依靠三产业共同带动”的重大结构性变革。三驾马车拉动经济，消费是根本，是源动力，也是目前我国经济发展的“压舱石”。百分之二十的中等收入者，其消费力往往占社会消费额的百分之八十。目前我国股市的上亿个人参与者，基本属于中等收入阶层，是社会消费的主力军，但由于长久的熊市及长熊短牛，使他们的消费力被长期淹没在股市池子里，股市几乎成了“中产陷阱”。股市走牛，主要社会消费力将被充分激活，这对启动消费拉动经济，促进第三产业发展，将会起到立竿见影的效果。供给侧和需求侧、积累和消费之平衡改革，要有机结合不可偏废，启动股市牛市，对需求侧结构性调整改革意义重大；对完善促进消费的体制机制改革，增强消费对经济发展的基础性作用意义重大。

3. 对构建橄榄型稳定社会的意义：社会稳定永远是治国理政的首要任务，而构建橄榄型社会是社会稳定的基石之一。股市走牛，将使中产阶层或中等收入者队伍不断扩大，十分有利于社会稳定。这对完成十九大提出的“到 2035 年中等收入群体比例明显提高”的任务，具有重大作用。

4. 对赢得美国挑起的贸易战的意义：特朗普出于冷战思维和狭隘的单边主义，悍然挑起了史上最大的贸易战，其直接结果就是打击我国出口，而出口是拉动经济的三驾马车之一。通过促进股市走牛，会使中等收入者大增，并敢消费能消费增消费，消费作为国民经济发展的压舱石的功能将充分显现。激活中等收入者的消费，将成为我国赢得美国挑起的非正义贸易战的重要生力军。

5. 对两个一百年中国梦的意义：实现我党“两个一百年”的奋斗目标，没有股市牛市的参与是不可想象的。实现中国梦需要股市，实现中国梦更需要中国牛市！共同富裕也更离不开中国牛市。

四、促使中国股市走牛，健康发展的措施方法：

1. 发起开展股市理论规律大讨论，形成符合习近平新时代中国特色社会主义思想的股市新理论。要发现真理，坚持真理，促进中国特色社会主义股市健快发展。理论问题、认识问题解决了，决心就有了，方法就出来了。理论认识问题不解决，就会像过去那样，面对长久的脉冲式短牛长熊，熟视无睹，无所适从，无所作为。

2. 在股市理论的拨乱反正基础上，全面清理有关股市的法规政策。凡是不利于股市健康走牛的政策法规必须修正；凡是不按股市经济规律办事的条条框框必须废除；凡是不利于股市长牛短熊的言行必须禁止。

我国股市是在“摸着石头过河”中逐步形成的，在其运行过程中形成了很多法律法规及政策条文，在当时的历史条件下，发挥了不小的正面作用。随着时间的推移、股市理论及实践的发展，有些已经过时，有些已经起反作用，应该也必须进行全面清理。新政策法规，必须使其符合股市运行规律，必须体现新时代中国特色社会主义思想。

3. 好好学习欧美等国治理股市的经验。长期熊市必然产生一切问题，长期牛市可以消除众多问题。因此，美国政府会采取种种措施精心维护呵护股市长牛走势。向美国治理股市经验学习，取其精华为我所用，是治国理政搞好股市的捷径。

特别是在系统性熊市风险出现时，迅速强力干预救助危机性短熊快熊，使股市尽快恢复保持长牛状态的经验，更值得学习。学习的敌人是我们的进步。

4. 要处理好总供给与总需求的关系。减少总供给，精化总供给，减少 IPO 数量，提高上市公司质量；科学引导配资，扩大国内外进入股市的资金规模，使股市股票相对于资金面处于相对稀缺状态。流水不腐户枢不蠹，退市政策必须符合股市运行规律，坚决清理股市中的害群之马，优进劣出，维持股市长期健康优质动态平衡。以实现十九大提出的“价格反应灵活，竞争公平有序，企业优胜劣汰”的目标任务。

5. 建立维护股市长久走牛、长牛短熊的长效机制。习主席曾指出：“实践没有止境，理论创新也没有止境。世界每时每刻都在发生变化，中国也每时每刻都在发生变化，我们必须在理论上跟上时代，不断认识规律，不断推进理论创新、实践创新、制度创新、文化创新以及其他各方面创新”。我们要发扬成绩纠正错误，学习西方的，修缮自身的，并不断创新适应变化，在理论创新的基础上，要搞好制度创新，形成股市长牛短熊健康发展的长效机制。

6. 形成长期牛市的心理预期，这对于股市走牛非常重要。七月三十一日召开的中共中央政治局会议明确提出“稳预期”的要求。目前，实行长期适度宽松的货币政策并形成长期心理预期，十分必要，这既符合国民经济稳中向好的客观实际，又有利于股市走牛，更有利于增加多边出口、应对战胜美国发起的非正义的重量级贸易战。

7. 对股市进行科学的“休渔休田休牧”。可以理性地放缓新股上市节奏，强调质量及稀缺性。我国从 20 世纪 90 年代初复兴股市以来，大的第一轮股市上市搞得差不多了，股市可以进行相当长时期的“休渔休田休牧”了，以便让股市存量要素得以休养生息；政策上让利于上市公司、股市投资者及其他参与者；以便培育长牛短熊的健康股市。以人为本，以投资者为源，不可竭泽而渔。

五、中国股市展望：

毛主席说：搞社会主义不能使羊肉不好吃，也不能使南京板鸭、云南火腿不好吃，不能使物质的花样少了，布匹少了，羊肉不一定照马克思主义做，在社会主义社会里，羊肉、鸭子应该更好吃，更进步，这才体现出社会主义比资本主义进步，否则我们在羊肉面前就没有威信了。社会主义一定要比资本主义还要好，还要进步。

同样，我们应该相信新时代中国特色社会主义的股市未来肯定会比资本主义的好，亦必然比美国的牛。股市需要阳光大道，股民需要扬眉吐气，新时代更需要新气象！

关于中国股市未来指数(以沪深300为例)的预言：

沪深300一万点是恢复式上涨，属于回归行情，相当于沪综指当年的6200点。

沪深300二万点是还账式行情，多年来欠股民的钱太多了，该还了。

沪深300四万点是适应我国宏观、微观基本面的正常式上涨，是符合实际的行情，世界经济老二的地位，适应且需要四万点。此时股市晴雨表的功能将会充分显现出来。

沪深300五万点以上，是适合大国地位的行情，是未来GDP超美行情，很快美国经济规模将被甩到身后很远！

国家之事，匹夫有责，我虽退休，仍不敢懈怠。水平有限，抛砖引玉，错谬之处，恳请读者批评！

2018年9月3日

第四论　2020年谈股论今

牛市是股市的本质特征

——必须确立尊重经济规律的正确态度，要有搞好股市的责任感紧迫感，要有搞好股市的科学智慧和科学方法

习近平总书记在全国抗击新冠肺炎疫情表彰大会上提出的“既要有责任担当之勇，又要有科学防控之智”，“最终战胜疫情，关键要靠科技”的科学论断，使我深受启发。因此，信笔写出关于中国股市的第四论，我们应有这个责任担当。

中国股市长期以来像得了瘟疫一样，牛短熊长，短牛脉冲走势，盘散行汲，跌跌撞撞。这种局面违背了“牛市是股市的本质特征”的经济规律，已经并将继续破坏上市公司的发展贡献力，迟滞消费对经济的拉动作用，阻碍我国经济的健快发展。特别在当前新冠疫情仍在全球蔓延，国际斗争异常激烈，面临世界百年未有

之大变局，急需激发国内需求拉动经济，在强调“以内循环为主，内外双循环”健康发展的背景下，促使我国股市走牛，就显得更加必要，更加紧迫。一万年太久，只争朝夕！

从中美股市历史走势图的比较看，不得不承认我们管理层有些人犯了西施效颦的毛病，还没有悟出设立股市的全面初衷，也不明白股市的本质特征是牛市，更没有搞懂股市走牛的重大意义。

我在 2014 年和 2018 年的两论中，就股市走牛如何促进消费拉动经济，为何说“牛市是股市的本质特征，长牛短熊是股市的内在规律”，都做了浅释，此不赘述。这里重点浅谈促使股市健康走牛的科学方法。

一、拿来主义：

美国的证券交易市场，自 1792 年 5 月 17 日，24 个从事股票交易的经纪人在华尔街一棵树下集会，宣告纽约股票交易所诞生至今，已有 228 年的历史，我们的股市还不满 30 年。成熟市场的经验教训值得我们认真学习研究和科学扬弃。好好研究美国股市历史现状，取其精华去其糟粕，高屋建瓴地取精华、找问题和补短板，把我国股市在现代科技基础上完善好，管理好，以求师夷善师以自强。美国的股市的“长技”到底是什么？我看至少有三个。

一是表象：

慢牛快熊，牛长熊短。美国的股市“长慢牛，短快熊”特点十分突出。其牛市：慢慢上涨，长期上涨，长到以年记和以十年记，甚至更长。例如 2009 年牛市启动至今涨了 11 年，纳指由 900 多点起步，涨到了 12000 多点，涨了十多倍。其熊市：来势汹汹，短快急，熊市快速结束后，慢牛长牛又始。熊市短到以年纪、以季记和以月记，甚或更短。例如此次新冠肺炎疫情突如其来，美股做出迅速反应，四次熔断，纳指由 9700 点，快速跌到了 6500，跌了约 30%，仅仅用了 5 周的时间。然后，又恢复了上涨，不到三个月就创出了万点新高。

二是本质：

1. 美股的走势符合经济规律：“牛市是股市的本质特征”是股市的根本规律，美股牛长熊短的走势，遵循符合了这一规律。大家知道，股市不同于期货，它不是零和游戏，凡是能够存续在股市里而不被淘汰的公司，都是十分优质的，她的规模在不断扩大，她的盈利能力和对社会的贡献能力都在不断增强。表现在股市走势上必然是“慢牛长牛”，且是“常牛”。如果我们的管理层意识到了这一点，真正重视按经济规律办事，相信，我们中国的股市会比美国的股市走得更好。

2. 美股的牛市代表着国家的利益和人民的利益：大家知道，美股一跌，特朗普就“犯急”，这不单单是其连任选票的事，而是事关美国的根本利益。美股的牛市，代表了上市公司的利益、股民的利益、券商的利益、基金的利益、财团投行的利益等，说到底它代表了美国的国家利益和全体人民的利益。股市不走牛，国家和人民的根本利益何在？皮之不在，毛将焉附?!

三是管理层精心呵护股市牛市：

大家知道，美股一跌，美国上下紧张，管理层会迅速做出“应急救市”的组合拳，美联储会带头释放货币宽松政策，财政上也会采取应对措施，总统也会做出种种反应。政府的那只“看得见的手”，长短臂都伸了出来。他们为何如此“人为”精心呵护美股牛市？绝非美股仅仅代表了财团和资本家的利益，而是因为股市牛市代表了美国全民族的利益。政府精心呵护股市牛市，符合遵循了核心经济规律，根本是在维护本国的国家和人民的利益。

二、我们现阶段该怎么办：

除去拿来主义外，建议有如下四点。

一是必须确立尊重经济规律的正确态度：我们可以展开科学论证和大讨论，到底“牛市是不是股市的本质特征”？是不是客观经济规律？如果是，我们就应该尊重并按照这一经济规律办事，彻底改变过去对待股市资本市场的错乱态度，坚决地把我们的股市改造好、建设好，让她真正步入“牛市”的康庄大道！

二是除旧迎新：要在“牛市是股市的本质特征”基本规律的正确理论指引下，对历史形成的针对股市的一连串政策规定、法律法规，进行彻底清理。要办实事不要繁文缛节。凡是不利于股市健康发展的，不利于股市健康走牛的，要理顺清除；凡是遵循经济规律，有利于股市健快发展的，要保留修缮。要除旧布新，洋为中用，不断创新，制定出有利于股市走牛的好政策和好法规。

三是管好股市的进口、存量和出口：要突出管好进出口两头，特别是管好出口，该出的必须出，以保证存续股市里的上市公司的高质量。这是股市走牛的物质基础，是内在因素。要使资金面相对充裕，这是外在因素。

关于进口：无论实行审核制还是注册制，要害是控制数量和把好质量。特别是在推行注册制的当下，如果疏于管理控制，又会一窝蜂蜂拥上市，使股票供应与资金面失衡。公司上市的数量速度要科学有度，不可竭泽而渔，相对资金面而言，要使上市公司相对稀缺，物以稀而贵，相对稀缺性是保证股市走牛的前提。即便实行注册制，证监会及交易所亦须保障上市公司的优质性，高质量的上市公司是股市走牛的物质基础。

关于存量管理：对存量上市公司，必须加大政法管理力度，并尊重市场及投资者的选择。这是证监会等管理层的根本职责。

关于出口：这是重中之重。要制定严厉法规，对严重违规违法的上市公司，触碰红线的，必须坚决清理出场。同时，尊重市场及投资者的选择，对低于一定价格的上市公司，要有自动退市制度。只有这样，才能确保存量上市公司的高质量及相对稀缺性，以确保股市在牛市的节奏中翩翩起舞。

关于资金面：要培育各种合规资金进入股市，要搞好对外开放，要确立投资股市就是投资实体的理念，要鼓励人民投资股市。要在股市熊市时、非理性暴跌时、有碍国民经济发展和有碍消费拉动经济时，要毫不犹豫动用政府有形之手，主动坚决干预股市（最近管理层针对资本市场提出的一些口号自相矛盾，应该改变。如："建制度，不干预，零容忍"；又如："尊重规律相信市场，坚决不作行政干预"等等，而后又说打出了"政策组合拳"，陆续出台了一系列改革创新举措。即自相矛盾又不符合逻辑且羞羞答答。股市本身就是人造的，怎么能不去干预呢？关键是何时干预，怎么干预，干预的对不对。）！

四是股市指数设计要动态合理，使其波浪前行，螺旋式天天向上！要重视类似于沪深 300 等成分指数的动态管理，对样本股应适时调整，吐故纳新，常变常新常优，这样才能促使其影响综合指数，拉动全盘股价，激活整个股市，起到牵一发而动全身的效果。再者，要明白市盈率是动态的，估值合理，并不是在低点才合理，在高点维持住稳定住，市盈率会在新高处达到新的动态平衡，获得新的合理估值。在股票指数方面企图将"风险应对走在市场曲线前面"的提法，十分值得商榷，其本身站位就是空头派而非裁判。另外，作为管理者，不要轻言股市风险和资本市场泡沫，你是裁判，要干裁判员的事，股市任何时候都有多空两股力量较劲，我们轻言风险泡沫，就会帮助空头，就是间接唱衰股市，做空中国。这是干傻事。

中国股市有1.6亿散户，还有无数基金持有者，他们代表了多少家庭及人口？如果我们的股市近十多年来像美股一样走牛，她会激活上百万亿的购买力，这才是抓住了靠消费拉动经济的牛鼻子，同时也实现了以人民为中心的愿望。

上述愚见，实为抛砖引玉，仅供大家参考。

2020年9月28日

第五论　一亿2021年谈股论今

关于股市的《牛市论》再探讨

新冠疫情以来，“我国经济发展面临需求收缩、供给冲击、预期转弱三重压力”。根本问题还是需求不足，人们购买商品或劳务的欲望和能力不足，说白了就是人们的钱包不鼓并有“瘪了”的倾向。改革开放四十年以来，我国社会阶层发生了重大变化，形成了三大阶层，一是富豪阶层，二是中产阶层，三是中低收入者，橄榄型社会结构雏形基本形成。富豪人数少，对消费拉动影响小；中低收入者支出捉襟见肘，且爱存款。消费和需求拉动经济主要靠广大的中产阶层，但他们中许多人的钱被淹没在中国“不争气”股市的“池子”里。

一、牛市是股市的根本特征：

从1551年英国成立第一家股份公司；从210年前美国草创纽约证券交易所，在华尔街大榕树下发行美国第一支股票开始，人们就知道股票会增值，因此纷纷购买。牛市是股市的根本特征，是经济规律，是真理。这个《牛市论》，也应该是习近平新时代中国特色社会主义经济思想的重要组成部分。

图一和图二是近十几年来中美股市运行的比较。美国的科技板块纳斯达克指数较低点涨了16倍多，同期标普指数和道琼斯指数也屡创新高，涨了4—6倍。美股的表像是长牛短熊，慢牛快熊。同期我国的A股市场，上证指数较历史高点，仍在“拦腰斩”的状态。其表像是长熊短牛，慢熊快牛，短牛脉冲式走熊。完全相反于成熟的资本市场。

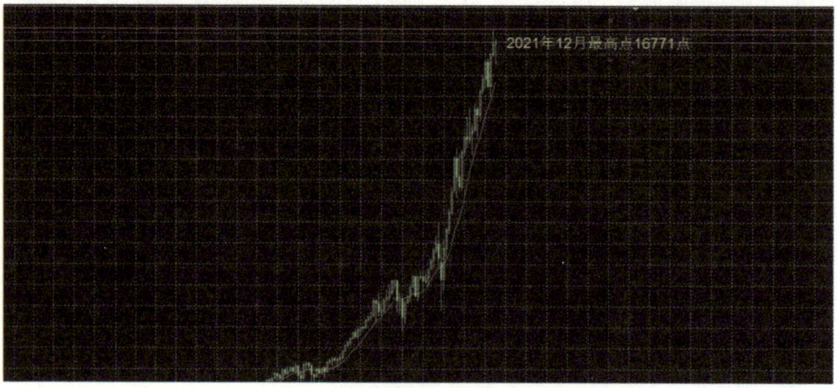

图一：美股纳斯达克指数

图二：我国上证指数“拦腰斩”

通过中美资本市场的比较说明，我们的股市非常年轻，极不成熟，其运行违背了“牛市是股市的根本特征”的经济规律，违背了真理，必须彻底改变。当然，美股也不是没有问题，由于其资本主义特色，由于受理性与非理性规律的支配，它往往走向极端，走向极度泡沫，最终要靠一场“暴跌”甚或金融危机来挤掉泡沫，恢复上涨。这是他们制度的缺陷和无奈，也是我们应该避免的。

二、利用政府的有形之手和市场的无形之手，促使股市走牛健康发展：

资本市场不是我们的发明，我们是拿来主义，但必须拿到核心的东西，有用的东西，这就是“牛市”，而不是单单的融资功能。我们要统一思想，通过政府的有形之手，制定相关政策法规；通过引导控制市场这只无形之手，服务于股市牛市，为股市保驾护航，保证股市在正确轨道上运行。促使股市走牛的建议如下。

（一）树立正确观念，改变错误观念：

1. 改变“金融支持实体经济是促发展，金融支持资本市场不是促发展”的观念。

2. 强调市场配置作用，不要成为政府不作为的借口。

3. 改变股市上涨就打压，股市下跌就不管的错误倾向。

4. 即关心企业上市融资，更要关心股民利益。

5. 改变“认为股市走牛，人们都会去投机赚钱”的错误观念。

6. 树立政府必须正确干预资本市场，为牛市保驾护航的观念。

7. 改变担心股市走牛“泡沫”，会引发系统性金融危机的片面观念，树立“牛市是股市的本质特征”的基本思想。

（二）具体措施

1. 停止股指期货裸做空。

2. 停止借券做空。

3. 实行 T+0 交易。

4. 逐步放开涨跌幅限制。

5. 建立健全上市公司回购股票鼓励机制。

6. 适度降低印花税。

7. 适时有针对性降息。

8. 适时有针对性的减准。

9. 放慢企业 IPO 上市步伐，保证上市公司的相对稀缺性。

10. 鼓励社会资金进入股市。适度监管和逐步扩大欢迎国际资金进入中国股市。

11. 实行注册制，更要把好上市公司的质量关。

12. 敞开出口，坚决法制化制度化清除垃圾上市公司。

13. 资本市场的“国家队”应发挥正面的控盘作用。

三、股市走牛的好处：

1. 对上市公司的好处：将倍增其融资能力、生产经营能力、创新能力和对社会的贡献能力。

2. 对从业者的好处，将极大增加其收入，调动其工作积极性。

3. 对股民的好处，将倍增其收入，改善其家庭生存生活质量。

4. 对偏股型基金的好处，极大拉升其业绩，扩充其资金规模。

5. 对偏股型养老基金的好处，极大拉升其业绩，改善老年人生活。

6. 对国家的好处，股市走牛，真正抓住了消费和需求拉动经济的牛鼻子，国民经济将不断走向繁荣，是解决目前“需求收缩，供给冲击，预期转弱”的根本措施之一。有利于不断壮大中产阶层队伍，减少低收入者群体，形成稳定的橄榄型社会结构。

由于才疏学浅，以上论股谬误在所难免，仅供各位读者参考，祈恕不恭。

2021 年 12 月 12 日

本节结语

股市《牛市论》是一亿的多年学习心得，源自打小的家国情怀，也许是妄言，但出自肺腑。一亿不才，错谬处，敬请读者教正。

作者的网络昵称：一亿一春秋，简称一亿；笔名：乙中山；真名：崔军。手机及微信号：13864073737 2021 年 12 月 28 日于济南完成《牛市论》。

第十三篇
一亿个人炒股的经历与启示

本节只谈本人30年断续炒股的经历、经验、教训与启示。

一、算计与第一次总资金翻14倍

1.算计一下股市的钱让谁赚走了:尽管20世纪90年代初,从沪综指300点,个人就开始买卖股票。A、B股都有翻倍盈利记录。但并没有认真研究过股市里的资金往来盈亏走向具体到哪了。2004年9月沪综指终于跌破1300点的3年大底,个人账上有闲资50万,准备建仓A股,同时要刨根问底,股市上的钱最终去哪了?与天骄美眉在广州熬夜算计,终于明白了。除去中间费用,一、一级半、二级市场大中小股东拿走后,剩余的钱,投机的股民赚的就是高抛低吸的钱。换言之,你赚的钱,就是那些在高位接盘侠的钱。你赔的钱,就赔给了那些高位抛给你股票的人。中国股市属于新兴市场,开头的功能主要是圈钱,IPO开价一般又奇高,一级、一级半市场,外加股市上的捕猎狼群太多,都要通过二级市场捞钱兑现,这就是众多股民很难赚钱的根源。待市场成熟,走上符合经济规律的正常的健康牛市时,二级市场才能有钱赚。期待吧,她已在不远处向你招手。目前,沪综指3000点附近就是低风险区,可以说财富俯拾即是遍地黄金,选好股长期持有,巨富会等着你。

2.经验:低吸高抛是翻倍的根本招数。当年1300点,跌破进场,应该是低风险区域。50万分批建仓,到2005年6月某日见底998点,正好浮亏15万,总资金浮亏30%。而后就迎来了冲击6124点的历史过程,期间经历了史诗般的股权分置改革,账面资金爆棚到700余万,第一次感受总资金14倍盈利的刺激。而后随着中国铝业的股权分置改革完毕,一亿清场在5500点。这是一次完胜。股票基本平仓清场,躲过了2008年的次贷金融危机波及的中国股市疯狂暴跌:从2007年10月的6124点,到2008年10月跌到1664点,一年跌去了72.28%。境况之惨烈可见一斑。有人高点持有中国铝业100万,最终账上只剩了3万元!

3.教训:持有华源B股,参与国内首家国企改民企的改制,百万持仓,冻结一年多,变成大名 B 股时清仓,100 万成了 20 万。st 票尽量少碰。

二、炒股忠告

1. 炒中股的忠告

面对中股或叫 A 股的“非牛”现状,一亿真的无话好说。有人请我给推荐股票,多少年来我就一句话:买茅台吧! 因为我 20 元买的贵州茅台,到现在还持有,只有茅台的历史走势堪比美股。

但是,中国股市随着国力的增强,经济的发展,领导的觉醒,资金的充沛以及制度管理的到位,符合规律的牛市一定会到来。大家要充满信心,选好股票,埋伏好,当前沪综指 3000 点左右的股票是个超级价值洼地! 准备上好烈马,时刻准备着,富无经业,货无常主,能者辐凑,财富在频频向你招手! 上证 4000 点会到来,超前高 6124 点会到来,万点到来亦不是梦,且早在情理之中!!

2. 建议炒美股港股个股及美股的指数期货

美股、港股管理制度较为完善,股市成熟度高,运行符合经济规律,长期历史运行展示的是长牛短熊,慢牛快熊,现在渠道已基本畅通,可以考虑选择参与。有胆量和能力的亦可以尝试港股指数期货或美股指数期货。亦可考虑参与国内的沪深 300 或 A50 指数期货交易,多空皆宜。亦可买 A 股股票,做空 A 股指数期货用于规避风险。

太 公 语 录

长枪击敌，短枪护身。

盘感、灵感和云感，帮你找到必赢点。

宁可错过，不可做错。

说错别做错，做错别赔钱。

保本，保本，再保本。

孤注一掷：满仓操作，逆势而为，不设止损，不懂锁仓，是死律。

追涨杀跌：高位追涨是“贪婪心理”（锁空做多），低位杀跌（锁多做空）是“恐惧心理”；贪婪恐惧双双错，追涨杀跌赔得多。

高抛低吸：贪婪恐惧双双错，追涨杀跌赔得多；高抛低吸合规律，长中短线都盈利。

顺势而为：牛市勿摸顶，熊市莫抄底，顺势而为是真理。

顺对势最重要，进场点最关键，管好钱最致命，意志坚最根本。

金融交易说到底是个“价格现象”，坚持严格意义上的极限位“高抛低吸”就能赚。长枪击敌不及，就短枪护身。保护好自己后，再击敌。

打得赢就打，打不赢就加入它，按做市商的节拍起舞，把“做市商”变成你的“打工仔”。

完整的一亿金融杠杆交易游击战可概括为以下内容：

敌进我进，敌退我退，顺其锐势，击其惰归。打得赢就打，打不赢就加入它。

顺势而为，高抛低吸，极限位上布兵马；

长枪击敌，短枪护身，顺势途中出奇兵，

倒金字塔慢建仓，正金字塔快出货，金融战里胜算多。

肉眼花了，天眼就开。肉眼可花，天眼必开。肉眼花，天眼开。

遵规顺势，透视主力伎俩，极限位上布兵马，知己知彼，旗开必胜。

一亿系要打造国内超群，世界一流的强大理财团队，全心全意，为股民期民基民创造财富。

情商最高时，智商最低。正所谓：“情稳智高胜券握，情高智低莫操盘”。

一亿操法道法自然，接近真理仍未达。就象人类永难到达宇宙边缘同理。天机不可泄露。

后　　记

《一亿操盘法》有三十万字，笔者写了三十年，其概括起来就八个字：长枪击敌，短枪护身。为何成稿十多年了，最近才联系出书？原因有两个。一是它相当于“秘籍”，自然传内不传外，一亿系还在靠它盈利，不想早示于人。网上流传了十多年的相关内容只见于第一篇规律篇，第二篇、第三篇的核心“机密”从未被公布过。二是笔者对一亿操法的信心问题。在写这本书的过程中，特别是在写作后期，一亿系在高杠杆领域仍出现了不少爆仓户，特别是笔者亲操的户仍然在爆仓，这使笔者对一亿操盘法的信心不足，担心出书后会误人子弟。但笔者在复盘总结这些后期亏损爆仓户的根源时，发现：恰恰这些操盘手，甚至笔者本人，在违背一亿操法；相反，在这个过程中盈利的户、十倍百倍赚钱的户的操手、风控和指挥，却在严格遵循一亿操法！他们尊重了一亿操法中的规律，执行了一亿操法的原则，遵守了一亿操法的纪律，按照一亿操法提示的方法科学灵活地操盘，结果赚得盆满钵满。一亿操法科学稳健，成熟老到，能令人的投资之路阳光明媚，前途光明，势若骏马奔平川！

把《一亿操盘法》说成是一亿系 30 年金融杠杆交易经验的总结，不如说成是一亿系用经千百次爆仓仍执着地屡战屡败、屡败屡战的韧性，用撞了南墙不回头、到了黄河不死心、不到长城非好汉的精神，用搞不明白不散伙、赚不到钱永不止的劲头，用由巨大的金钱损失换来的惨痛教训和骁勇善战巨额盈利的经验，凝结转化而成的金融杠杆交易的《制胜秘籍》。此书道法自然，接近真理但未达，让我们继续努力！

一亿坚信，《期货股票操盘实战攻略》几十年的实盘操作经验教训的荟萃，三十年辛勤耕耘的硕果，必然会引领大家用东方人的聪明智慧，战胜西方的资本大鳄，找回曾经的损失和“学费”，并在全球资本市场上，取得伟大胜利！这就是我们一亿系的家国情怀。

感谢改革开放，让我有幸半路出家，身临杠杆金融及资本市场，感受它的跌宕起伏惊涛骇浪！此书即是我卅年磨一剑的汗水凝结和心血结晶，又是中国改革开放的必然产物。散尽千万五，卅年得此书，满纸荒唐言，细读黄金屋。

让我们携起手来，敲响希望之种，让肉目明亮，让天眼闪烁，让脑洞大开，遵规顺势，参透行情本质，视破主力伎俩，穿透迷雾看日出，天马行空动善时，无往而不胜，百战必百胜！

附件(此乃冰山一角):

中国在国际市场衍生品交易失手纪录

株冶事件

株洲冶炼厂是我国最大的铅锌生产和出口基地之一。1997 年,株冶从事锌保值,具体经办人员越权透支进行交易,出现亏损后没有及时汇报,结果继续在伦敦市场上抛出期锌合约,被国外金融机构盯住而发生逼仓,导致亏损越来越大。最后亏损实在无法隐瞒才报告株冶,当时其已在伦敦卖出了 45 万吨锌,而当时株冶全年的总产量才仅为 30 万吨。为此国家出面从其他锌厂调集了部分锌进行交割,试图减少损失,但是终因抛售量过大,为了履约只好高价买入合约平仓。从 1997 年初开始的六七个月中,伦敦锌价涨幅超过 50%,而株冶在最后集中性平仓的 3 天内亏损达到 1 亿多美元。

中储棉巨亏

中储棉是 2003 年 3 月方设立的中央企业,肩负着调节棉花余缺、平衡市场供求的职能。当年 10 月起,进口棉花多达 20 多万吨,豪赌国内市场棉价上涨。结果,国内棉价不涨反跌,致使其投机失败。中储棉进口的 20 多万吨棉花,保守估计,成本应在 16000 元/吨以上。如果按照国家有关部门确定的不高于 13100 元/吨的价格收储,其亏损在 6 亿元左右。

2003 年以后,在新加坡上市的中国航油(新加坡)股份有限公司,在对油价走势判断错误的情况下,在市场上卖出大量看涨期权,累计数量达到 5200 万桶。2004 年 10 月份,国际油价大幅飙升,但中航油并没有采取断臂措施避免更大损失,而是不断展期,导致亏损急剧扩大。由于无法为一些投机性质的交易补仓,公司被迫在亏损的情况下结束部分仓位。最终亏损 5.5 亿美元。

中盛粮油事件

在过去,中盛粮油在采购大豆毛油后,可利用 CBOT 大豆、豆油期货合约对冲,以减少集团大豆油的风险。此前中盛粮油一直依赖此类对冲交易,回避原料价格波动风险。但今年 2 月底到 4 月期间,CBOT 豆油期货一路走强,而内地大豆油现货价格却出现下跌。这一背离使得中盛粮油套期保值不但失去了作用,而且在期货和现货市场都出现亏损。中盛粮油在 2 月至 4 月期间对所持合约进行平仓，据判断，每手亏损1700美元左右。按亏损超过1.3亿港币计算，中盛粮油在CBOT至少抛空了1万手左右豆油期货，大约27.2万吨。

2003年8月—2004年8月，在美国大豆上市前后，作为国际大豆贸易定价基准的美国芝加哥期货交易所(CBOT)的大豆期货价格发生剧烈波动，导致大量中国大豆加工企业高位采购，并在随后的价格回落过程中，由于无力支付货款或高成本带来的巨额亏损而陷入危机。据了解，许多国内大豆加工企业在4000元/吨的最高价格区间购买进口大豆，此后，大豆价格骤降，每生产一吨豆油就会亏损500～600元。有数据称，国内压榨企业70%停产，进口合同违约，造成了中国的“大豆危机”。在“大豆风波”中，USDA发布的权威基本面数据和基金的“顺市”炒作，对大豆期货价格和现货价格起到了“推波助澜”的作用。事后美国大豆协会等方面访问中国并就一些问题进行了解释。

“原油宝事件”300亿人民币损失赔给了谁?

除少量空头赚的盆满钵满外，大头肯定被华尔街的金融大鳄统统拿去了。

原油宝的交易，一般都会在交易截止日期前7～10天进行强制平仓，这种其他银行都采取的制度，有效防止了交易截止日期的非理性价格波动。但只有中国银行没有采取这种防范措施。还有，中国银行在22:00结束交易之后，再也没有交易，应该按照当时的价格11.7美元/桶进行报价结算；就算是22时之后还有交易，依然有一条保护性措施，那就是合约中所谓“跌至20%保证金时强平”，但中国银行的客户们，实际上跌至史无前例的－300%以上，依然没有被强平，每人都亏欠银行大把资金。结果就是，投资者在付出高达24%的交易佣金之后，还要为银行操作人员的无脑操作埋单。最根本的是，中国银行其实并没有任何储存和操作石油的实际操作，他们只是把石油作为一种“纸石油”、“金融衍生品”，只是用在账面上进行炒作，而不是真的能以—37美元的价格来接下这些原油。

最终，他们还是要付出惨重代价，把这些美元加倍送给真正有实力接盘的石油商。这个低价，很多人只看了期货交割与否的部分，数量是远远不够的。因为在期货的价格基础之上，背后是大量的期权和金融衍生品，这些期权和金融衍生品的数量是一个未知数。现在的金融衍生品市场，大量的是金融对冲交易，造成了金融衍生品损失，美国不监管金融衍生品市场，不提供公开的数据和账户信息，其中谁有了损失是外界看不到的。同时也没有全部显示实物交割的详细情况，其中的利益输送，是外界也难以看到的。那就是作为地球上消费规模最大的商品之王“石油”，在周一凌晨居然跌到了负40美元，最后以负的37美元收盘。纽约油价 20 日早盘低开，盘中持续走低，尾盘加速下跌，收盘时罕见跌入负值，跌幅超 300%。

当日尾盘，即将于 21 日到期的纽约商品交易所 5 月交货的轻质原油期货价格罕见跌为负值。纽约商品交易所 6 月交货的轻质原油期货价格也大幅下跌 18.37%，收于每桶 20.43 美元。截至当天收盘，纽约商品交易所 5 月交货的轻质原油期货价格下跌 55.90 美元，收于每桶−37.63 美元，跌幅为 305.97%。但是，目前 6 月交易价格仍处于 20 美元以上。全球基准布伦特原油交易价格目前也仍以超过 25 美元的价格交易。6 月交货的伦敦布伦特原油期货价格下跌 2.51 美元，收于每桶 25.57 美元，跌幅为 8.94%。